JN085155

新・地方財政

林　宜嗣編

有斐閣ブックス

はしがき

　『地方財政（新版）』が出版されてから十余年が経ち，その間，地方を取り巻く環境も変化した。第1は，地方の衰退がさらに進んだことである。少子化による人口の自然減に加えて，東京を中心とした首都圏一極集中により人口，とくに若者の転出が地域経済を弱め，人口の転出に拍車をかけるという負の連鎖が起こっている。このことが地方財政に大きな影響を与えた。

　第2は，地方分権改革の動きが弱まったことである。2000年4月には「地方分権一括法」が施行され，その後，税源移譲，補助金の廃止・縮減，地方交付税改革を内容とする「三位一体の改革」が実現し，分権改革の機運が一気に盛り上がった。ところがその後，地方分権改革の動きは停滞し，大きな制度改革は実現していない。しかし，地域の活力を取り戻すためにも，「地方自らが主体的に地域づくりを行う」という真の地方分権を実現する必要性は『地方財政（新版）』出版時よりも強まっている。

　第3は，依然として厳しい地方財政状況が続いていることである。世界を襲った新型コロナウイルス感染症は国の財政だけでなく，地方財政にも歳出・歳入の両面で大きな影響を与え，ポストコロナを見据えた財政運営の必要性も指摘されている。地方の衰退が進むなかで，地方団体が住民生活や企業活動にとって不可欠なサービスを提供し続けるためにも，地方財政運営のあり方をいま一度見直す必要がある。

　こうした地方財政を取り巻く厳しい状況と，制度や実態のその後の変化を踏まえ，旧版の構成を組み換えたうえ，大幅に加筆・修正し，『新・地方財政』ができあがった。『地方財政』『地方財政（新版）』に続く本書は，これまでと同様，単なる地方財政の制度や現状の解説ではなく，地方財政問題の本質を浮かび上がらせるためのデータ分析と，問題解決の糸口を見いだすための平易な理論を随所に散りばめた。本書は15章で構成されており，全体を通して，知り，学び，考え，行動するというアクティブ・ラーニングの要素を取り入れた。第1章から第12章の第1部は理論・制度解説編であり，地方財政を知り，学んでもらうことを目的としている。第13章から第15章の第2部は実践編であり，

読者の皆さんが地域を考え，政策をつくるのに役立つガイドブックとして位置づけている。

　第1章では，膨張を続ける地方財政，国による地方財政のコントロールなど，現在の地方財政がかかえるさまざまな課題を総括的に扱った。この章で明らかにされた課題は第2章以降でより詳しく扱われる。第2章は地方分権の総論部分であり，国と地方の役割分担を明確にしたうえで，「なぜ地方分権が必要とされるのか」が示される。限られた資源で住民福祉を最大にするという点では，財政問題は経済問題なのであるが，実際の地方財政は法律などによって規定された制度の枠のなかで運営されている。このことが第3章で示される。

　第4章から第7章は地方行財政改革である。第4章は，超高齢社会に入ったわが国において，地方財政がどのような影響を受けるかを概観している。第5章では，効率的な公共支出を実現するための条件と，それを妨げる要因を理論的に解説する。第6章は理論を踏まえたうえで，地方行財政改革の現実的な指針を示しており，第7章は，これからの地域政策において不可欠である広域連携を取り上げている。

　第8章から第12章は地方税財政システムのあり方を考える章である。第8章は地方税の総論部分であり，第9章では各論として地方税制改革が展開される。第10章と第11章では，国から地方への財政トランスファーである国庫支出金と地方交付税の課題が明らかにされ，改革の方向が示される。第12章では，地方の借金である地方債の意義としくみがやや詳細に解説される。

　第13章から第15章は，地方財政のトピックスを取り上げた実践編である。第13章では社会教育事業を事例として取り上げ，第6章の行財政改革の実践的検討を行っている。第14章では，第4章で概観した超高齢社会の地方財政について，医療・介護を事例に需要予測に基づく供給システムを検討している。第15章では，地域経済学の考え方を用いながら地域経済活性化を実現するための政策が検討される。

　旧版は筆者（林宜嗣）の単著であったが，本書は執筆陣に複数の財政，地方財政研究者を加えた。このことで，第2部の実践編など，旧版を上回る内容に仕上がったと考えている。本書が単なる地方財政の解説書ではないことから，執筆に際しては多くの議論をかさね，全体の調整をはかる必要があった。日本

福祉大学の鈴木健司氏には，全体の取りまとめや細かな調整等の労をとっていただいた。

　本書の出版に際しては有斐閣の柴田守氏にお世話になった。執筆に長時間を費やしてしまったことへのお詫びとともに，心から感謝申し上げる。

　2021 年 9 月

編者

林　　宜嗣

執筆者紹介

林　　宜嗣（はやし よしつぐ）

前・関西学院大学経済学部教授，EBPM 研究所代表

担当：第 1 章〜第 12 章

広末　哲也（ひろすえ てつや）

EBPM 研究所リサーチフェロー

担当：第 2 章

三浦　晴彦（みうら はるひこ）

大阪学院大学経済学部准教授

担当：第 3 章，第 13 章

鈴木　健司（すずき けんじ）

日本福祉大学経済学部准教授

担当：第 6 章，第 13 章

鈴木　遵也（すずき じゅんや）

島根県立大学地域政策学部准教授

担当：第 7 章，第 14 章

林田　吉恵（はやしだ よしえ）

鹿児島大学法文学部教授

担当：第 4 章，第 8 章

若松　泰之（わかまつ やすゆき）

静岡大学学術院人文社会科学領域准教授

担当：第 10 章，第 11 章，第 14 章

林　　亮輔（はやし りょうすけ）

甲南大学経済学部教授

担当：第 5 章，第 15 章

林　　勇貴（はやし ゆうき）

大分大学経済学部准教授

担当：第 12 章，第 15 章

目　次

第 **1** 部
理論・制度解説編——地方財政を知り，学ぶ

第 **1** 章　地方財政の実態　　　　　　　　　　　　　　　2

第 **2** 章　国と地方の機能分担　　　　　　　　　　　　　　25

第5章　地方公共支出の経済学

第6章　地方団体の行財政改革

第**7**章　広域連携と公民連携　　　　　　142

第**2**部
実践編——地域を考え，政策をつくる

本書のコピー，スキャン，デジタル化等の無断複製は著作権法上での例外を
除き禁じられています。本書を代行業者等の第三者に依頼してスキャンや
デジタル化することは，たとえ個人や家庭内での利用でも著作権法違反です。

第 **1** 部

理論・制度解説編
―――地方財政を知り，学ぶ

第 **1** 章

地方財政の実態

◀**1** 地方財政とは何か

財政とは

資本主義経済体制は基本的には**市場**を通じた民間の経済活動が中心となって成り立っている。しかし，市場は万能ではなく，多くの側面で公共部門（政府）が民間の経済活動を補完する必要が生じる。たとえば国防，外交，司法，警察，消防などのサービスや，道路，公園，ダムをはじめとする公共施設は，国民がこれらを必要としているにもかかわらず市場機構を通じた供給は不可能であり，政府が代わって供給しなければならない。また，市場で決定される所得分配が必ずしも適正なものであるとはかぎらず，政府は社会保障や税で望ましい所得分配状態を達成しようとする。資本主義経済は本来，不安定な経済変動を繰り返し，その過程でインフレーションや失業といった現象を引き起こす。このような経済の局面において，政府は景気調整の役割を果たすこともある。

財政を英語で表現すると public finance，直訳すれば**公的資金調達**となる。しかし，現代財政の役割が，単に民間部門から資金を調達するだけにとどまらないことはいうまでもない。資金をどのような手段によって調達するかは，もちろん財政の重要な課題であるが，しかし，調達した資金の支出活動を通じて，さまざまな政策目標を達成することが現代財政の重要な役割である。つまり，財政とは，民間の経済活動を補完し，望ましい経済社会を達成するために，政府（国や地方団体など）が行う活動を経済的側面からとらえたものである。

Fig. 1-1　家計・企業・政府の関係

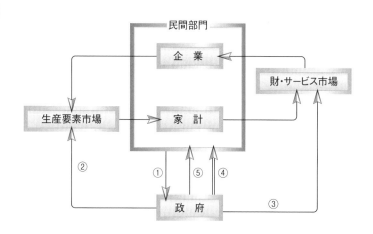

実線の矢印はカネの流れを表しており，その逆方向に財・サービスや労働などの生産要素が流れている。企業，家計，政府は相互に補完しあいながら国民経済を構成する。政府は民間部門から徴収した税金を用いて労働などの生産要素や財・サービスを購入し，民間部門が必要とする公共財・サービス，補助金，社会保障を提供している。

国民経済を構成する家計，企業，政府のかかわりは **Fig. 1-1** で示されている。家計は企業や政府に労働をはじめとした生産要素を提供し，その見返りとして賃金などの所得を受け取る。家計は所得を用いて生活に必要な財・サービスを企業から購入する。さらに，家計や企業は政府に対して税を支払い（図中の①），政府は税を財源として家計から公務員などを雇ったり（②），家計や企業と同じように民間企業から財・サービスを購入（③）したりすることで公共財・サービスを生産し，民間部門に提供（④）している。また，政府は税を財源として家計に対して社会保障を，企業に対して補助金を給付（⑤）している。このように，国民経済は，民間部門である家計および企業と，それを補完する政府の3部門が相互に関連しあいながら営まれているのである。

　国とともに政府を構成する地方公共団体については，各地方団体が国や地域の民間部門の活動とかかわりを持ちながら財政活動を行っている。したがって，現在，約1700の地方財政がわが国には存在すると考えるべきなのであり，個別地方団体の財政を集計したマクロの数値は，国の財政との比較や地方財政全体の動向をとらえるものにすぎない。しかし，地方が国から多くの財政トラン

スファーを受け取って運営されている日本においては，地方財政がある程度決まらないと国は予算を組めない。また，地方団体が責任を果たすことができるよう，国は地方財政の規模や収支見通しを全体としてとらえた地方財政計画を立て，地方の財源を保障している。そのほかにも，国と地方の財政関係に関する制度設計を行うためにも，マクロの視点から地方財政を把握することは重要である。

マクロで見た地方財政

財政は公的部門の経済活動のことであるが，公的部門の範囲については国連で基準が定められた「国民経済計算」（a system of national accounts：SNA）では次のように整理されている。まず，公的部門は一般政府と公的企業に分類される。**一般政府**は，民間部門の経済活動では供給されない財・サービスを，無償ないしは生産コストを下回る価格で供給する主体であり，税や社会保険料を財源として活動を行っている。**公的企業**とは公的に所有・支配されている企業のことであり，かつて日本には，国にも日本道路公団，公営企業金融公庫等，多くの公的企業が存在したが，現在では多くが民営化されている。地方には上水道や交通等，地方公営企業と呼ばれるものが多く存在している。

一般政府はさらに中央政府，地方政府，社会保障基金に分類される。基本的には，外交，司法，国防のように利益が全国に及ぶものは**中央政府**が，警察，消防のように利益が特定地域にかぎられるものは**地方政府**が供給する。**社会保障基金**は保険料収入，積み立てた保険料の運用収益，中央政府，地方政府からの財源移転によって，年金や医療を扱うところであり，公的年金や雇用保険を運営する国の特別会計（保険事業特別会計）のほか，地方団体の公営企業のうち医療，介護事業等が含まれている。

Fig. 1-2 は国民経済における財政の規模を示したものである。2018 年度の国内総生産（Gross Domestic Products: GDP）は 556 兆 8289 億円であった。国内総生産は国内需要（民間需要＋公的需要）＋輸出－輸入である。同年度の国内需要は 557 兆 2256 億円，このうち公共財・サービスを生産するために公的部門が行う公的支出（公的需要＝政府最終消費支出＋公的固定資本形成＋公的在庫品増加）は 137 兆 4122 億円，国内需要の 24.7％に上っている。

公的支出のうち，**政府最終消費支出**（109 兆 990 億円。金額は一般政府分）は外交，福祉，経済などにかかわる経常的なサービスに対する支出であるが，民間

Fig. 1-2 国民経済における財政の規模（2018 年度）

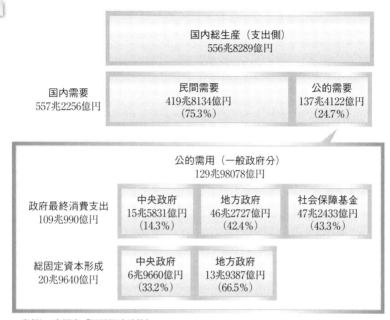

国内総生産（支出側）
556兆8289億円

国内需要
557兆2256億円

民間需要
419兆8134億円
（75.3％）

公的需要
137兆4122億円
（24.7％）

公的需用（一般政府分）
129兆98078億円

政府最終消費支出
109兆990億円

中央政府
15兆5831億円
（14.3％）

地方政府
46兆2727億円
（42.4％）

社会保障基金
47兆2433億円
（43.3％）

総固定資本形成
20兆9640億円

中央政府
6兆9660億円
（33.2％）

地方政府
13兆9387億円
（66.5％）

資料）　内閣府『国民経済計算』。

国民経済の 25 ％は公共部門の需要で生み出されているが，地方政府が国民経済に果たす役割は中央政府よりも大きい。

財のように価格がつかず，市場による評価が不可能であることから，サービスの生産に要したコスト（中心は公務員に対する人件費である雇用者報酬）の総額をもって支出額としている。**公的総固定資本形成**（20 兆 9640 億円。金額は一般政府分）は一般に公共投資と呼ばれているものであり，建物や道路などの建設・整備，機械設備の購入などが含まれている。ただし，公共投資額のなかには土地の購人が含まれるが，国民経済計算上の公的固定資本形成には土地の取得代金は含まれない。公的在庫変動は国の原油備蓄や食料安定供給特別会計（食糧管理勘定）の備蓄米のような在庫の増減であるが，他の２つの項目に比べると金額はきわめて小さい（−82.3 億円。金額は一般政府分）。

　政府は国民経済において重要な役割を果たしており，なかでも地方団体は国を上回る財政支出を行っている。政府最終消費支出のうち，中央政府分は 15

第 **1** 章　地方財政の実態　　5

兆 5831 億円（全体の 14.3 ％）であるのに対して，地方政府分は 46 兆 2727 億円（42.4 ％）に上っている。なお，社会保障基金の最終消費支出が多いのは医療保険や介護保険における医療費，介護費のうち保険給付分が含まれるからである。

　公的固定資本形成（一般政府分）についても，総額 20 兆 9640 億円のうち，中央政府分が 6 兆 9660 億円（33.2 ％）であるのに対して，地方政府分は 13 兆 9387 億円（66.5%）に上っている。このように，政府活動は国民経済において大きな役割を果たしていて，なかでも地方団体は国民に身近な政府であり，生活に不可欠な財・サービスの供給主体としてきわめて重要な役割を果たしている。

ミクロで見た地方財政——地方団体の多様性

地方財政問題は国の財政問題よりも複雑である。それは地方財政が 47 都道府県，792 市，926 町村（2019 年 3 月末現在）によって運営され，各地方財政が多様だからである。ただ，わが国における地方財政の多様性はアメリカをはじめとした「連邦国家」のそれとは質的に異なっている。つまり，連邦国家の場合，州は 1 つの独立した主体であり，州内の財政制度のあり方については州が独自性を発揮することができるのである。日本の場合，「単一国家」であり，とくに中央集権的な色彩が強く，地方財政制度が画一的であるにもかかわらず，地形，気候，風土などの自然条件，産業構造や住民の所得水準といった社会経済条件，面積や人口規模などにおいて千差万別であることから，財政運営が多様となっている。

　Table 1-1 は 2018 年度での財政状況を都道府県，市，町村に分類して見たものである。最も人口の少ない東京都青ヶ島村の人口はわずかに 159 人であり，人口規模が最大である横浜市（約 375 万人）の 2 万 3000 分の 1 にすぎない。人口が 1000 人に満たない町村は 30 団体，5000 人未満となるとその数は 263 団体に達する。市についても，現在，地方自治法の市制施行の要件は 5 万人以上であるが，人口減少等の理由で 5 万人未満となっている市は 274 団体に上る。こうした地方団体の規模の格差は，財政力や財政運営にも大きな違いをもたらすことになる。

　表には，財政収入に占める地方税と国および都道府県からの財政トランスファー（地方交付税，国庫支出金，地方譲与税）の割合が示されている。地方税の

Table 1-1　地方財政の多様性（2018 年度）

町村

住民基本台帳登載人口 31.1.1		人口 1 人当たり歳出額（円）		地方税／歳入額（%）		国からの財政トランスファー／歳入額（%）		基準財政収入額／基準財政需要額	
最小	159	最低	253.612	最低	1.4	最低	5.0	最低	0.063
最大	52,224	最高	7,485.424	最高	75.0	最高	67.7	最高	2.195
平均	11,766	平均	620.610	平均	20.6	平均	39.5	平均	0.438
500 人未満	10	30 万円未満	22	5% 未満	64	10% 未満	20	0.1 未満	10
500～1000 人	20	30 万～50 万円	233	5～10%	210	10～20%	54	0.1～0.2	201
1000～2000 人	53	50 万～70 万円	193	10～20%	325	20～30%	94	0.2～0.3	225
2000～3000 人	62	70 万～100 万円	177	20～30%	144	30～40%	162	0.3～0.4	148
3000～5000 人	118	100 万～200 万円	228	30～40%	94	40～50%	269	0.4～0.5	100
5000～1 万人	246	200 万～300 万円	54	40～50%	53	50～60%	288	0.5～0.7	117
1 万～2 万人	266	300 万～500 万円	14	50～70%	34	60～70%	39	0.7～1.0	93
2 万～4 万人	131	500 万円以上	5	70% 以上	2	70% 以上	0	1.0 以上	32
4 万人以上	20								

市

住民基本台帳登載人口 31.1.1		人口 1 人当たり歳出額（円）		地方税／歳入額（%）		国からの財政トランスファー／歳入額（%）		基準財政収入額／基準財政需要額	
最小	3,275	最低	236.786	最低	2.2	最低	6.5	最低	0.108
最大	3,745,796	最高	4,102.435	最高	62.4	最高	62.4	最高	1.521
平均	135,179	平均	438.389	平均	36.4	平均	29.1	平均	0.757
2 万人未満	24	30 万円未満	33	5% 未満	2	10% 未満	4	0.1 未満	2
2～5 万人	250	30 万～50 万円	490	5～10%	11	10～20%	111	0.1～0.2	0
5～10 万人	253	50 万～70 万円	203	10～20%	157	20～30%	196	0.2～0.3	49
10～20 万人	154	70 万～100 万円	55	20～30%	219	30～40%	214	0.3～0.4	95
20～50 万人	84	100 万円以上	11	30～40%	192	40～50%	205	0.4～0.5	111
50～100 万人	16			40～50%	148	50～60%	61	0.5～0.7	208
100 万人以上	11			50～70%	63	60～70%	1	0.7～1.0	286
				70% 以上	0	70% 以上	0	1.0 以上	41

都道府県

住民基本台帳登載人口 31.1.1		人口 1 人当たり歳出額（円）		地方税／歳入額（%）		国からの財政トランスファー／歳入額（%）		基準財政収入額／基準財政需要額	
最小	566,052	最低	200.446	最低	15.6	最低	7.8	最低	0.264
最大	13,740,732	最高	766.116	最高	69.4	最高	59.3	最高	1.156
平均	2,711,565	平均	384.149	平均	40.9	平均	32.7	平均	0.632
100 万人未満	9	30 万円未満	5	10% 未満	6	10% 未満	1	0.2 未満	1
100～200 万人	21	30 万～40 万円	14	10～20%	18	10～20%	2	0.2～0.3	0
200～300 万人	7	40 万～50 万円	13	20～30%	14	20～30%	5	0.3～0.4	3
300～400 万人	1	50 万～60 万円	10	30～40%	5	30～40%	13	0.4～0.5	12
400～500 万人	3	60 万～70 万円	4	40～50%	2	40～50%	18	0.5～0.7	10
500～600 万人	1	70 万円以上	1	50～60%	2	50～60%	8	0.7～1.0	15
600～700 万人	4			60% 以上	2	60% 以上	0	1.0 以上	6
700～1000 万人	1								
1000 万人以上	1								

注）　人口 1 人当たり歳出額の最高値には東日本大震災からの復旧・復興の影響が含まれている。

資料）　総務省「市町村決算状況調」，同「都道府県決算状況調」より作成。

地方財政問題の解決が困難なのは約 1700 の地方団体が，人口規模，財政力などにおいて多様であり，かかえる問題が質的にも量的にも異なるからである。したがって，地方財政をマクロで把握して平均的に論じることには注意が必要である。

割合については，町村では5％未満のところが64団体に上っており，最低の
ところの地方税比率は1.4％にすぎない。市でも10％未満が13団体，20％
未満は170団体に上る。こうした地方税の格差は地方団体間の経済力格差に
よるところが大きいが，これを国や県からの財政移転が補っている。財政トラ
ンスファーが収入の5割以上の町村は327団体，全町村の35％に達している。
　人口1人当たり歳出についても，最高と最低の格差は大きいが，この背景に
は人口規模や年齢構成等の相違がある。以上のような財政の収支両面に存在す
る差は財政力格差に直結する。このことは表中の基準財政収入額÷基準財政需
要額の差に表れている。基準財政収入額とは，各地方団体が標準的な状態にお
いて徴収できると見込まれる税収入をもとに算出されるものであり，基準財政
需要額とは地方団体が，合理的かつ妥当な水準における行政を行い，または施
設を維持するために必要な税等の一般財源の額である（詳細は第11章で解説）。
前者が後者よりも少ないときには財源が不足することになり，基準財政収入額
÷基準財政需要額が大きいほど財政力は強い。地方団体間には大きな財政力格
差が存在している。
　このように地方財政をミクロの視点でとらえるなら，各地方団体が置かれて
いる社会経済情勢の相違によって財政がかかえる課題は大きく異なるのである。

 2　地方財政の規模と動き

地方財政支出の動き

公共支出は，どのような財やサービスを，どの程度
の質や量で供給しているか，つまり政府の政策を表
す指標である。ここで，地方の歳出純計額（普通会計歳出決算額から国への支出
を差し引いた額。地方団体自らが地域に対して行った支出額）を見ると，2018年
度には97兆2729億円，対GDP比率で17.5％である。日本が高度経済成長期
に入った1960年度には1兆9176億円，対GDP比率は11.5％であったから，
地方財政の規模は絶対額においても，国民経済との相対的な規模においても膨
張している。地方財政はなぜ，これほどまでに大きくなってきたのだろうか。
支出額（EXP）の対GDP比率は，人口をPとすると，

Fig. 1-3 地方財政の規模と動き

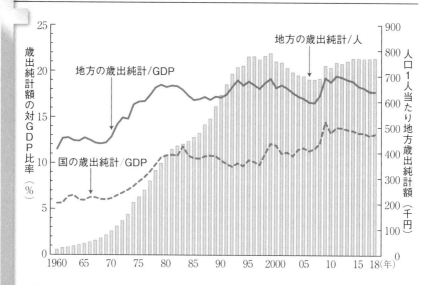

注) GDPは，1960〜79年度は90年基準，80〜93年度は2000年基準，1994年度以降
は2011年基準。
資料) 総務省『地方財政白書』，内閣府『国民経済計算』。

1970年代の福祉国家の建設期に地方財政規模は大きく膨張している。景気が停滞し
財政状態が悪くなると歳出の伸びは鈍るが，景気が回復し税収が増加するとそれに
合わせて歳出も増加している。国，地方の歳出純計の対GDP比率はほぼ同じ動きを
示しており，国と地方の財政が密接につながっている。

$$\frac{\text{EXP}}{\text{GDP}} = \frac{\text{EXP}}{P} \times \frac{P}{\text{GDP}}$$

となり，人口1人当たり支出額と人口1人当たりGDPの逆数に分解できる。
1人当たり支出額が大きくなるほど支出額の対GDP比率は大きくなり，経済
が成長し，1人当たりGDPが大きくなるほど，支出額の対GDP比率は小さく
なる。

　Fig. 1-3を見ると，対GDP比率で見た地方の歳出純計額の規模は，1960年
代はほぼ12％台で安定的に推移している（①）。ところが1970年代に入ると，
比率は急激に上昇しはじめ，79年度には18.9％にまで達するのである。1960
年代にも1人当たり支出額は拡大してはいるが，経済成長によって対GDP比
率を抑えることが可能であった。ところが1970年代に入ると，**福祉国家の建**

設や，ナショナル・ミニマムの考えの確立などによって，1人当たり支出額は60年代を上回る勢いで増加する（②）。一方，経済の基調は1973年秋に発生した第一次石油ショックを境に，高度成長から安定成長に転換する。これによって，支出額の対GDP比率は急激に上昇した。

1970年代の後半に入ると，財布のひもを緩めっぱなしであった高度成長期の地方行財政運営に対して反省が生まれ，**行政の守備範囲**が論じられるようになった。とくに国家財政の悪化によって1980年度は**財政再建元年**と位置づけられ，その後の国庫支出金の補助率カットや公共事業費の抑制は地方財政支出を抑制する方向に作用した。1人当たり財政支出の伸びは鈍り，支出の対GDP比率もわずかではあるが低下するのである（③）。しかし，1980年代の終わりになると，バブル経済による税収増加は財政支出を再び増勢に転換させ，支出の対GDP比率は上昇に転じている（④）。

1990年代に入るとバブル経済が崩壊し，日本経済が不況に陥り，景気対策関連の支出が増加する（⑤）。しかし，バブル崩壊後の度重なる財政出動等によって，わが国の財政は先進国中でも最悪の状況に陥ることになる。政府は1997年度を財政構造改革元年と位置づけ，歳出削減に取り組み，その影響を受けた地方財政規模も縮小に転じている（⑥）。その後，財政再建への取組みが進められる一方で，2008年9月にリーマン・ショック（アメリカの投資銀行リーマン・ブラザーズ・ホールディングスの経営破綻に端を発した世界規模の金融危機）が発生したこともあり，景気回復のための国の経済対策に歩調を合わせることで財政支出が増加している（⑦）。

以上の地方財政支出の動きを観察すると，わが国の地方財政の特徴が浮かび上がってくる。第1は，1970年代の福祉国家の建設期に地方財政規模が膨張したことである。第2は，この時代にできあがった福祉制度を前提とすれば，他の先進国に類を見ないスピードと規模で進行している超高齢化によって福祉支出のさらなる増加につながっていくことである。超高齢化と地方財政については第4章と第14章で取り上げることにする。第3は，景気が停滞し財政状態が悪くなると歳出の伸びは鈍るが，景気が回復し税収が増加すると財布のひもが緩むという「マキシマム型財政運営」が続いていることである。第4は，一貫して地方の歳出純計額が国のそれを上回っていることである。国の歳出純計額は国の一般会計歳出額から地方への財政トランスファーを差し引き，地方

からの財政トランスファーを加えたものである。つまり，国民に対して最終的に行った支出額は国よりも地方のほうが多いのである。第5は，国，地方の歳出純計の対 GDP 比率はほぼ同じ動きを示していることであり，このことは国の財政と地方の財政が密接につながって運営されていることをうかがわせる。

所得水準の上昇と財政支出

高度経済成長と福祉国家の建設の過程で地方財政の規模が拡大した要因として，次のようなことが考えられる。

　第1は，地方団体が生産する最終生産物に対する需要の増大である。所得水準の上昇とともに民間財・サービスに生じた消費の多様化・高度化傾向は公共サービスに対しても現れる。貧困の基準が絶対的なものではなく，経済成長とともに上昇する相対的なものと考えられるように，かつては生存権の保障と考えられていた基本的人権の理念も，今日では健康で文化的な生活権の保障へと解釈が拡大されている。

　こうして公共サービスは，住民が生きていくうえで必要不可欠な基礎的・必需的なものから，便利で快適な生活の達成を目的とした高次・選択的なものに，質・量ともに拡大してきたのである。つまり，国が全国民に対して最低限を保障するという意味のナショナル・ミニマム，各地方団体が住民に対して保障するシビル・ミニマムの水準が経済成長とともに上昇したと考えられる。

　所得水準の上昇とともに，労働時間の短縮によって余暇時間が増大してくると，地方団体はレクリエーションやスポーツ，文化といった分野でも相応の役割を果たすことが期待されている。地方団体が設置した博物館類似施設は1981年度には269であったが，2018年度には3542に，その数は13倍に増えている。とくに施設の充実した大都市から郊外への人口移動が活発に起こっている大都市圏では，施設充実に対する要望が周辺自治体に持ち込まれ，横並び意識も手伝って，あちらこちらの自治体で施設建設が始まっていく。これをデモンストレーション効果と呼んでいる。

問題の「社会化」現象

いま1つの要因は，かつては個人，家族，地域の手によるか，あるいは市場を通じて解決されていたにもかかわらず，もはやそうした方法による解決が不可能になったことである。これを問題の社会化と呼んでいるが，このような現象も経済成長と無縁ではない。

都市化とともに大都市圏の駅前から姿を消してしまったものに，民間の駐輪場がある。地価の上昇とともに，土地の用途がより収益の高いものに転換されてきたことが原因であるが，こうしたことは市場メカニズムを重視する経済システムにおいては当然起こりうる現象である。ところが住宅地はますます駅から遠ざかり，自転車やバイクの利用は増加を続けているから，駐輪場の建設に地方団体が乗り出さざるをえなくなる。

　福祉政策においても，問題解決の社会化によって行政の守備範囲は拡大している。福祉サービスは，もともと救貧的・選別主義的な色彩を強く持つものであった。しかし，しだいにその姿を大きく変え，総合的・体系的な政策へと守備範囲を広げていった。家族機能が低下している状況下では，所得を保障するだけでは人びとの生活を維持できないという問題を解決するねらいがそこにはあった。

　たとえば，老人の保護施設として，貧困にともなうニーズに対応する目的で整備された老人福祉施設も，生活上のニーズに対応する施設へと性格を変えた。保育所も，従来の貧困対策施設から，所得水準にかかわりなく利用するようになっている。このように福祉政策も貧困にともなうニーズから，核家族化や女性の社会進出，さらには老人に対する扶養意識の低下によって，生活上のニーズに対応するものに，つまり**選別主義**的なものから**普遍主義**的なものに変貌を遂げている。

　また，近年では人口減少によって商業施設が営業をやめ，高齢者を中心に**買い物難民**と呼ばれる住民も増えている。地域における経済活動の主役は民間企業であるが，地域経済が衰退するなかで，地方団体が経済活性化にこれまで以上に大きな役割を果たす必要も生まれている。地域活性化と地方団体の関係については，第15章で取り上げる。

拡大した行政の守備範囲

以上の行政の守備範囲の拡大は，**Fig. 1-4** のようにまとめることができる。こうした行政の守備範囲の拡大は，地方団体が供給する財・サービスが，社会全体に利益を与え，個人に直接の利益を与えない**純粋公共財**から，しだいに特定の個人やグループに直接的な利益を与える**準公共財**や，消費に競合性が発生するものにまで広がっていくことを意味している。公共サービスが消費に競合性が存在しない純粋公共財の場合には，**混雑現象**が発生するまでは新たな費用

Fig. 1-4　行政の守備範囲の拡大

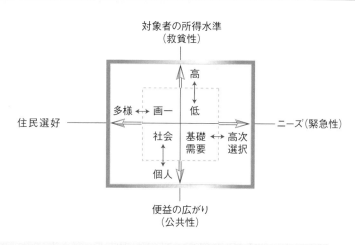

地方行政の守備範囲は拡大し，公共サービスについては高次で選択的なもの，便益が個人に直接帰着するものの比重が高まっている。その結果，公共サービスに対する住民選好は多様化している。また，福祉サービスについては受給者の対象は中高所得層に広がっている。

は必要ではない。ところが消費に競合性を持つものは，利用者が増加すればサービスを追加供給する必要性が生まれ，財政支出は膨張する。

　また，基礎的で必需的な公共サービスについては，住民のニーズは均質的であったことから，画一的なサービスの財源を同一水準の料金あるいは税で調達するとしても問題はなかった。しかし，高次で選択的な公共サービスは，利用するかしないか，あるいはどれほどの量を消費するかの決定は個々の住民に委ねられている。このことは，費用負担をはじめとした公共サービスの供給のあり方を考えるうえで，きわめて重要なポイントとなる。

地方財政膨張の供給側の要因

以上は地方財政支出を膨張させた需要側の要因であるが，経済成長とともに公共サービスの供給条件も変化した。都市化にともなって道路が渋滞し，ごみの収集に手間どれば，収集車の台数を増やさざるをえない。公共サービスの供給の環境が悪化すれば，供給の平均コストは増加することになる。このとき，従来のサービス水準を維持しようとすれば総供給コストは増大する。このような，都市化にともなうさまざまな**外部不経済**の発生は，効率性の低下が生じて

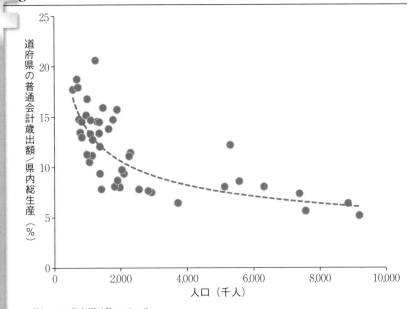

Fig. 1-5 人口と歳出規模の関係

（縦軸）道府県の普通会計歳出額／県内総生産（％）
（横軸）人口（千人）

注） 1. 東京都は除いている。
　　 2. 歳出は 2018 年度決算額，人口は 2019 年 1 月 1 日，県内総生産は 2017 年度。
資料） 総務省『地方財政統計年報』，内閣府『県民経済計算』。

公共サービスの供給には施設やマンパワーといった固定費をともなってはじめて機能するものが多いため，受益者（人口）の減少にともなって人口 1 人当たり経費は割高になっている。

いないにもかかわらず，供給条件の悪化を通じて地方財政支出を膨張させるのである。

　公共サービスを生産するために必要な投入財価格の上昇も供給コストを増加させる。公共財とくに地方団体が供給する公共財の多くは，労働それ自体が究極的な生産物であるもの，あるいは人的サービスを同時に投入してはじめて機能するものが少なくない。このような労働集約的な部門では，労働コストの上昇を生産性の向上で吸収することができず，供給コストが増加してしまう。

　近年，多くの地方団体で人口が減少しているが，地方財政支出はそれに比例して減少するわけではない。公共サービスの供給には施設やマンパワーといった固定費をともなってはじめて機能するものが多いため，受益者（人口）の減少にともなって人口 1 人当たり経費は割高になる。本章 9 頁の式に当てはめれ

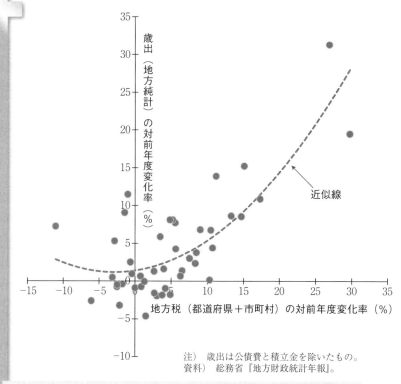

Fig. 1-6 マキシマム型地方財政運営の実態（1973〜2017年度）

歳出（地方純計）の対前年度変化率（%）

地方税（都道府県＋市町村）の対前年度変化率（%）

近似線

注）　歳出は公債費と積立金を除いたもの。
資料）　総務省『地方財政統計年報』。

好景気で地方税収入が伸びると歳出も増加し，景気低迷によって税収の伸びが鈍化
すると歳出の増加も抑えられるという関係が明確にうかがえる。また，税収が減少
しても歳出が減少する年は少ない。

ば，EXP/P が上昇する。そして，人口減少地域はおおむね生産年齢人口の比
率が低下することから地域の人口1人当たり県内総生産は減少し（つまり式の
P/GDP は上昇する），EXP/GDP は上昇するのである。**Fig. 1-5** は，東京都を除
く46道府県の普通会計歳出決算額の対県内総生産比率が人口規模とどのよう
な関係にあるかを示している。人口規模が小さいほど歳出の対県内総生産比率
は高くなっている。GDP に対する地方財政支出の割合を小さくするためには，
行政改革によって歳出を減らすとともに，経済の活性化によって GDP を大き
くすることが求められる。

また，収入が多くなると財布のひもが緩むという財政運営も財政膨張の原因となっている。一般に私経済では，できるだけ収入を増やして，それに合わせて支出を決めるという**量入制出**が基本原則である。これに対して財政は，国民生活に必要な支出を計算して，その資金を国民から調達するという**量出制入**が基本だといわれている。ところが地方財政の場合，後に述べるように地方税の決定において地方の裁量の余地は小さく，また，財源の多くが国からの財政トランスファーによって賄われるところから，収入を弾力的に増減させることができない。そのため，収入を与えられたものとして，その制約内で支出を賄っていくという，家計と同じ行動原理で動いているといえる。

Fig. 1-6 は地方税の対前年度変化率と地方歳出額の対前年度変化率の関係を示したものである。ただし，歳出額からは，過去の累積債務に対する支払いであり地方団体の裁量の及ばない公債費と，景気動向によって左右される積立金を除いている。図から，地方の財政運営は，好景気で税収が伸びるときには歳出の伸びも大きく，不況で税収の伸び率が低いときには歳出の伸びも低いという傾向が明確に読みとれる。そして地方税が対前年度比で落ち込んだとき，例外はあるものの，景気対策という政策課題から歳出額は減少しないのである。財政支出は上には伸びるが，下方には硬直的といえる。

3 国にコントロールされる地方財政

わが国にかぎらず，財政の諸機能は国と地方の双方によって果たされている。しかし，地方は自己完結的にその機能を遂行しているのではなく，程度の差はあれ何らかの影響を国から受けている。とくに地方財政が国からの財政トランスファーに多くを依存する場合には，その影響は大きくなる。

2018 年度に国民が負担した税の総額は 104 兆 9755 億円。そのうち国税は64 兆 2241 億円，地方税は 40 兆 7514 億円であった。税収面での国と地方の比率は 61 対 39 と，圧倒的に国税が多い。2006 年度税制改正の「三位一体の改革」によって地方への 3 兆円の税源移譲が実現したことなどから，2009 年度

Fig. 1-7 国の財政と地方の財政（2018年度）

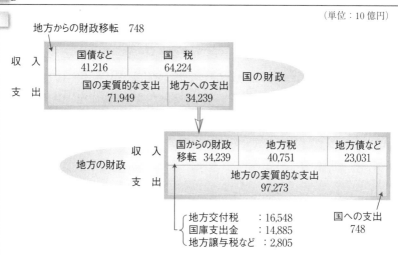

（単位：10億円）

地方からの財政移転　748

収　入
国債など 41,216	国　税 64,224	

支　出
国の実質的な支出 71,949	地方への支出 34,239	

国の財政

地方の財政

収　入
国からの財政移転 34,239	地方税 40,751	地方債など 23,031

支　出
地方の実質的な支出 97,273		

地方交付税　：16,548
国庫支出金　：14,885
地方譲与税など：2,805

国への支出 748

注）　1. 国の歳出額は一般会計と，交付税及び譲与税配付金，エネルギー対策などの6特別会計の純計決算額である。
　　　2. 国から地方への支出は地方交付税，地方特例交付金，地方譲与税，国庫支出金の合計であり，地方の歳入決算額によっている。
資料）　総務省『地方財政白書』より作成。

国の財政支出106兆1880億円のうち34兆2390億円は地方への財政トランスファーである。一方，地方財政においては国からの財政トランスファーは収入総額の約35％を占めている。太い財政トランスファーのパイプがわが国財政システムの特徴であり，国が地方をコントロールする手段にもなっている。

には地方税の割合は46.6％にまで上昇したが，地方税の地域間格差を是正する目的で地方法人課税の一部の国税化と譲与税化によって，地方税の比率は低下している。カナダ54.4％，ドイツ49.1％，アメリカ44.5％のように，連邦国家では税収の約半分が地方（州を含む）税となっている。しかし，単一国家であるフランスは28.1％，韓国23.1％，イギリスは6.1％であるから（いずれも2014年度。OECD, Revenue Statistics），わが国の地方税のシェアは高い。財源面のデータから数量的に見るかぎり，日本の財政システムはそれほど中央集権的であるようには見えない。

　しかし，わが国の特徴は，地方の財政支出と地方税収とのギャップが大きいことである。このギャップは，国税にリンクして総額が決定される地方交付税と，特定の事務事業に対して交付される国庫支出金という国からの財政トラン

スファーなどによって埋められている。**Fig. 1-7** は国と地方の財政関係を示したものである。国は国税に国債等の収入 41 兆 2157 億円を加えて事業を行うが，国の支出のなかには 34 兆 2387 億円に上る地方への財政トランスファーがある。国が行う公共事業に対する地方負担である**国直轄事業負担金** 7477 億円が地方から交付されるが，これを加えても，国自らが仕事を行うために支出する額は71 兆 9488 億円にすぎない。一方，地方は地方税とほぼ同額の財政トランスファーを国から受けて事業を行っており，支出総額は 97 兆 2729 億円となる。このように，税収面での国と地方の比率は支出面では逆転し，国 42.5 ％，地方 57.5 ％となるのである。

**補助金によるコント
ロール**

このように国と地方はきわめて太い財政のパイプで結ばれているが，このパイプを流れるのは財源だけではない。多くのコントロールが同時に地方に流れている。とくにひもつきの補助金である国庫支出金は，形式的な法制度や監督権よりも地方財政へのコントロールの程度が大きいともいわれている。**国庫支出金**は地方団体の仕事に 2 通りの方法で影響を及ぼすと考えられる。1 つは地方財政当局の予算査定の姿勢との関連である。国庫支出金を獲得するか否かは，予算査定に少なからぬ影響を及ぼすといわれている。補助金自体は補助事業費の一部を賄うにすぎないかもしれないが，残りの地方負担分（これを補助裏という）には通常の場合，起債が認められる。したがって補助金がつけば予算措置がなされやすい。これに対して補助金のつかない**単独事業**には厳しい予算査定が加えられる。このように，補助金獲得行動を通じて，事業に関する国の優先順位に地方はしたがうことになる。また，補助金の交付を受ける際には厳密な補助基準にしたがって事業を行う必要があることから，事業実施に関する地方の裁量の余地が小さく，このことが公共サービスの非効率な供給に結びつく可能性もある。

国庫支出金と並んで重要な地方への財政移転である**地方交付税**は，地方団体間の財政力格差を調整するために交付される使途が特定されない**一般補助金**であり，使途が特定される国庫支出金に比べて地方自治を尊重したものといえる。しかし地方財政の財源調達面での分権度を，地方団体がその収入を弾力的に増減させることができるかどうかで判断するとすれば，地方交付税も分権の度合いを低める要素を備えている。このように，収入面で大きく国に依存すること

がわが国における地方財政の特徴であり，国からのコントロールを少なくするために，地方が財政的に自立すべきであるといわれている。そのためには，**自主財源である地方税の拡充が不可欠である。**

中央集権型財政システムの弊害

欧米先進諸国に追いつくための経済成長，福祉国家の建設とそのためのナショナル・ミニマムの確保という国家レベルの目標を達成するためには，中央集権システムにもとづいた画一的な行財政運営が有効であった。だが，こうしたシステムの弊害がさまざまな側面で生まれている。

最大の問題は，画一的な公共サービスの提供による住民の厚生ロスである。公共サービスは，その物理的属性から，いったん供給が決定されるとすべての住民に負担がかかってくる。住民の生活にとって欠くことのできないサービスについては，住民の選好にそれほど大きな差は存在しないと考えられ，中央集権的意思決定システムによって，画一的に供給されたとしてもそれほど問題はないだろう。むしろ，画一化することによってサービスの供給コストを削減することも可能だった。だが今日のように，高次で選択的な公共サービスの場合，住民の選好には大きなばらつきがある。このようなサービスを画一的に供給すれば，反対を表明する住民の厚生ロスはきわめて大きくなることが予想される。

一方，行政の画一化によって需要する側（住民）の自由が厳しく制限されると，供給する側（地方団体）で自己改革する意欲が失われ，サービスの質や行政効率が低下する可能性がある。補助金によって地方の予算編成が歪められるという声も多い。1億円の財源があるとき，補助金のつかない単独事業では1億円の事業しかできない。一方，2分の1の補助率を持つ事業であれば，2億円の事業が可能となる。このような場合，たとえ住民ニーズの点で優先順位が低くても，地方の予算は補助事業に引っ張られる傾向がある。国の側からすれば，地方の予算をこのように誘導することが目的なのだが，住民の立場からすれば，いくら事業費が多くても望んでいないものに支出されたのでは，かえって厚生水準は低く抑えられる可能性がある。

しかも補助金の交付によって地方は事業の細部にまで干渉され，地域の特殊性が事業に反映されないとなれば，資源の浪費はますます大きくなる。

4 地方財政の課題

地方財政の危機

地方財政は国民経済に大きな役割を果たしている。しかし，地方財政の状況は国家財政とともに現在きわめて厳しい状況にある。財政が悪化する要因は短期的なものと構造的なものとに区分できる。現在の赤字についていえば，短期的な要因には景気後退による税収減や，景気対策としての公共投資予算の増加等がある。景気が低迷すると公共投資の出番が増えるのも構造的なものといえなくはないが，しかしそれはあくまでも裁量的な要因にもとづくものである。

構造的要因は短期的な要因が解消されたとしてもなお存続するものであり，経済成長率の低下による税収の伸びの鈍化といった歳入面の要因と，上でふれてきたような拡大主義的財政運営，高齢化をはじめとする社会経済情勢の変化による財政支出の増加といった歳出面の要因とがある。こうした地方財政の収支両面の要因によって，地方財政の状況は大きく左右される。

地域住民の生活を将来にわたって支えるためには，地方の普通会計が将来において負担しなければならない金額を念頭に置いた財政運営をしなければならない。地方財政が将来にわたって負担すべき借入金という観点からは，地方債現在高だけでなく，普通会計がその償還財源を負担するものについてもあわせて考慮する必要がある。

Fig. 1-8 は地方財政の普通会計が負担すべき借入金残高の状況を示している。地方財政の借入金には，地方債のほかに，地方交付税特別会計の借入金のうち地方が負担する分，地方公営企業が借り入れたもののうち普通会計がその償還財源を負担するものが含まれる。地方債現在高は，1975 年度末では歳入総額の 0.44 倍，一般財源総額の 0.88 倍であったが，バブル経済崩壊後の経済対策にともなう公共投資に加えて，94 年度以降は地方税収等の落ち込みや減税にともなう減収の財源補塡のため，地方債残高は急増した。さらに，2001 年度からの臨時財政対策債の発行等により，高い水準で推移している。**臨時財政対策債**とは，地方交付税原資の不足分の一部を地方団体が借入する地方債のことであり，臨時財政対策債の元利償還金相当額は後年度の普通交付税によって措

Fig. 1-8　地方の借入金残高の状況

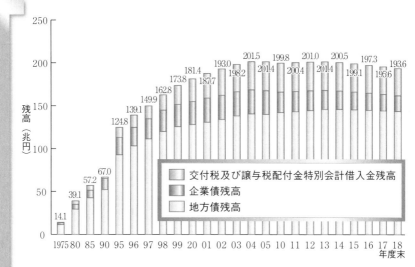

資料）　総務省『地方財政白書』より作成。

地方の借入金は2018年度現在で194兆円に達しているが，その額はバブル経済崩壊後の1990年代から2000年代の初めにかけて急激に増加した。その後は横ばいで推移しているが，借金急増期の公債費負担は残っている。

置することとされている。地方債残高の規模は，近年は横ばいで推移しているが，2018年度末では歳入総額の1.42倍，一般財源総額の2.39倍と，大きく増加している。

　地方団体がさまざまな環境変化に的確に対応していくためには，財政構造の弾力性が確保されていなければならない。ところが，こうした借入金の増加は元利償還という形で将来の財政負担となり，財政を硬直化させる。財政構造の硬直性を示す基本的な指標は経常収支比率，公債費負担比率である。**経常収支比率**は，利用目的が特定されていない**一般財源**のうち，税や地方交付税など毎年，継続的かつ定期的に確保できる見込みがある**経常一般財源**が，毎年決まって支出しなければならない人件費や公債費などの経常経費（ただし，国庫支出金のような**特定財源**で補塡される部分を除く）に，どの程度あてられるか，その割合を表す指数である。経常収支比率がたとえば70％だとすると，残りの30％は**経常余剰**として建設事業などにあてることができる。一般的に，市にあっ

第**1**章　地方財政の実態　　21

ては75％，町村にあっては70％程度が妥当と考えられており，これらの水準を5ポイント以上上回ると，その地方団体の財政は弾力性を失うと見られている。

公債費負担比率は，一般財源が地方債の元利償還である公債費（ただし，一般財源で賄われなければならない部分）にどの程度あてられるか，その割合を示すものである。公債費負担比率のほかに，公債費負担の大きさを判断する指標として**実質公債費比率**がある。これは，地方団体の一般会計等が負担する元利償還金及び準元利償還金の**標準財政規模**（標準税収入額等に普通交付税を加算した額）を基本とした額に対する比率である。これらの比率が高くなることは，現在の財政運営に問題があるというよりも，むしろ過去の財政運営のツケが回ってきたことを表している。

バブル経済による税収の増加によって，1989年度に69.8％にまで低下していた経常収支比率（都道府県と市町村合計）は，地方税が減収に転じた92年度以降は急激に上昇し，これに公債費負担の増加が加わったために94年度以降は80％を超えた。2004年度からは一貫して90％を上回り，18年度は93.0％となっている。なかには経常収支比率が100％を超える地方団体（都道府県では1団体，市町村では51団体）も存在するなど，財政構造の硬直化が進んでいる。

歳出額の格差と行政水準

2018年度の人口1人当たりの歳出額は，町村では最高が約749万円，最低が約25万円，市は最高が410万円，最低が24万円であった（Table 1-1）。この数値は単年度のものであるため，大規模な事業を行うなど特別な事情が含まれている可能性があるが，それらを取り除いたとしても，地方団体間の格差はきわめて大きい。人口1人当たり歳出額が大きいということは，より多くの資源を公共財・サービスの供給に投入していることを示している。しかし，このことが行政水準の差に直結しない場合もある。

同じ水準のサービスを供給する際に，人口規模の小さな地方団体は規模の大きな地方団体よりも多くの支出を必要とする可能性がある。サービスの生産において**規模に関して収穫一定**（constant returns to scale），つまり人口1人当たりサービスの供給費用（平均費用）が一定であれば，このときには総費用は人口規模に比例する。この場合には，人口規模以外の要因がすべて同じ地方団体においては，人口1人当たり支出額は等しくなる。しかし，同じサービスの供給

において規模に関して収穫逓増（increasing returns to scale），つまり人口1人当たりサービスの供給費用が，利用者が増加するにつれて小さくなるなら，人口以外の要因が同じとすれば，人口規模が大きい地方団体ほど1人当たり支出額は小さくなる。これを一般に規模の経済が働くといっている。このように，規模の経済が働く公共サービスについては，広域行政によってコストを節減することができる。

　人口1人当たり支出額の差に影響をもたらすその他の要因としては，①公共サービスを生産するのに用いる労働などのインプットの価格差（大都市ほど，人件費は高いといったこと），②面積や人口密度といった地理的条件の差，③年齢構成をはじめとした地域属性の差などがある。同じサービス水準であっても，このような地域属性の差はサービスの供給コストに影響するが，これらの要因を調整するために国はどの程度財源補塡を行うべきかは，国と地方の財政関係を考えるうえできわめて重要な問題である。

地方分権と地方の行財政改革

地方行政の守備範囲が拡大しているが，適正な守備範囲をどこに設定すればよいのだろうか。また，限られた資源のなかで特定の政策目標が効率よく達成されているだろうか。地方財政の規模が大きく拡大している今日，こうした問いかけは，地方団体の財政状況の良否にかかわりなく，つねに行われるべき性質のものである。

　まず，公共と民間の役割分担が明確にされなければならない。資本主義経済は基本的に市場メカニズムによって運営される。しかし市場メカニズムは万能ではなく，いわゆる市場の失敗を発生させる。財政の役割は市場メカニズムがうまく機能しない分野を補完することであり，財政は脇役なのである。

　次に，財政の役割を国と地方の間に適正に配分しなければならない。こうして地方行政の守備範囲が決定されると，公共財・サービスの供給に要する費用の負担区分を決定しなければならない。1つは公費で負担すべき部分と利用者に負担を求めるべき部分の割合の決定であり，いま1つは，公費の部分を国と地方の間でどのように負担配分すべきかである。今日の公共財・サービスが，特定の個人やグループに直接的な利益をもたらす準公共財の比重が大きくなっていることを考えると，公民の費用負担のあり方は，資源の効率的な利用や受益者と非受益者との公平性を確保するうえでも重要な課題となっている。

国と地方の負担区分は，地方が公共財・サービスを供給するうえで必要な地方の負担額を決定し，同時に国と地方の税源配分との関連のなかで，**国と地方の財政関係**という重要な課題を提起する。この問題は，地方の財政支出のあり方と決して無関係ではない。中央集権から地方分権へという財政システムの転換は，地方団体が地域住民の福祉を最大にするという意味での**地方公共財の最適供給**を実現するために必要な条件と考えられるのである。しかし，地方分権はあくまでも環境整備にすぎない。

　地方団体が公共財・サービスの最適な供給を実現するためには，①住民の選好に合った公共財・サービスの種類と水準を，②最も効率的な手段を用いて生産することが求められる。

第**2**章

国と地方の機能分担

 1 財政の3つの役割

資源配分機能　一定の条件のもとでは，完全競争的な市場経済はパレート最適の状態を作り出す。これが厚生経済学の重要な命題である。**パレート最適**とは，つまり，誰かの厚生水準を低下させることなしには，他の者の厚生水準を引き上げることができない状態であり，限られた資源を最も有効に配分した状態をいう。

　しかし，資源の効率的な配分において市場は決して万能ではない。市場での供給が実現するためには，財・サービスの消費者の間に**競合性**（rivalness）が生じ，消費する人びとに利益が明確に帰属しなければならない。そして，対価を支払わない人は受益できないという**排除性**（excludability）を持つことが必要である。ところが，財・サービスのなかにはこれらの特性を備えないものがある。たとえば道路である。料金所を設置できるような道路は別として，一般の道路は，それがいったん整備されると，対価を支払わない人に利用させないようにすることは困難である。また，道路は利用者が1人，2人と増えていったとしても，追加的なコストはかからない。つまり，限界費用はゼロである。これは，道路の利用（消費）が競合しないことによって生じたのである。仮に何らかの方法で排除性を適用できたとしても，限界費用がゼロの場合には，利用者から料金を徴収して利便性を奪ってしまうことは望ましくない。

　このように，**非排除性**と**非競合性**という物理的属性を備えた財は公共財・サ

ービスと呼ばれ，一定の資源をその生産に振り向け，政府の手によって公的に供給することが期待されるのである。

　財・サービスの生産は労働，土地，資本といった資源を用いて行われる。民間財の場合には，利潤を最大にしようとする企業と，効用（満足）を最大にしようとする消費者が，市場で形成される価格を指標として行動することで，資源は適正に配分される。しかし，市場機構が働かない公共財・サービスの場合には，政府が国民から強制力をもって徴収した税で資源を獲得し，これらを供給することになる。

　さらに，市場において供給が可能だが，政府の関与が必要なものもある。1つは**外部性**の発生である。ある個人の消費が社会に間接的な利益を及ぼす場合，市場のみに供給を任せると，消費が社会的に見て過小になるからである。このような財・サービスを**準公共財**と呼ぶ。いま1つは，そのときどきのリーダーが**パターナリズム**（paternalism; 父子主義，温情主義の意味）によって特定の財・サービスの消費を価値あるものと判断し，消費者主権に介入してでも強制的に消費させようとするものである。義務教育や学校給食がその例であり，消費させる代わりに財源は税で賄うのである。このような財は一般に**価値財**と呼ばれている。

　このように，市場ではうまく供給できない財・サービスを供給することを，財政の**資源配分機能**という。公害のように，経済活動によって生まれた費用が市場を経由せずに社会にもたらされるような場合（負の外部性あるいは外部不経済）にも，政府は資源配分を調整する役割を持つと考えられている。

所得再分配機能

市場で決定される所得分配は，基本的には生産への貢献度に応じて決まってくる。しかし，意欲はあってもすべての人が生産活動に参加できるとはかぎらないし，生産に参加できる人でも，貢献度に応じた分配では家族の必要度に応えるには不十分かもしれない。また，親から受け継ぐ財産に格差があったり，所得水準が低く教育を受ける機会が均等でなかったりするために，公正な所得獲得競争ができないかもしれない。政府は，このように市場において貢献度基準で行われる分配に必要度基準を加味したり，機会均等を実現したりすることで，社会的に見た公正な所得分配を達成しようとする。これを財政の**所得再分配機能**と呼んでいる。所得再分配は，具体的には累進所得税や相続税によって高所得者に重い負担を課し，

一方で生活保護などの社会保障給付によって低所得者の生活支援を行うという形で行われる。

　所得再分配は現金給付だけで行われるわけではない。救貧対策的な福祉サービスは現物による再分配政策である。しかし，今日のように福祉の対象者が低所得者層から中・高所得者層にまで拡大してくると，福祉政策は所得再分配機能に加えて資源配分機能をあわせ持つことになる。

経済安定化機能　　資本主義経済は本来，不安定な経済変動を繰り返し，その過程でインフレーションや失業といった現象を引き起こす。財政の**経済安定化機能**はこうした経済の不安定性を取り除こうとするものである。財政による安定化は大きく２つに区分される。１つは財政のなかに制度的に組み込まれている**自動安定化装置**（ビルト・イン・スタビライザー）であり，いま１つは裁量的な安定政策である。

　租税体系が累進構造を持つ所得税や，課税ベースが景気に敏感に反応する法人税を中心に構成されているとき，税収は景気変動に感応的に変動する。その結果，個人可処分所得や法人利潤の変動は緩和され，消費や投資は安定する。また，景気後退期には失業手当をはじめとした社会保障支出が増加し，消費を下支えする。

　裁量的な政策は，具体的には，不況期においては公債発行による財政規模の拡大や，減税，公共投資といった財政手段によって景気を刺激し，好況期には財政規模の縮小や増税などによって有効需要を縮小することで，景気変動を積極的に操作しようというものである。バブル崩壊後の経済の立て直しを含めて，わが国では，この裁量的政策が積極的に発動された。

2　所得再分配機能

国の政策としての再分配　　社会保障や累進所得税などの手段によって実施される再分配政策の成否は，住民や他の経済資源の移動可能性の程度に大きく依存している。近接するコミュニティ間での移動はそれほど困難なことではなく，住民の地域間移動の可能性によって，地方レベルでの再分配政策の実行可能性は薄らぐ。つまり，積極

的な再分配政策を実施する地方団体から高所得者は逃げ，逆に低所得者がその地方団体に集中する。こうしてその地方団体では，再分配政策に対するニーズは大きくなるが，一方で，再分配のために必要な財源は減少し，再分配政策自体が成り立たなくなる。加えて，再分配政策の地域的な差によって個人や企業が移動することは，立地上の非効率をもたらすのである。

　もちろん，こうした移動のインセンティブが再分配政策の地域間の相違によって存在するとしても，すべての住民が実際に移動するわけではない。移動には費用がかかるし，居住地を決めるその他の要因が多くあるからである。しかし，一部の住民が再分配政策をきっかけにして移動を始めたとしたら，積極的な再分配政策を維持するためには高所得者にますます高い税率を課さなければならなくなり，再分配政策は破綻するだろう。

　このように，個人や企業が移動しうる地域内においては，累進税の負担や社会保障給付の水準に差があってはならず，ここから，再分配政策は全国画一的に実施されるべきであり，そのための政策は国によって企画され，また実行されるべきであるという結論が生まれることになる。もちろん給付の窓口業務や受給資格の認定を地方が国に代わって行うことは，行政効率を向上させるためにも必要である。

地域間再分配の必要性

財政システムが単一政府からなる場合には，再分配は以上のような個人間を対象に行っていればよい。しかし国と地方という複数段階の政府からなる財政システムにおいては，経済力格差を原因とする各地方団体間の財政力格差の存在が国による地域間再分配を要請する。

　公共サービスのなかには，社会の全成員にその居住地のいかんにかかわらず，最低限の水準を保障すべきものがある。いわゆる**ナショナル・ミニマム**である。国が公共サービスを供給する場合には，すべての国民は居住地にかかわりなくその便益を享受することができる。国の政策上，地域間でサービスの受益度に差ができることもあるが，国が供給するのであるから少なくとも地域間の経済力格差を原因とした受益の格差は発生しない。しかし地方が公共サービスを供給する場合には，財政力の弱い地方団体は自力でナショナル・ミニマムを達成しえない可能性がある。個人を対象とした国による再分配政策は，最低水準の私的欲求の充足を保障するものであって，地方団体の財政力格差を考慮して，

地方公共サービス一般の最低水準を保障するようには行われていない。

　地方団体間に財政力格差が存在するなら，同じ水準の公共サービスを享受しているにもかかわらず，地方税負担に地方団体間格差が生じたり，同じ租税負担であっても公共サービス水準に差が生じたりする。このときには，住民は自分にとってより有利な地方団体に移動するだろう。こうして，財政の存在が市場メカニズムで達成される人口分布に影響を及ぼし，資源配分上の非効率を生み出す原因となるのである。

　こうした地域的な財政的不公平を是正し，財政活動が資源配分に及ぼす歪みを解消するためには，どの地方団体に住もうと，経済的に等しい状態にある人びと（享受している公共サービス水準，所得額，資産額，扶養家族数などが等しい人びと）はすべて財政的に等しく取り扱われる，という個人レベルで見た水平的公平を達成するために，国による地域間再分配が必要となる。

3　経済安定化機能

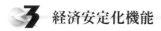

景気変動と地方財政

　地方財政は景気と無関係ではない。それは景気変動による税収の変動が地方財政支出に影響を及ぼすだけでなく，地方財政が景気の変動を緩和するための手段として用いられるからである。**Fig. 2-1** に実質経済成長率（GDP）の変動と，地方の公共事業である普通建設事業費の対前年度変化率および普通建設事業費の対名目 GDP 比率の推移を示した。

　1971 年 8 月，ニクソン大統領が金とドルの交換停止を発表したことで起こった**ニクソン・ショック**，73 年秋に中東産油国の原油生産の削減と価格の大幅引上げを契機として発生した**第 1 次石油ショック**，85 年 9 月のプラザ合意によるドル高是正の協調政策を契機とした**円高不況**，**バブル経済の崩壊**など，わが国は数次にわたって厳しい経済情勢に直面している。図からは，これらの局面において，普通建設事業費が対前年度比で大幅に増加し，普通建設事業費の対 GDP 比率が高水準にシフトしている。そして景気が回復基調に転じると普通建設事業費の伸び率も鈍化し，対 GDP 比率は低下するというように，地方財政が景気変動を緩和するように運営されている様子がうかがえる。

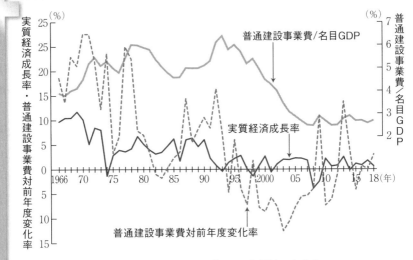

Fig. 2-1 経済変動と地方財政支出

資料）総務省『地方財政統計年報』，内閣府『国民経済計算』より作成。

> 財政の機能の1つに経済の安定化がある。経済安定化は主として国の役割だといわれているが，地方の公共投資である普通建設事業費の動きを見ると，不況期には伸び率が大きくなっており，地方財政も景気変動を緩和するよう運営されている。

　地方の普通建設事業費は，①地方が国の補助金を受けて行う**補助事業費**，②国庫補助の対象にならない**単独事業費**，③国が自らの事業として実施する公共事業への負担である**国直轄事業負担金**に区分される。1995年度には補助事業費が12兆5473億円にも上っていたが，2018年度には7兆252億円にまで減少している。また，単独事業も1980年代に入って急激に増加し，ピークの17兆8736億円にまで達したが，2018年度には7兆208億円となった。

　このように最近では，国と地方の財政が悪化したことや，景気対策としての公共投資の効果に疑問が出されたことから，地方の普通建設事業費は大きく減少し，対GDP比率も低下している。

経済安定化は国の役割　このように，地方の公共投資は，単独事業とはいっても国の景気対策に影響されながら実施されているのが実情である。ただ，経済安定化という財政の機能は，地方よりはむしろ国の政策として実施されるほうが望ましいと一般には

考えられている。

　ある地域の経済が停滞して，失業者が大量に発生しているとしよう。このとき地方団体は公共投資などの手段を用いて景気回復を図ろうとするだろう。しかし，地方団体は地域の経済活動の条件に影響を与えることはできても，安定化政策によってその地域の物価，雇用，一般的な経済活動の水準を変えることは困難である。

　第1に，地方団体は通貨供給量に直接的な影響を及ぼす権限を持ち合わせていないからである。第2に，国が進める政策目標から逸脱した政策を地方が展開すれば，国民経済的に見て望ましい成果を上げることはできないからである。第3に，ヒト・モノ・カネが行政区域を越えて自由に移動するという高度な開放経済のなかでは，地方が行った減税，公共投資などを用いた政策の効果は他の地域に漏れてしまうからである。

地域乗数　　公共投資が経済をかさ上げするのは，次のようなメカニズムによる。1000億円の公共投資が追加的に行われたとしよう。1000億円の需要の増加は1000億円の所得を発生させる。こうして生み出された所得は次に消費を生み出す。消費額は1000億円に限界消費性向（消費の増加分/所得の増加分）をかけたものとなる。仮に限界消費性向が0.7だとすると，700億円の消費が新たに発生する。この部分は新たな所得となり，その0.7倍だけの消費をさらに発生させ，所得を生み出す。こうしたメカニズムが続き，最初に投下された1000億円の公共投資の何倍かの所得を創出するのである。そして，所得の増加分÷公共投資の追加分を**公共投資乗数**と呼ぶ。乗数が大きければ大きいほど，公共投資の景気浮揚効果は大きいわけである。

　しかし，個人消費や企業の設備投資，公共事業に必要な建築資材等を自らの地域で満たすことができず，他の地域から調達したなら，その後の所得の創出は他地域で発生し，公共投資が行われた地域から漏れてしまうのである。そして，消費，投資等の支出のうち，域外への支出の割合である移輸入性向が大きいほど，公共投資による地元経済への波及効果は小さくなる。

　このように，地方団体が単独事業を拡大することで地域経済の活性化を図ろうとしても大きな効果は期待できない。こうした地域で必要なのは地域乗数を大きくすることであり，移入を減らし，移出を増やすような産業の育成なので

ある。

▶4 資源配分機能

受益と負担の一致 所得再分配や経済安定といった機能と異なり，公共財の供給においては地方財政が中心的な役割を果たすべきだと考えられている。公共財の供給における国と地方の役割分担を考える最も伝統的な基準は，公共財から発生する便益の地域的な広がりである。

外交や司法，国防のような公共財の便益は全国に及んでいる。これを**国家的公共財**（national public goods）と呼ぶ。たとえば，外交交渉が東京で行われたとしても，その利益は北海道や九州の住民にまで及ぶ。また，近年ではODAをはじめとして，公共財の便益が国境内にとどまることなく，世界全体に及ぶような**国際公共財**（international public goods）もある。

ところが，技術的な理由で，便益が国内の特定の地域にしか広がらない公共財は多く存在する。公共財の便益は，治水施設のように，一定の地域に洪水防止効果を発揮する場合もあれば，公園のように，周辺住民がそこまで出向くことによって地域的な広がりを見せる場合とがある。しかし，いずれにしても，公共財の便益が通常，何らかの施設を利用することによって発生することから，その便益の地域的広がりが限定されることが多い。このように，便益の広がりが一定の地域にとどまるような公共財を**地方公共財**（local public goods）あるいは**地域的公共財**と呼んでいる。

地方公共財の供給に関する意思決定は，効率と公平の観点から，その便益が及ぶ地域の住民によって行われるべきである。つまり公共財の受益地域と負担地域の一致を図ることが要求される。便益の及ばない地域の住民が負担することは公平ではないし，もし他地域の住民によって公共財のコストの一部が賄われるとすれば，受益地域の住民は公共財の供給に対して過大な要求をぶつけるであろうし，非受益地域の住民は公共財の供給を少しでも減らそうと考えるだろう。このことは公共財の最適な量を供給することを阻む原因となる。このように，公共財の受益地域と負担地域を一致させ，負担との関連において公共財の供給水準を決定することが**地方自治**（local autonomy）の経済学的な解釈であ

Fig. 2-2 公共財の便益の広がりと地方政府

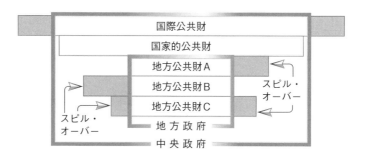

地方公共財はその種類によって便益の地域的な広がりが異なる。一方，行政区域は歴史的に決まっていることが多いために，公共財の便益が他の地方団体にスピル・オーバーすることが多い。

る。

地方公共財と補助金　便益の地域的な広がりは，公共財によって異なるだろう。とすれば，分権的な公共財の供給を追求するなら，個別公共財ごとに意思決定を行う政府が必要になる。**Fig. 2-2** で示すならば，ある地域に住む住民は地方公共財 A から C という，便益の広がりが異なる公共財ごとに設定された地方政府に属し，それぞれの意思決定過程に参加しなければならない。そして，この住民の負担は，自分が属する複数の地方政府の負担を合計したものとなる。このように特定の公共財を供給する地方政府の例としてはアメリカにおける特別区（district）があり，教育や下水道といった個別公共財を供給するものとして機能している。しかし，このように複数の地方政府が個別に公共財の供給を行うことは，意思決定プロセスをきわめて煩雑なものにしてしまう。そこで，複数の公共財を供給する地方政府，つまり**普通地方公共団体**が地方公共財の供給主体として重要になってくるのである。

　ところが，地方団体の行政区域は歴史的な産物であり，公共財の便益の地域的な広がりを意識したものではない。また，受益地域の異なる複数の公共財を供給するとなると，どうしても便益が行政区域を越えて他の地方団体に及んでいくことは避けられない。このような現象を便益の**スピル・オーバー**と呼んでいる。近年のように，交通機関の発達によって生活経済圏が行政区域を越えて

展開されると，スピル・オーバーが発生する可能性は以前にも増して大きくなっている。

　こうした便益のスピル・オーバーが発生するとき，それに対して公共財の供給主体である地方団体に財源の給付を行わなければ，公共財の供給は過小になることが知られており，スピル・オーバーする便益を受ける地方団体を含む広域の行政主体（国や府県）が補助金を交付することによって，この問題を解決する必要が生じる。また，隣接し合う複数の地方団体が**当事者間交渉**によって調整を図るのも1つの方法である。これが**広域行政**である。

価値財と地方財政

地方公共財のすべてが地域住民の利害だけに関係し，供給を住民の選好のみに委ねればよいというわけではない。上で述べたような便益のスピル・オーバーの存在はその理由の1つであるが，それ以外にも，国が地方レベルで供給される財を価値ある（meritorious）ものと見なし，そのナショナル・ミニマムの確保を要請するような場合がある。

　国が価値あるものと認めたとしても，供給の決定を地域住民の選好に完全に委ねたとき，地方団体は予算を別の目的に使ってしまうかもしれない。こうした事態を回避するためには，国が地方団体に対して供給を義務づけ，その見返りとして財源を保障する方法が考えられる。

　たとえば下水処理というサービスを考えてみよう。これはすぐれて地域的な公共財である。しかし全国民が快適な生活を送れるよう，国が下水道普及率を100％にまで高めることを政策目標としたとき，下水道に対する地方支出は純粋な地方公共財に対する支出の枠からはずれ，国が財源の保障を行うことになる。

　1960年代末頃から**シビル・ミニマム**という言葉が使われるようになり，革新自治体を中心として，環境，福祉といった領域で国の基準（ナショナル・ミニマム）を超える政策が実施された。シビル・ミニマムとは，地方団体がその住民に対して地方団体のリーダーが定めた最低限度の施策を保障するものである。これは地方団体内部における行政当局と地域住民との関係を表しており，国による地方公共財の価値財化とは性格を異にするものである。したがって，国が介入する必要はまったくない。国への働きかけによって，ナショナル・ミニマムをシビル・ミニマムの水準まで引き上げるという動き自体を否定するもので

はない。しかし，シビル・ミニマムであるかぎりは，その負担は地域の住民が自らの税で負担すべきなのである。

5 地方分権の意義

足による投票

公共財の供給が分権的に行われることのメリットは，公共財の供給において多様性が確保されることである。各個人は公共財の水準に対して異なった選好を持っており，地方団体が住民選好にしたがって公共財を供給することで公共部門における資源配分を効率化することができる。これは，ティボー（C. M. Tiebout）の足による投票（voting with one's feet）仮説が主張するポイントである。

分権的政治システムにおいて地方団体が多数存在する場合には，各地方団体は独自に税と支出の組合せを提示し，住民は自分の選好に最も合った地域に移り住む。結果として，各地方団体は公共サービスに対する選好が同質的な住民によって占められ，住民の選好に合致した税と支出の組合せを持つことになる。このように考えるなら，地方公共サービスについても，市場を通じて供給される民間財と同じように，選好に合った効率的な供給が可能になる。

しかし，ティボー・モデルは多くの問題をかかえている。1つは足による投票仮説がよって立つ前提の厳しさである。モデルでは，住民は各地方団体の税と支出の組合せに関する情報を完全に手に入れており，地方団体間を自由に移動できることが前提とされる。しかしそのような情報を入手するためにも，また居住地を変更するためにも費用がかかるし，居住地は多くの場合，勤務地によって制約される。さらに，多くの多様な地方団体が存在し，すべての住民が自らの選好に合った地方団体を見いだせるというようなことは非現実的である。

地方団体が供給する公共サービスは他の地方団体に便益のスピル・オーバーを発生させないということも，モデルの前提条件であるが，実際には行政区域を越えて便益は広がっていく。仮に各地方団体がスピル・オーバーを無視して公共サービスを供給するとなると，供給水準は社会的な最適水準よりも小さくなる。つまり，足による投票を可能にするために地方団体を細分化することは，別の観点で見れば非効率なのである。

たしかに，足による投票仮説が実際に機能するためにはこうした厳しい条件が満たされなければならないが，この仮説は公共財の分権的供給の必要性と，そのための財政システムのあり方を説くうえで非常に重要な意味を持っている。

戦後日本の地方制度の原型をつくった**シャウプ勧告**が，国と地方の事務配分の原則の1つとして**市町村優先の原則**（行政事務はなるべく市町村に優先配分し，市町村が処理しがたい事務は都道府県に，地方団体が処理できない事務は国に配分すること）を掲げたのも，市町村といった基礎自治体が住民ニーズを最も正確に知ることができ，地方自治を尊重するとしたからである。

オーツの地方分権定理

集権的な公共財の供給が資源配分の非効率性を生み出すことは，次のように説明することができる。いま，社会に2つの地域 A，B があるとする。それぞれの地域内の住民は公共財に対して等しい選好を持つが，地域間では住民の選好は異なっていると仮定しよう。**Fig. 2-3** において，A 地域の住民の公共財に対する需要曲線は D_a，B 地域の住民の需要曲線は D_b で表される。この需要曲線の違いは，地域間の所得水準の格差が公共財に対する需要の差となって現れていると考えてもよい。

ここで，公共財を供給するための限界費用を OP とすると，公共財の最適な供給量は，A 地域は OQ_a，B 地域は OQ_b となる。ここで，国が全国画一的に公共財の供給量を OQ_c に決めたとする。このときには，A 地域にとっての厚生ロスは ABC，B 地域にとっての厚生ロスは CDE となる。つまり，A 地域にとっては公共財の供給量は過剰であり，B 地域にとっては過小なのである。これが**オーツ**（W. E. Oates）の**地方分権定理**のエッセンスである。

地域間の選好が大きく異なるほど，三角形の面積で示される厚生ロスは大きくなる。このことは次のような意味を持っている。公共財が住民生活にとって必需的なものである場合には，住民間に選好の差はそれほど大きくはない。したがって，公共財は国が画一的に供給水準を決定したとしてもそれほど大きな厚生ロスは発生せず，**規模の経済性**による生産コストの縮減を目指せばよい。だが，今日のように政府の守備範囲が拡大し，公共サービスが必需的で基礎的なものをはるかに超えるようになると，地域間の住民選好の相違が国による画一的な供給の限界を表面化させることになるのである。

Fig. 2-3　中央集権による効率ロス

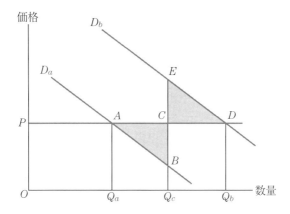

公共財に対する選好が異なる2つの地域に対して，国が画一的に公共財の量を決定すると厚生ロスが発生する。地方分権とは，それぞれの地域が選好の違いに応じて自らの公共財の量を決定し，厚生ロスを小さくすることである。

地方分権と政府の大きさ

公共サービスの供給における実験や技術革新も，国が供給する場合には実現しにくい。というのも，国による供給の場合には，最終的にすべての地域が新しい試みを受け入れるという確信を持つことがなければ，特定の地域だけで新たな試みをあえて行うことは難しい。また，新たな試みを行うにしても，どの地域がそれを望んでいるかの情報を正確に得ることは困難である。さらに，新しい試みは，国が独占的に公共サービスを供給している場合よりも，多くの地方団体がそれぞれの地域住民の満足を最大にしようと競争を展開している場合のほうが実現しやすい。つまり，公共サービスの供給が分権化されているほど，多くの実験や革新が可能になるのである。そして，いったん国が新たな試みを実施することを決定すると，それを望まない地方団体も足並みを揃えなくてはならなくなり，その結果，財政に無駄が生じる。このように，資源配分機能に関しては，国防，外交，司法のようにその便益が国家規模で発生するものを除いて，地方が国に優先されるべきなのである。

　地方分権は財政の規模にどのように影響するだろうか。これについては，中央集権的な財政コントロールが地方団体による放漫な財政運営や過度の財政支

出に対する防波堤として機能してきたとする考えがある。この考えに対して，分権化された地方団体間の競争こそが財政の肥大化を防ぐための手段である，とする指摘が公共選択の分野でなされてきた。

ブレナンと ブキャナン（G. Brennan and J. M. Buchanan）は，民間部門における独占の理論を応用し，政府を税収最大化の達成を通じて国民を収奪する独占機関ととらえる。そして，民間部門における企業間の競争が経済効率性を確保するのと同じように，分権化された地方団体間の競争が政府の課税権に一定の制約を課す効果的な方法だというのである。地方団体間の競争は，効用を最大化しようとする住民の地域間移動によって担保される。この場合の移動は，地域間の財政力格差を原因とした不公平によって発生するものではなく，サービス水準と負担をセットにしたメニューの地方団体間の相違によって引き起こされるものである。

新たな政策パラダイム

かつて国家の存在は国境によって絶対的なものとされてきた。ところが人・モノ・カネが国境を越えて移動するボーダレス化の時代に入ると，国家の存在が1つの地域という相対的なものに変質することは，欧州統合を見れば明らかである。しかし，一方で国家は外交やODAといった，その利益が国を越えて広がる国際公共財の供給にこれまで以上に注力する必要性が生まれている。国内に目を向けると，ナショナル・ミニマムがほぼ満たされ，成熟化の段階に入った日本では，これからの本格的な少子高齢社会の到来をひかえて，地方団体の果たすべき役割はさらに増大することは確実である。

こうした社会経済情勢の変化のなかで，日本は新しいパラダイムとしての地方分権をベースとして，政策運営を行っていくことが求められている。**Fig. 2-4**はこれまでの基本であった中央集権型システムと，これからの地方分権型システムの比較をまとめたものである。求められていることは，「経済成長を重視し，その成果を事後的に地方や個人間の再分配に使うことによって平等な社会を築くこと」から，「公正な条件のもとで各地域が競争し，努力が報われる社会づくり」へと目標を転換することである。

国は広域的なサービスを提供し，地方は地域に密着したサービスを提供する。これは，国がこれまでのような絶対的な存在として地方に優位に立つのではなく，地域的な広がりという点において地方と相対的な関係に立つことを意味し

Fig. 2-4 中央集権と地方分権の比較

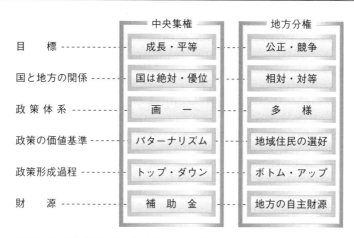

	中央集権	地方分権
目　　標	成長・平等	公正・競争
国と地方の関係	国は絶対・優位	相対・対等
政 策 体 系	画　一	多　様
政策の価値基準	パターナリズム	地域住民の選好
政策形成過程	トップ・ダウン	ボトム・アップ
財　　源	補 助 金	地方の自主財源

出所）　林宜嗣『地方分権の経済学』日本評論社，1995 年，18 ページ。

社会経済情勢の変化のなかで新たなパラダイムの構築が求められている。それが地方分権である。地方分権下では国と地方は対等であり，政策体系は多様化する。政策は地域住民の選好に応じて，ボトム・アップによって形成される。

ている。国と地方は対等なのである。

　政策は，これまでのように国のパターナリズムによる画一的なものから，地域住民の選好に応じた多様なものに変わらなければならない。国と地方が協働して政策にあたる場合でも，そのための政策形成プロセスは，国から地方へというトップ・ダウン方式から，地方から国へというボトム・アップ方式に転換されるべきである。経済力の弱い地方への財源の再分配（財政調整）の必要性はなくならないにしても，財源はこれまでのような補助金ではなく，地方の自主財源に求める必要がある。そのためにも，地方は財政トランスファーに頼らなくても自立できる経済構造をつくる努力をしなければならない。

第 **3** 章
制度としての地方財政

◀1 地　方　自　治

憲法と地方自治　　　わが国の地方自治は，第2次世界大戦後の新憲法制
定によってその姿を大きく変えた。戦前においても
地方自治制度は設けられてはいたが，明治憲法には地方自治の規定はなく，地
方自治制度は法律によって規定されていただけで，法律によって地方自治のあ
り方はどのようにでも変更可能であった。しかし，戦後になると，日本国憲法
は地方自治について新たに1章を設け，地方自治は憲法で保障されるものとな
った。このことは法律の改正だけでは地方自治が制限されえないことを意味し
ている。

　日本国憲法は第8章，第92条から第95条において，地方自治に関しての
重要な規定を設けている。とくに第92条では，「地方公共団体の組織及び運
営に関する事項は，地方自治の本旨に基いて，法律でこれを定める」と規定し
ている。ここで**地方自治の本旨**とは，一般的解釈として，**住民自治**と**団体自治**の
両方を含むとされている。

　住民自治は，地方の行政は地方の住民によって処理されるべきであるという
ものであり，イギリスやアメリカの地方自治はこの考え方が中心である。団体
自治は，国から独立した法人格を持つ地方団体の存立を認め，地方の行政はこ
れによって処理させるべきであるというものであり，ドイツやフランスでは団
体自治の考え方が中心である。完全な地方自治を確立するためには，この2つ

の自治が備わっていなければならない。憲法第92条のこの規定によって地方自治法，地方財政法，地方公務員法，地方税法，地方交付税法，地方公営企業法などの地方自治に関するさまざまな法律が制定され，地方自治制度に関する事項が具体化されている。また，憲法第94条は「地方公共団体は，その財産を管理し，事務を処理し，及び行政を執行する権能を有し，……」と謳い，戦前にはなかった一般的な権限を地方団体に付与したのである。これによって，地方団体が実施しうる事務の範囲は大きく拡大することになる。

ほかにも，地方自治に関して憲法は，①地方公共団体には議決機関として議会を置く（第93条第1項），②地方公共団体の長，議員は住民が直接選挙によって選出する（第93条第2項），③地方公共団体は法律の範囲内で条例を制定することができる（第94条），④1つの地方公共団体のみに適用される特別法の制定は住民の投票において，その過半数の同意を必要とする（第95条），ことを定めている。

地方自治の基本ルール　地方団体の区分，組織，運営，国と地方団体間の基本的関係などの約束事や基本ルールは，1947年5月3日に日本国憲法と同時に施行された**地方自治法**に規定されている。まず，地方団体は，普通地方公共団体と特別地方公共団体に分類される（地方自治法第1条の3）。**普通地方公共団体**は都道府県や市町村のことであり，一般的かつ広範囲の仕事を行っている。日本の全地域はそれぞれ特定の市町村，特定の都道府県という二層制の地方自治体に属している。**特別地方公共団体**は東京都の23区のような特別の地域や，普通地方公共団体の仕事の一部を広域的に処理するなど，特定の仕事のためだけに置かれるもので，どの地域にもあるという一般的なものではない。

国民生活はさまざまな行政活動によって支えられているが，国，都道府県，市町村はそれぞれの性格，規模に応じて，異なった行政分野を担っている。まず，国と地方の事務配分については，地方自治法第2条2項に，「普通地方公共団体は，地域における事務及びその他の事務で法律又はこれに基づく政令により処理することとされるものを処理する」と規定されている。

地方分権改革を進めるために2000年4月から施行された**地方分権一括法**において，これまで，法令にもとづいて国が地方団体の長（知事，市町村長）などの機関に委任してきた**機関委任事務**と，統計，調査のように法令の規定にも

とづいて実際の処理を地方団体に委任されてきた団体委任事務が廃止され，地方団体が行う事務は**法定受託事務**と**自治事務**に区分された。法定受託事務は，国が直接執行すべきであるが事務処理の効率化の観点から地方が受託して行うものであり，それらを除いたものが自治事務である。

　機関委任事務は，仕事を引き受けた地方団体はあくまでも国のために仕事を行うのであり，都道府県議会や市町村議会は口をはさむ余地はなく，また都道府県知事は国の中央省庁の大臣から，市町村長は大臣と都道府県知事から指揮・監督を受けることから，中央集権システムの象徴ともいわれ，その廃止は長年の懸案であった。

　都道府県と市町村の役割分担については，地方自治法第2条3項に，市町村は，基礎的な地方公共団体として，以下にあげる都道府県が処理するものを除いて一般的に事務を処理するとされており，戸籍，住民登録，教育，衛生，土木建設，福祉といった国民の日常生活に直接かかわってくる仕事を受け持っている。

　都道府県は市町村を包括する広域の地方公共団体として位置づけられ，地方が行う事務のうち，①広域にわたるもの，②市町村に関する連絡調整に関するもの，③その規模または性質において一般の市町村が処理することが適当でないと認められるもの，を処理することとされている。

地方自治の理想と現実

地方自治法に規定された事務配分は，**シャウプ勧告**（1949年8月）をベースにしているといわれている。日本の税制について勧告を行うことを主な目的として来日したシャウプ博士を団長とする使節団は，日本の地方自治のあり方や改革についても重要な勧告を行った。勧告は，国，都道府県，市町村の3段階に分かれて処理されている日本の行政事務の配分は複雑で，責任の所在を不明確にしていること，また，国民が支払った税金でどのような行政がどの段階で行われているかが理解しにくくなっていることを指摘し，次の3原則にもとづいて行政事務の再配分を実施することを求めた。①1つの事務は，国，都道府県，市町村のいずれかの段階の行政機関が実施すべきである（行政責任明確化の原則），②事務を能率的に遂行するために，それぞれの事務は規模・能力・財源の整ったいずれかの段階の行政機関が行うべきである（能率の原則），③事務の遂行は市町村に第1の優先権を与えるべきである（市町村優先の原則）。

また，ヨーロッパ評議会が制定した「ヨーロッパ自治憲章」や国際自治体連合が世界大会で宣言した「世界地方自治宣言」では，「公的な責務は，一般に，市民に最も身近な当局が優先的に遂行する」という「補完性の原理」が謳われている。つまり，事務事業を国と地方で配分する際には，まず基礎自治体（日本では市町村）を最優先し，ついで広域自治体（日本では都道府県）を優先し，国は広域自治体でも担うのにふさわしくない事務事業のみを扱うというわけである。

　しかし，わが国の現実の事務配分は機関委任事務に典型的に現れていたように，地方自治の理想とは異なったものとなっている。たしかに，地方分権一括法によって国と地方は，形式的には「上下・主従」の関係から「対等・協力」の関係に移行した。しかし現実には，児童福祉法など，実際の政策を定める法律や政令，省令によって，依然として地方行政は国からの関与を受け続けている。日本の国・地方の事務配分の特徴は **Fig. 3-1** に示すように，地方の事務であっても，企画立案（意思決定）は国が行い，地方はその執行を担うというものである。事務・事業に関する責任の所在が不明確だ，という批判が出るのも，単一の事務を国と地方が分担して行うことに原因がある。

　日本の国・地方関係が中央集権的である背景にはさまざまな要因が存在する。第1は，第二次世界大戦後の国際政治の冷戦化にともなう GHQ（連合国軍最高司令官総司令部）の政策転換である。それまで日本を弱体化しようと努めてきた連合軍は，その一環として日本の分権化を進めてきた。ところが，朝鮮戦争を契機に日本を強化する方向へと転換したのである。これはすなわち，集権化への道でもあった。

　第2は，中央政府の地方に対する不信感であり，権限への執着である。戦後，内務省は解体されたが，代わって中央各省庁は競って個別法令を制定し，**タテ割り行政**と呼ばれるコントロール構造ができあがった。また，事務の多くは地方団体への十分な移譲が進まず，機関委任事務という形で国に留保され，国の監督下で実施のみを地方が行うという形が多く見られた。そのほかにも国は**出先機関**を新設拡充し，そこで多くの事務を処理するといったケースや，許認可権，国庫支出金などのルートを通じて地方団体をコントロールしていくのである。

　第3は，地域開発における中央依存の高まりである。1960年代の後半に入

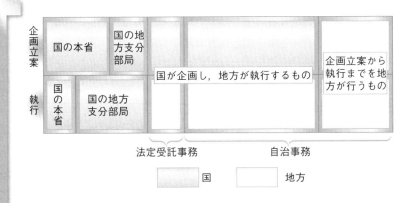

Fig. 3-1 国と地方の事務配分の現状

企画立案 / 執行

| 企画立案 | 国の本省 | 国の地方支分部局 | 国が企画し，地方が執行するもの | 企画立案から執行までを地方が行うもの |
| 執行 | 国の本省 | 国の地方支分部局 | | |

法定受託事務　　　　　自治事務

　　　国　　　　　　地方

わが国における国と地方の事務配分の特徴は，同じ事務について国が企画立案し，地方がそれにしたがって実施するということである。このため国の統制が強く，また責任の所在も不明確となる。

って，わが国は高度経済成長の道をひた走ることになるが，工場の地方誘致を中心とした地域開発政策は，一方で開発のための国の財政援助や公共投資への依存に拍車をかけた。これは同時に，地方団体の中央指向を強めることでもあった。さらに，高度成長期に地域間の経済力格差が顕在化し，過疎地域では乏しい行財政能力のために中央に依存した行財政運営を余儀なくされたのである。

　第4は，ナショナル・ミニマムの達成を主な目標とした福祉国家の建設である。わが国を含めた先進諸国は，第二次世界大戦後に福祉国家の建設に向けて国民経済における公共部門の比重を増大させてきた。なかでも，住民に近い立場にあり，その要求をくみ取りやすい地方団体の行財政上の責任は急激に増大した。しかしナショナル・ミニマムという全国一律の水準で実施すべき事務の増大は，同時に地方の行財政運営に対する国の介入が大きくなることを意味していた。また，地方の支出の重要性は強まったが，財源の中心である地方税のウェートはそれほど増大しなかった。つまり，福祉国家の建設は，地方団体が国の定めた福祉目標の実施機関にすぎず，しかも地方支出と地方税収とのギャップを埋めるために，国からの財政トランスファーに多くを依存しなければならなくなったことを意味している。わが国の中央集権システムは福祉国家の建設過程でいっそう強化されたのである。

第5は，地域住民の自治意識の希薄化である。比較的狭い地域のなかで生活のすべてが行われた時代には，住民は地元自治体に対して運命共同体的な意識を持っていた。しかし今日のように住民の日常生活圏が広がり，行政圏との乖離が大きくなると，住民の自治体への帰属意識は確実に弱くなる。また，中心都市から郊外への人口移動の増大はいわゆる新住民と呼ばれるものを生んだが，こうした人びとが地元自治体に対して持つ帰属意識は弱い。

2　地方財政制度

国と地方の経費負担区分

　地方の財政運営のルールを定めているのが**地方財政法**である。国民の福祉を増進するための行政事務は，その内容と性格とによって，国と地方間に配分されているが，それぞれの事務を実施するために必要な費用や負担のあり方についても地方財政法が規定している。これによると，事務を実施するところが全額を負担するのが建て前となっている。これはシャウプ勧告の**行政責任明確化**の原則に沿ったものである。

　しかし，地方団体が現実に実施している事務のなかには，国に委任されたものも含まれることから，現実には，事務によっては例外としてその経費の全部または一部を国が負担するとされている（地方財政法第10条）。

　第1は，法令にもとづいて地方団体が実施しなければならない国と地方団体相互の利害関係にある事務のうち，その円滑な運営を期するために，国が進んで経費を負担する必要のあるものである。義務教育職員の給与，生活保護に要する経費，児童手当に要する経費，家畜伝染病予防に要する経費などが制限列挙されている。

　第2は，国民経済に適合するように相互的に策定された計画にしたがって地方団体が実施しなければならない，法律または政令で定める土木などの建設事業に要する経費である。これに該当する事業としては，道路・河川・砂防・海岸・港湾などの重要な土木施設の新設および改良，林道・漁港などの重要な農林水産業施設の新設および改良，重要な都市計画事業，公営住宅の建設，児童福祉施設などの福祉施設の建設などが制限列挙されている。

第3は，災害にかかる事務で地方の一般財源では賄いきれないものに要する経費である。災害が発生した場合，その復旧費などの所要額を被災地方団体について定めたうえで，必要な財源を確保するために経費の一部を国が負担するとしている。

第4は，国会議員の選挙，最高裁判所裁判官国民審査のように，もっぱら国の利害に関係のある事務を行うために要する経費であり，これは全額を国が負担することとされている。

なお，第1から第3の事務について，国と地方が分け合う経費の種類，その額の計算の基準，国と地方の負担割合については，法律または政令で定められている。

| 地方の歳入 |

国民の福祉を増進するための行政に必要な経費は，原則的には国民が負担する税で賄われる。地方自治の健全な発展を求めるためには，住民が公共サービスのコストを意識し，一方，行政当局においても行財政運営の効率化と行政における住民ニーズの反映という**財政責任**を実現することが求められる。となると，地方団体が処理する事務に要する経費は，全額をその地域の住民が直接負担する地方税によって賄うことが望ましい。こうすることで，地方団体は国の干渉を避けることができるし，負担を意識することで住民による公共サービスに対する過大な要求を防止することができるからである。しかし，実際には地方財政を賄っているのは地方税だけではなく，そのほかにも多くの歳入項目が存在している。

Table 3-1 は地方の歳入構造を示したものである。近年の財政状況の悪化を反映して国債の発行が増加しているが，それでも国の場合には歳入総額101兆3581億円のうち，59兆9280億円（59.1％）が租税および印紙収入である（2018年度一般会計補正後予算額）。これに対して，地方財政の場合には，地方税の割合は都道府県で40.9％，市町村で33.6％にすぎず，国が地方に配分する地方譲与税，地方交付税，国庫支出金，地方債，高校の授業料をはじめとする使用料，住民登録や印鑑証明などの手数料など，歳入項目は多様である。

地方譲与税は，本来，地方税を課すべき税源に対して，課税の便宜上，地方団体に代わって国が課税・徴収し，その収入額を一定の基準で地方に譲与するものである。現在，地方揮発油譲与税，石油ガス譲与税，特別とん譲与税，自動車重量譲与税，航空機燃料譲与税，森林環境譲与税，特別法人事業譲与税の

Table 3-1 地方の歳入構成（2018 年度決算額）

（単位：10 億円，％）

	都道府県		市　町　村		純　計　額	
地　方　税	20,620	40.9	20,131	33.6	40,751	40.2
地方譲与税	2,232	4.4	419	0.7	2,651	2.6
地方交付税	8,568	17.0	7,981	13.3	16,548	16.3
国庫支出金	5,679	11.3	9,155	15.3	14,834	14.6
使用料・手数料	852	1.7	1,373	2.3	2,225	2.2
地　方　債	5,415	10.8	5,119	8.6	10,508	10.4
そ　の　他	7,007	13.9	15,713	26.2	13,827	13.7
歳 入 合 計	50,373	100.0	59,891	100.00	101,345	100.0

資料）　総務省『地方財政統計年報』より作成。

> 国家財政の場合，租税および印紙収入が約６割を占めているのに対して，地方財政
> においては地方税の割合は都道府県で 40.9％，市町村で 33.6％ にすぎない。また，
> 国庫支出金，地方交付税といった国からの財政トランスファーの比重が大きく，国
> に比べて地方の収入項目は多様である。

7 種類がある。特別とん譲与税（外国貿易船の入港に対する課税）は収入額をそ
のまま，本来課税すべき地方団体に，航空機燃料譲与税は空港関係都道府県と
市町村に還元される。石油ガス譲与税，自動車重量譲与税は徴収地に関係なく
道路の延長および面積を基準に譲与される。また，地方揮発油税譲与税（地方
道路譲与税を含む）については，配分に際して財源調整機能が加味されている。
近年，新設された譲与税として，森林環境譲与税（2019 年度），特別法人事業
譲与税（2020 年度）があげられる。特別法人事業譲与税は，特別法人事業税収
入額の全額が都道府県に譲与され，配分に際して財源調整機能が加味されてい
る。森林環境譲与税は，2024 年度から課税される予定の森林環境税収入額が
都道府県と市町村に譲与される（2019 年度から 23 年度は交付税及び譲与税交付
金特別会計の借入金として定められた一定額が譲与される）。

　国庫支出金は地方の特定の事業に対して交付されるひもつきの補助金である。
国庫支出金には，地方が実施する特定の事務に対して国と地方の負担区分にも
とづいて負担するもの（前項の経費負担区分の第１〜第3）や国の事務を地方に
委託する際に支払われるもの（同第４）がある。このような国が責任分を負担
するもののほかにも，国は，その施策を行うため特別の必要があると認められ
るとき，または地方団体の財政上，特別の必要があると認められる場合には，

地方団体に対して補助金を交付することができるとしている。つまり，奨励的補助金と財政援助的補助金である。

　また，地域間には経済力格差にもとづく財政力格差が存在しているため，地方団体によっては行政運営に必要な財源のすべてを地方税で賄うことができないところも出てくる。このような場合，国は地方の財源を国税としていったん徴収したうえで，各地方団体の財政力の強弱を考慮しながら地方に配分するというシステムが必要になる。この機能を果たしているのが地方交付税である。

　地方団体は幼稚園，保育所，住民登録，印鑑証明など，住民に密着したきめ細かな行政を遂行しているが，その財源の一部を受益者負担として利用者や受益者から徴収している。これが使用料・手数料であり，国の歳入と大きく異なる点である。

地方税

近代国家では納税義務者，課税標準，税率，徴収の方法といった課税要件は法律で定めなければならないという租税法律主義がルールとしてとられている。わが国の地方税の場合には，法律の代わりに地方の条例で課税要件を定めることになっているが，問題は，課税できる税目，税率などの主要な課税要件の大枠が地方税法という国の法律によって決まっていることである。

　地方税は，その税収の使途が制限されることなく地方団体が自由に使用できる普通税と，税収を特定の目的にしか使用できない目的税とに区分される。普通税のうち，地方税法が税目その他の課税要件を規定している普通税を法定普通税と呼ぶ。地方団体は裁量で独自に課税することも可能であり，これを法定外普通税と呼び，課税するためには自治大臣の許可が必要とされていたが，地方分権一括法によって，許可は事前協議に改められた。目的税のうち，その代表格である都市計画税などについて，課税を行うか否かは地方団体の判断に委ねられている。また，地方分権一括法によって法定外目的税の創設も認められるようになり，産業廃棄物税を中心に課税されている。

　2018年度決算ベースでは，都道府県税18兆3280億円のうち99.7％が，市町村税22兆4235億円のうち92.4％が法定普通税であり（Table 3-1と税収が異なるのは，東京都が徴収した市町村税相当額が市町村に配分されているからである），この数値は，地方税の大部分が地方税法によってコントロールされていることを意味している。

ほとんどの地方税に**標準税率**が定められている。標準税率とは，地方団体が課税する場合に通常，採用すべき税率である。地方団体は，標準税率が定められている税目について，財政が苦しいなどの特別の理由がある場合には標準税率を超えて課税することができる。これを**超過課税**と呼んでいるが，税目によっては**制限税率**という税率の天井が設けられている。超過課税は個人にかかる税にも認められてはいるが，実際に超過課税が行われているのは，法人にかかる税が圧倒的に多い。

　また，税によっては，地方団体に税率選択の余地を与えていないものもある。税率を自由に操作していたのでは，全国の経済流通に混乱が起きるおそれがあるというのがその理由である。

地方債と許可制度

国の財政が財政法によって国債発行を制限されているように，地方財政についても，**地方財政法第5条**によって，地方団体の歳出は，地方債以外の歳入をもって，その財源とすることが原則とされている。ただし，同第5条は地方債をもって財源にあてることができる場合として，①事業収入によって起債の償還が賄われる公営企業に要する経費，②出資金および貸付金，③地方債の借換えのために要する経費，④災害応急事業費，災害復旧事業費など，⑤公共・公用施設の建設事業費などをあげている。

　このように，地方債の発行が認められているのは，地方団体が計画的・効率的に財政運営を行えるようにするとともに，**世代間の負担の公平**を達成する目的がある。学校や道路のように，その事業効果が後世にまで及ぶものの財源を租税で賄うと，現世代だけが負担し，後世代は負担せずに利用できることになる。このような場合，地方債によって財源を調達し，事業効果が発生する期間内で税によって返済することで後世代にも負担を求めることができる。これを**利用時払いの原則**（pay as you use principle）と呼んでいる。

　地方の公共事業の100％が地方債で賄われるわけではなく，事業ごとに地方債の充当率が定められている。たとえば，義務教育施設の整備については，国庫支出金の対象となる事業は90％，社会福祉施設整備事業については，80％などである。地方債が充当されない部分は，地方団体が地方税や地方交付税などの一般財源で賄うことになる。

　地方団体が地方債を発行する際に指針としているものに**地方債計画**と呼ばれ

るものがある。これは，毎年度，国の予算編成時に総務省から発表されるもので，事業区分ごとの地方債の発行見込額や全体の資金の内訳などが示されている。地方債計画は国の予算，地方財政計画などと密接な関連を持つものであり，地方団体の予算編成の1つの指針となっている。

　地方分権一括法施行前までは，地方団体が地方債を発行しようとするときには，都道府県や政令指定都市は総務大臣の，市町村は都道府県知事の許可を受けなければならないとされていた。これは，地方債を引き受ける側の資金に限度があったり，地方団体が財政力を無視して借金を続けると財政が破綻（はたん）するおそれがあるからだが，国が地方団体をコントロールする有力な手段であるとして，これを撤廃すべきとの声も強く出されていた。そこで，現在では，許可制から，総務大臣，都道府県知事との協議制に改められ，民間等資金や一部の公的資金については届出制が一定の基準を満たす地方団体に導入され，起債における地方の自由度は高まった。

　しかし，起債の増加が地方財政を圧迫することがないよう，地方債の発行に許可が必要となるなど，起債を制限する制度がある（詳しくは第12章を参照）。また，地方税法が定める標準税率を下回る水準で地方税を課税する団体は，地方債の発行に際して許可が必要である。

地方財政計画

地方財政は地方交付税，国庫支出金など，国からの財政トランスファーを受け取って運営されていることから，国の予算は地方財政に影響を与えると同時に，地方財政が決まらなければ，国の予算編成は進まないことになる。そこで，各省庁は財務省への予算要求を提出するとともに，補助事業のように地方団体の負担をともなうものについて総務省に調書を提出する。これらを受けて財務省は予算編成作業を，総務省は地方財政計画の策定作業に取りかかるが，地方の財政収支見通しに過不足が生じた場合には，それを解消するための**地方財政対策**が行われる。これではじめて国の歳出が固まり，予算案が決定する。

　地方財政計画は地方財政のマクロ的な見通しであるが，歳出・歳入額は標準的な水準をベースに算定されていることから，地方財政のあるべき姿を表しているといえる。もちろん，地方財政計画は地方団体の実際の財政運営を制限するものではなく，地方団体の財政活動の実績である決算額とは金額の面で隔たりがあって当然である。

しかし地方財政計画は，地方団体が標準的な行政水準を確保しようとしても財源に不足が生じる場合には，**地方交付税率**（地方交付税の総額は所得税，法人税など国税の一定割合として決定されるが，その割合のこと）の見直しや，財源不足額に対処するための建設地方債の増発などによって埋める，といった地方財源を保障する機能を持っていることから，地方財政運営に少なからぬ影響を与えるものである。

　そのほかにも，地方財政計画は地方団体にとっての財政運営上の指針としての役割も果たしている。つまり，地方財政計画には国の経済見通しや税制改正による増減収を含む税収見通し，国の施策など，地方団体の予算編成や財政運営にとって重要な情報が含まれていることから，地方団体の財政運営の指標としての役割も果たしているのである。

補助事業と地方の負担

地方団体は，国が定めた法律や計画にもとづいて実施しなければならない多くの仕事をかかえている。

　Fig. 3-2 は国庫負担の対象となる補助事業について，事業の決定から地方の財政負担にいたる流れを略図化したものである。これらの仕事は，国と地方の双方の利害に関係してくるという理由によって国が実施を義務づけるのであるから，その費用の全額あるいは一部を国が責任分として負担する。しかし，法律に定められた仕事であれば，地方が行った事務のすべてが国の負担の対象になるというわけではなく，国が負担する仕事の種類や金額は法律や政令で決まることになっている。こうして国の負担の対象となる事務・事業の費用総額が決まる。次はこの費用を国と地方でどのように負担するかであるが，この負担割合も法律・政令で決定されることになっている。

　こうして地方団体の負担額が決まるが，公共施設などの建設事業については一部は地方債で賄われることから，この分を除いた地方負担額は原則的には地方税で賄われる。だが，現在のように，地方税法という国の法律によって，税率など地方税の重要な部分が決まってしまう状況では，経済力が弱く，地方税でこの金額を賄うことができない地方団体が出てくる可能性がある。この財源不足分は地方交付税によって補填される。この補填も地方交付税法という法律で細部にわたって規定されている。

　このように，法律や計画で地方が実施すべき仕事が決まり，法律・政令でその事業費が決まる。さらに法律・政令で定められている国と地方の負担割合を

Fig. 3-2 補助事業の流れと地方の負担

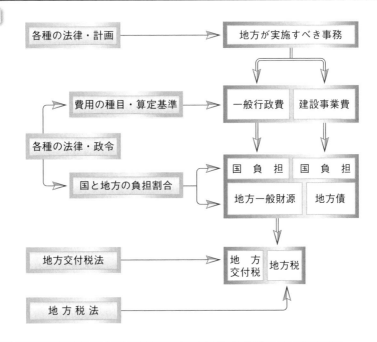

地方が実施すべき仕事の内容と量，そのために必要な経費，そのうちで地方が負担すべき額，その金額を賄う地方税収入額，財源が不足する場合の地方交付税による補塡。これらはほとんどが国の法律によって決まっている。

適用して，地方団体の費用負担が決まる。そして，不足分は法律で国が補塡するしくみができあがっている。このプロセスにおいて，地方団体が主体性を発揮する余地はほとんどないというのが実態である。

三位一体の改革　　2000 年 4 月に施行された**地方分権一括法**は，機関委任事務の廃止や地方の課税自主権の強化など一定の成果を上げ，国と地方の関係は新たな時代に入った。しかし，地方からは「分権一括法では大きな変化は期待できない」「権限だけ強化されても，財源の裏づけがなければ意味がない」といった批判が出された。

　こうした指摘を受け，政府は地方税源の移譲，国庫補助負担金の縮減・見直し，地方交付税改革という「三位一体の改革」に着手し，累次の「経済財政運営と構造改革に関する基本方針」や「三位一体の改革について」（2005 年 11 月

30日政府・与党合意）などの決定を経て，2004〜06年度予算において，約4.7兆円の国庫補助負担金の改革，約3兆円の国から地方への税源移譲，約5.1兆円の地方交付税および臨時財政対策債の総額抑制といった改革が実現した。

　三位一体の改革の目的は，地方において大きく乖離している受益と負担について，その関係を明確にし，地方が自らの支出を自らの財源で賄う割合を増やし，住民が真に必要とする行政サービスを地方自らの責任において提供できるようにすることであった。

　三位一体の改革は一定の成果を上げたものの，国の地方に対する義務づけや関与を残したままで，児童扶養手当の国の負担率を3/4から1/3に，児童手当の負担率を2/3から1/3に引き下げるなど，数字合わせに終わったとの批判もあり，ポスト三位一体の改革が検討されている。

③ 地方の財政支出

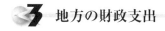

普通会計と公営事業会計

　地方団体の予算も国と同様に一般会計と特別会計に区分されている。しかし，特別会計には国の法令で設置が義務づけられているものと，地方団体が任意に設置するものとがあるために，地方団体によって一般会計と特別会計の範囲が異なっている。そこで，全国的に統一された基準で地方財政を把握するために，地方団体の各会計のうち，公営企業，国民健康保険などの事業会計以外の会計を集計することによって求められた普通会計，水道事業会計や交通事業会計のように独立採算性を基本とする公営事業会計とに区分される。なお，地方公営企業は地方公営企業法にもとづく地方団体所有の公企業であり，上・下水道や公共交通などが該当する。地方公営企業は「常に企業の経済性を発揮するとともに，その本来の目的である公共の福祉を増進するように運営されなければならない」（地方公営企業法第3条）と規定されており，独立採算を前提に事業が行われている。

　普通会計歳出決算額を団体種類別に見ると，都道府県が48兆9573億円，市町村が57兆9817億円となっており（2018年度），近年，市町村の歳出決算額が都道府県を大きく上回る傾向となっている。なお，都道府県の支出には，

市町村に対する都道府県支出金（3兆9133億円），地方消費税や個人住民税利子分・配当分のように，いったん都道府県の税収入となったうえで市町村に交付金として支出されるものがあるため，こうした団体間の重複を取り除いた都道府県と市町村の歳出純計額は98兆206億円となる。

目的別分類　地方団体の支出の分類には種々の方法が用いられているが，最も基本的な制度的分類は目的別分類と性質別分類である。

目的別分類は予算および決算の**款・項**の区分を基準としたものであり，地方団体の支出を行政目的によって議会費（地方議会議員の報酬・手当，運営費，事務局費），総務費（地方税の課税と徴収，住民登録，広報，人事，財政などの一般管理費のほか，退職手当など一般職員の共通経費），民生費（児童，老人，障害者等に対する各種の社会福祉施設の整備運営や，福祉サービスの提供，生活困窮者に対する生活保護等），衛生費（医療，公衆衛生，精神衛生，し尿・ごみの収集処理，大気汚染等の公害対策，環境保全），労働費（失業対策事業，職業訓練等），農林水産業費（農地の整備，消費流通対策，農林漁業に関する技術の開発・普及等），商工費（中小企業の指導育成，企業誘致，消費流通対策等），土木費（区画整理や街路，都市計画公園整備，道路や橋梁の建設・整備，公営住宅の建設等），警察費，消防費，教育費（学校教育，社会教育）などに分類する。この分類を見ることによって，地方団体の政策あるいは重点施策をうかがい知ることができる。

ただ，政策そのものが地方団体の自然，社会，経済といった諸条件を背景としたものであるし，また地方行政の内容が法令などによって細かく規定されている現状では，単に目的別支出の絶対額やウェートの比較だけで地方団体の行政に対する姿勢，ましてやそれを行政効率の判定材料にすることには注意を要する。

目的別・性質別歳出決算額を見たものが **Table 3-2** である。目的別分類では，都道府県においては**教育費**が最も大きく，**民生費**がこれに続いている。教育費のウェートが高いのは，市町村立小中学校の教職員給与費の負担を負っていること，公立高校に都道府県立が多いことによる。民生費の比重が大きいのは，高齢化の影響から老人福祉をはじめとした福祉の経費が増加したことによる。

市町村においては民生費が群を抜いて大きく，次いで総務費，教育費，土木費の順である。ただ，市町村の場合，都市化の程度，老齢人口比率の高低など，

Table 3-2　歳出決算額（2018 年度決算額）

（単位：10 億円）

目的別歳出決算額			性質別歳出決算額		
	都道府県	市町村		都道府県	市町村
議　会　費	77	343	人　件　費	12,577	9,889
総　務　費	2,776	7,050	物　件　費	1,707	7,863
民　生　費	7,793	21,076	維持補修費	510	759
衛　生　費	1,577	4,823	扶　助　費	1,074	13,226
労　働　費	152	101	補 助 費 等	13,220	4,254
農林水産業費	2,351	1,362	普通建設事業費	7,764	7,648
商　工　費	3,084	1,717	災害復旧事業費	657	430
土　木　費	5,554	6,521	失業対策事業費	—	0
消　防　費	232	1,853	公　債　費	6,785	5,588
警　察　費	3,301	—	積　立　金	964	1,850
教　育　費	9,998	6,995	投資および出資金	123	219
災害復旧費	657	430	貸　付　金	2,755	1,074
公　債　費	6,805	5,594	繰　出　金	822	5,182
そ　の　他	4,600	115	そ　の　他	0	0
歳 出 合 計	48,957	57,982	歳 出 合 計	48,957	57,982

資料）　総務省『地方財政統計年報』より作成。

> 地方の歳出は目的別と性質別に分類される。目的別分類では，都道府県は公立小中学校職員給与の負担があるため教育費が，市町村では高齢化時代を反映して民生費が最も大きい。性質別分類では，都道府県では補助費等が，市町村では扶助費が最大となっている。これまでは人件費が最大であったが，その傾向に変化が表れている。

　地方団体の地域特性によって目的別支出の構成は大きく異なることに注意する必要がある。これに対して広域的な行政を行う都道府県については，行政内容に共通した点が多く，また，法令によって義務づけられた歳出が多いことから，各都道府県の目的別歳出の構成は比較的似かよっている。

性質別分類　　性質別分類は予算および決算の節に該当するものであり，人件費，物件費（旅費・交際費・備品購入・委託料等），維持補修費，扶助費，補助費等，普通建設事業費，災害復旧事業費，公債費，積立金，投資および出資金，貸付金，繰出金などに分類される。この分類は行政活動のインプットとして地方団体が何をどれほど購入し，国民経済に財政資金がどのような形で還流するかを表している。また，性質別分類は地方団体の財政運営の健全性・弾力性などを，財務管理の立場から分析するうえで重要である。こうした観点から，性質別分類された支出を，①消費的経費と

投資的経費，②義務的経費と任意的経費，③経常的経費と臨時的経費などに分類して財政運営が分析される。いずれも，前者のウェートが低い地方団体ほど望ましいとされている。

　消費的経費とは，人件費，物件費のように支出の効果が短期間で消滅するものであり，投資的経費とは支出が地方団体の社会資本ストックの形成に向けられ，したがって支出の効果が長期間に及ぶものである。普通建設事業費，災害復旧事業費，失業対策事業費などがこれに該当する。

　義務的経費とは，人件費，扶助費，公債費のように地方団体が支出を義務づけられているものであり，任意に節減できない支出である。したがって，これらの支出が増加すると，財政構造の硬直化を引き起こすことになる。

　臨時的経費とは，普通建設事業費，積立金，出資金，貸付金などのように，突発的あるいは一時的な行政需要に対して支出されるものであり，財政収入の変動に応じて調節することが比較的容易な支出である。これに対して経常的経費とは年々経常的に支出することが要請されるものであり，行政運営上，一種の固定的な費用であるといえる。

　Table 3-2 によって性質別歳出決算額を見ると，都道府県は補助費等が，市町村は扶助費が，最大支出項目である。長年にわたって人件費が都道府県，市町村ともに最大支出項目であったが，近年，人件費が減少傾向に転じるとともに上記の費目が伸びており，変化が生じている。

　都道府県における補助費等は，下水道や病院等の地方公営企業への負担金，さまざまな団体への補助金等であるが，公益上必要ある場合という抽象的な基準で支出され，地方団体の裁量の入り込む余地が比較的大きい支出項目である。したがって，補助費等は外部的圧力によって支出するケースも多く見られる。そのため，補助費等は地方団体の財政運営の適否を判断するうえで格好の材料であるといわれている。

　市町村における扶助費は，社会保障の一環として生活困窮者，児童，老人，心身障害者などを援助するための支出であり，生活保護法，児童福祉法，老人福祉法などにもとづいて行われるものと，地方単独事業として行われる部分とがある。

４ 地方の財政運営

予算の役割と原則

予算は１会計年度における歳入と歳出の計画である。このなかで，新年度において実施しようとする政策の資金面での裏づけが明らかにされる。地方団体の政策は住民の負担で行われることから，予算の編成・審議・執行・決算にいたる予算過程は**財政民主主義**の原則にもとづいて進行しなければならない。そのために予算は議会の議決を経てはじめて成立するのである。これによって予算は単なる収支見通しの域を出て，支出額および政策内容を拘束するものとなる。また，予算は主権者である住民に対して財政情報を提供するという役割も果たしている。

こうした予算の役割を，実際の予算制度と運用の面で保証するものが地方予算の原則である。

第１は**予算事前決定の原則**である。予算は収支計画書であることから，１会計期間が始まる前に議会の議決を経なければ，住民の意思による統制の意味を持たなくなる。しかし，後に述べる，首長の予算に関する専決処分のような例外事項もある。

第２は**予算公開の原則**である。財政民主主義を保証するためには，予算の内容，執行状況などは広く公開されなければならない。

第３は**総計予算主義の原則**である。一切の収支を住民の統制下に置き，行政府の裁量を許さないためには，歳入と歳出のすべてが完全に計上され，住民に見えない金銭収支があってはならない。

第４は**単一予算主義の原則**である。住民の望む支出に住民から徴収した税収をあてるためには，すべての収入を一括して計上し，これを望ましい支出項目に適正に配分することが求められるのであり，そのためにはすべての収支を１つの会計で処理しなければならない。しかし，単一予算主義の原則を厳密に適用すると，かえって予算が理解しにくくなって住民の意思が反映されなくなる場合には，例外的に特別会計を設けて経理するほうが望ましいこともある。

第５は**会計年度独立の原則**である。１会計年度の予算の歳出はその年度の歳入で賄われる必要があり，歳出予算の経費は翌年度に使用されてはならない。

しかしこの原則を厳密に適用すると，事業が長期に及んだり，予算成立後に生じたやむをえない事情によって，経費の年度内支出が困難になるなどの場合に，財政の効率的運営が困難になることから，例外的な事項が認められている。

予算と首長　予算編成において重要な役割を果たすのが，知事，市町村長といった地方団体の**首長**と，議会である。

わが国では，首長は国の首相のように議会で選ばれるのではなく，住民の直接投票で選ばれるしくみになっている。これは，首長が議会の言いなりになったり，議員が行政に介入してくることを防止し，住民の代表としてリーダーシップを発揮しやすいようにしたためである。また，執行機関である首長と，議決機関である議会が独立した権限を持つことで，チェック・アンド・バランスが機能しやすくなっている。

首長の最大の仕事は，予算を編成することである。つまり予算の編成権は首長に専属しているのである。予算編成は，歳出については法令の定めるところにしたがい，合理的な基準によってその経費を算定し，歳入については正確にその財源を捕捉し，経済の現実に即して収入を算定したうえで予算に計上しなければならない。

都道府県の予算編成においては知事を中心とする行政部局，とくに財政や企画部門が大きな役割を果たすが，市町村と異なるのは，総務省の窓口として市町村財政に対して指導を行う市町村課の役割が重要なことである。これによって国，都道府県，市町村という縦の関係が生まれる。市町村の場合は，その財政規模や行政組織の違いによって予算編成方式は異なるが，政令指定都市を除けば，都道府県市町村課の影響を受けながら予算編成を行っている。また市町村は，都道府県に比べて住民に密着した仕事を行っていることから，予算編成において住民ニーズをくみ取ることの必要性が大きい。

予算編成　地方の**当初予算**の編成作業は次のようにして進められる。まず，7月頃に内示される国の**予算概算要求方針**にもとづいて，都道府県では10月頃に，市町村では11月中下旬，首長の財政運営の指針である**次年度予算編成方針**が決定され，各行政部局課に通達される。各行政部局課はこれにもとづいて重点施策の検討を盛り込んだ**予算要求書**を財政当局に提出する。その後，予算要求の査定，各行政部局の復活要求の調整という段階を経て，首長や首脳部による最終査定が翌年の2月中旬頃に行

われる。最終査定終了後，地方税，地方譲与税，地方交付税の一般財源ベースでの収支見通しや再確認が行われたうえで，財政当局が**予算書**と**予算説明書**を作成し，首長の予算原案として議会に提出される。しかし，これまでに述べてきたように地方財政は国の予算と密接に関連しているために，予算編成作業は，国の予算，地方債計画，地方財政計画がどのような内容になるか不明な時期に進められなければならない，という問題点をかかえている。

　当初予算の成立後，状況の変化に応じて経費を追加したり組み替える必要が生じた場合には**補正予算**が組まれることになる。都道府県や市町村では年に2，3回予算の補正を行うことが通常である。

　作成された予算案は議会で審議され，出席議員の過半数の賛成を得てはじめて成立する。議会が成立しなかったり，議会が予算を議決しないような場合には，住民生活を円滑に進めるために，首長は予算案を自らの判断で専決処分し成立させることができる。しかし，この場合でも次に開かれる議会で承認を得なければならない。このように，地方団体は議会の議決を経てはじめて予算を執行することができるという意味では，議決機関である議会の役割は大きい。しかし，予算編成権は首長に専属することから，予算に盛り込まれていないような項目を追加するといった編成権を侵害すると考えられる修正はできない。修正できるのは，すでに予算に盛り込まれている項目の金額を増減する程度である。これも，予算全体に大きな影響を与えない範囲にかぎられている。

　予算編成に住民はどのようにかかわるのだろうか。まずは住民は投票者として，個人の選好に最も合った首長や地方議会議員を選出することを通じて自らの意思を表明する。これが**議会制民主主義**である。ただ，投票では政党の公約やスローガンを参考に1つのかたまりとしての政策群に対して意思表明はできても，個別の政策に対して選好を顕示することは困難である。そこで住民は政治ルートを通じて要求や陳情といった圧力をかけることになる。このほかに，公聴会や各種の審議会への参加も意思を表明する機会として利用されている。

　しかし，わが国において地方の公的意思決定に大きな影響を与えているのが国の政策である。このことが，補助金獲得のために，国の予算編成以前から首長をはじめとした執行機関の首脳部，地方議員を通じての陳情をはじめとした政治活動につながるのである。そして，補助金がついた事業は予算編成で優先され，財政部門は各担当局から提出された予算要求に対して，どのように財

源を手当てするかに追われ，事務・事業に優先順位をつけたり，場合によっては廃止したりすることは難しくなっているのが現状である。

予算の執行の結果が**決算**である。地方団体の場合には，決算よりもむしろ予算にウェートが置かれ，決算は，予算どおりに事業が執行されたかどうかを検討するものでしかない。しかし何より問題なのは，地方団体の場合，予算そのものが単年度の財政収支の均衡を目的として編成されることである。**官庁会計方式**の採用や，決算よりも予算を重視するといった特徴は，予算編成が収支バランスを最重要視しているかぎりにおいては，十分に，その任に耐えるからである。

予算には，利害関係の調整や議会による行政部の統制といった政治的機能，行政の内部管理といった行政的機能が期待されているが，しかしその中心に据えられるべき機能は，地方の資源を効率的に利用し，かつ諸目的間に適正に配分するという経済的機能なのである。予算の役割をこのようにとらえるなら，現行の官庁会計方式はたちどころに問題をさらけだすことになる。

財政破綻の防止

北海道夕張市は2007年3月，財政再建団体に指定され，4月1日から財政再建団体となった。**財政再建団体**とは，地方財政再建促進特別措置法（再建法：2009年に失効）にもとづき，赤字額が標準財政規模の5％（都道府県）または20％（市区町村）を超えた破綻状態にあり，総務大臣に申請して指定を受けた地方自治体のことである。

財政危機は夕張市だけの問題ではなく，このままでは多くの自治体が破綻する可能性があることから，2007年6月，**地方公共団体の財政の健全化に関する法律**が公布され，2009年度から施行された。同法は財政破綻を未然に防ぐため，以下の健全化判断比率を用いてチェックし，「早期健全化」と「財政再生」の2段階で自治体の財政悪化を防止するしくみを規定している。自治体は毎年度，以下の4つの健全化判断比率を監査委員の審査に付したうえで，議会に報告し，公表しなければならない。

① 実質赤字比率（一般会計に占める赤字割合）

② 連結実質赤字比率（水道や国民健康保険事業など，全会計を合算した赤字割合）

③ 実質公債費比率（全会計に一部事務組合や広域連合を加えた範囲における公債費の標準財政規模を基本とした額に対する比率〔3カ年平均〕）

Table 3-3 早期健全化基準と財政再生基準

	早期健全化基準	財政再生基準
①実質赤字比率	都：5.54 % 道府県：3.75 % 市町村：11.25〜15 %	都：8.58 % 道府県：5 % 市町村：20 %
②連結実質赤字比率	都：10.54 % 道府県：8.75 % 市町村：16.25〜20 %	都：18.58 % 道府県：15 %※ 市町村：30 %※
③実質公債費比率	都道府県・市町村：25 %	都道府県・市町村：35 %
④将来負担比率	都道府県：400 % 政令指定都市：400 % 市町村：350 %	―

注）　※：3年間（2009〜11年度）の経過的な基準（都道府県は25 %→25 %→20 %，市町村は40 %→40 %→35 %）が設けられていた（東京都についても別途経過措置が設けられていた）。
資料）　総務省『地方財政白書』。

第1段階では，4つの健全化基準のいずれかの指標が「早期健全化基準」以上になると，「財政健全化計画」の策定が求められ，第2段階では，①から③の指標が「財政再生基準」以上になった場合は「財政再生計画」の策定が求められ，それぞれ再建に取り組むことになる。

④　将来負担比率（全会計に一部事務組合や広域連合，および公営企業，出資法人等を加えた範囲における実質的負債の標準財政規模を基本とした額に対する比率）

Table 3-3は早期健全化基準と財政再生基準を示している。第1段階では，いずれかの指標が「早期健全化基準」以上になると，自治体は「財政健全化計画」を策定し，議会の議決を経て速やかに公表し，毎年度その実施状況を議会に報告し公表することが必要になる。また，これらについては，総務大臣・都道府県知事への報告，総務大臣・都道府県知事による公表が義務づけられている。つまり，手遅れにならないうちに地方団体に早期の自主的健全化努力を促すというわけである。

第2段階は，財政がさらに悪化し，①から③の指標が「財政再生基準」以上になった場合は，「財政再生団体」として「財政再生計画」を策定し再建に取り組むことになる。財政再生計画は，議会の議決を経て定め，速やかに公表する必要がある。財政再生計画は総務大臣に協議し，その同意を得ることができ

る。そして，財政再生団体は毎年度，その実施状況を議会に報告し，公表することが求められる。また，これらについては，総務大臣への報告，総務大臣による公表が義務づけられている。財政再生計画に総務大臣の同意を得ていなければ，当該地方団体は災害復旧事業等を除いて地方債の起債ができないというように，国の管理が強まることになる。

　財政健全化法以降，財政再生基準以上の自治体は夕張市の1団体にとどまっている。早期健全化基準以上の団体も年々その数を減らし，2013年度以降は夕張市以外には存在しない状況となっている。

第**4**章

超高齢社会と地方公共支出

 1 超高齢社会と大きな政府

憲法と地方自治

21 世紀へ向けて日本がかかえる課題は多い。なかでも少子高齢化は今後の日本経済の将来に大きな影響を与えるとともに，地方財政にとっても十分な備えを怠ることのできない問題である。

少子高齢化の問題はすでにヨーロッパの先進諸国が直面したものだが，わが国においてより深刻なのは，そのスピードと規模が他国をはるかに上回っていることである。**Fig. 4–1** は 65 歳以上人口の総人口に占める比率（以下，65 歳以上人口比率とする）を示したものである。65 歳以上人口比率が 7 ％（国連では，65 歳以上人口比率が 7 ％以上に達した社会を**高齢化社会**と分類している）から 14 ％に達するのに，イギリスでは 46 年（1930〜76 年），ドイツでは 42 年（1930〜72 年），フランスでは 114 年（1865〜1979 年），スウェーデンでは 82 年（1890〜1972 年）という長い期間を要した。アメリカでも 69 年（1945〜2014 年）かかると予測されている。これに対して，わが国ではわずか 24 年（1970〜94 年）でこの数値に達したのである。

わが国では 65 歳以上人口比率は 2010 年には 23.0 ％，20 年には 28.9 ％，30 年には 31.2 ％，40 年には 36.1 ％，50 年には 38.8 ％，60 年には 39.9 ％に達すると予測されており，上昇の勢いが衰えることはない。同じ 2050 年でも，アメリカ 20.9 ％，イギリス 24.1 ％，ドイツ 36.4 ％，フランス 26.2 ％，スウェー

Fig. 4-1 年齢別人口構成の変化

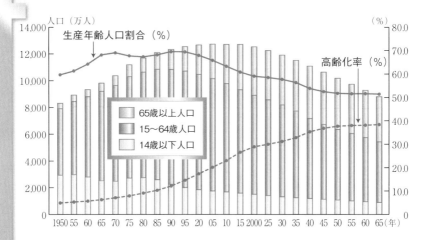

資料) 1950年から2010年までは総務省統計局『国勢調査報告』，2015年は『国勢調査 年齢・国籍負傷をあん分した人口（参考表）』による。2020年以降は国立社会保障・人口問題研究所「日本の将来推計人口（平成29年推計）」の出生中位・死亡中位仮定による推計結果。

> わが国の65歳以上人口の比率は2020年には28.9％，30年には31.2％，65年には38.4％に達すると予測されている。この値は他の先進国にも例を見ないものであり，しかも，高齢化の速度も速い。

デン24.1％という予測であるから，わが国の高齢化の程度がいかに大きなものであるかがわかる。1986年の推計では，65歳以上人口比率は2020年の23.6％をピークに，その後は低下すると予測されていた。ところが，推計をやり直すたびに高齢化の程度は大きくなっているのである。

　また75歳以上の後期高齢者の人口比率は，1960年にはわずか1.7％であったが，2020年には14.9％に，30年には19.2％，40年には20.2％，50年には23.7％，60年には25.7％に達すると予測されている。後期高齢者になると，医療や介護の必要性は前期高齢者（65歳以上74歳以下）に比べて急激に増大することから，社会保障給付は確実に大きくなる。

　このような高齢者の人口比率の急速な上昇は，平均寿命が延びたことと，出生率の低下に原因がある。平均寿命は1960年には男子65.3歳，女子70.2歳であったが，2017年には男子81.0歳，女子87.2歳と，その延びは著しい。1人の女性が一生の間に生む平均の子どもの数を表す**合計特殊出生率**は1955年

には 2.37 であったが，2019 年には 1.42 に低下した。アメリカの 1.73（2018 年），フランスの 1.90（17 年），イギリスの 1.74（17 年），スウェーデンの 1.78（17 年）と比べて，日本はきわめて低い水準である。その結果，1960 年に 30 ％という高い値を示していた 14 歳以下人口比率は 2020 年には 12.0 ％にまで低下し，30 年には 11.1 ％になると予測されている。合計特殊出生率が 2.07（人口置換水準）を下回ると新旧世代の 1 対 1 の人口再生産ができず，外国からの人口流入がないかぎりやがて人口は減少を始めることになる。日本はすでに人口減少社会に突入していて，2017 年推計では，人口は 30 年には 1 億 1913 万人，50 年には 1 億 192 万人，53 年には 9924 万人と，1 億人以下になると予測されている（出生，死亡ともに中位推計。詳細は国立社会保障・人口問題研究所のホームページを参照）。

　社会保障の主要な部分は，現役世代がリタイア世代を支えるしくみで成り立っている。しかし，生産年齢人口（15〜64 歳）に対する非生産年齢人口（15〜64 歳以外の人口）を見ると，2020 年には 0.69，つまり現役世代 3 人で 2 人の非生産年齢者を支える計算であるが，50 年には 0.93 となり，約 1 人の現役世代で 1 人を支えることになる。

　社会構造の変化がドラスティックであっても，長い時間をかけてそこに到達するのであれば，対応は比較的容易である。しかし，わが国のように短期間に構造変化が生じる場合，制度の微調整による対応は不可能である。少子・超高齢化，人口減少社会に軟着陸するためにも，社会保障，財政をはじめとした広範囲にわたる制度の抜本的改革が求められている。

少子高齢化と日本経済

　戦後のわが国のめざましい経済成長は，企業の旺盛な投資意欲と，それを資金面で支える高い貯蓄率の相乗効果によってもたらされた。高い貯蓄率に支えられた民間投資によって生産性は上昇し，一方，投資は**乗数効果**によって所得を生み，需要の創出がさらなる投資を誘発したのである。さらに，人口の年齢構成が比較的若かったことから労働力も同時に増加し，経済の潜在成長能力を高めたし，農業から製造業へというように，生産性の高い分野への労働力の移動が大規模に生じたことも経済成長を促進する要因であった。技術の進歩もめざましく，労働生産性の向上につながった。さらに欧米先進国へのキャッチ・アップという目標は経済運営の精神的な支えとなり，大胆な企業家精神を生み

出す糧ともなった。

　しかし少子高齢化の進展は，こうした経済成長の条件を変えようとしている。

　第1は労働人口の減少である。高齢者や女性の労働参加が進んだとしても，出生率の低下によって若年労働力が減少し，しかも現在の趨勢であるワーク・シェアリングのような時短が今後とも進むことを考えるなら，労働供給の減少が日本経済のポテンシャルを小さくする可能性がある。しかも新技術の導入を柔軟に受けとめることのできる若年労働人口の減少は，日本経済の潜在成長力にとっては痛手である。

　第2は貯蓄率の低下である。戦後，わが国の家計部門の貯蓄率は高度成長期を通じて上昇を続け，諸外国に比べて高水準を維持してきた。しかし，人口が高齢化すれば貯蓄率の低下は避けられない。各家計は，ライフサイクルにおいて所得・支出の関係を念頭に置きながら生活をしている。つまり，勤労期には貯蓄し，退職後にはそれを取り崩すというパターンをとるのが一般的である。これをライフサイクル仮説と呼ぶ。この仮説が当てはまるなら，家計の貯蓄行動に変化がなくても，人口の高齢化が進めばマクロで見た貯蓄率は低下する。『国民経済計算』(内閣府) によると，1976年度に22.3％であった家計の貯蓄率(＝貯蓄÷国民可処分所得) は96年度には10.1％に，2018年度には4.0％にまで低下している。

　現在，大量に発行されている公債は民間部門での巨額の貯蓄で吸収されている。貯蓄率が低下してくると，国内資金をめぐって民間部門と公共部門が競合し，その結果，利子率が上昇することで民間の投資活動が抑えられるというクラウディング・アウトが生じ，経済を停滞させる可能性もある。

　第3は社会保障支出の増加である。**Fig. 4-2** は高齢者関連社会保障給付の動向を示している。年金に加えて，老人保健 (医療)，介護をはじめとする福祉サービスが急増しており，社会保障給付費全体に占める高齢者関連給付は，1973年度には25.0％であったが，2018年度には67.3％にまで上昇している。高齢化にともなう財政支出の増大は，一方で国民負担の増大を招く。国民負担が産業基盤型の社会資本整備に使われるのであれば，生産性の上昇につながる可能性はある。しかし，超高齢社会を支える社会保障関連支出に財政資金の多くが使われる場合，生産性の上昇は期待できない。また，高度経済成長期のように民間部門の活力が旺盛で，多少の負担増をはねかえすことができた時代と

Fig. 4-2 高齢者関連社会保障給付の動向

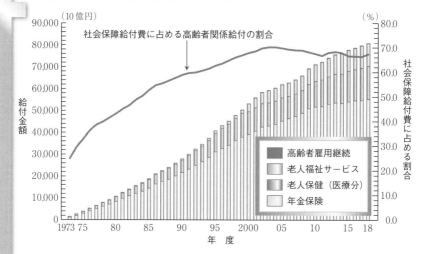

資料）『平成30年度 社会保障費用統計』国立社会保障・人口問題研究所より作成。

> 年金，医療に加えて，介護等の福祉サービスが急増している。1973年度に25.0％であった社会保障給付費に占める高齢者関連給付の割合は，2018年度には67.3％にまで上昇している。高齢化にともなう財政支出の膨張は国民負担の増大を招くことになる。

は異なり，現在の成熟化したわが国においては，国民負担の増加は投資や労働意欲（インセンティブ）を減退させ，経済の停滞を招く可能性がある。

❷ 少子高齢化と地方財政

老人福祉費の増大　　高齢化社会においては，社会保障を中心とした財政支出が膨張することは確実である。地方財政では社会保障の主要部分は民生費という項目で支出されている。民生費は社会福祉費，老人福祉費，児童福祉費，生活保護費，災害復旧費に区分され，このうち社会福祉，老人福祉，児童福祉は主として現物給付であり，生活保護は現金給付である。

　Fig. 4-3 は民生費の各項目（金額ベース）がどのように変化しているかを示

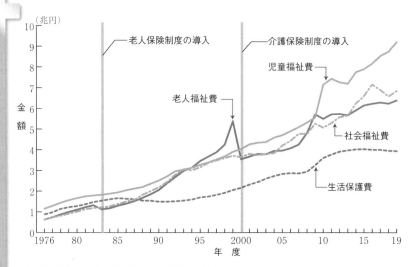

Fig. 4-3 分野別に見た民生費（都道府県と市町村の純計額）の推移

（兆円）

老人保険制度の導入

介護保険制度の導入

児童福祉費

老人福祉費

社会福祉費

生活保護費

金額

1976　80　　85　　90　　95　　2000　05　　10　　15　19

年　度

資料）　総務省『地方財政白書』各年版より作成。

年金制度の整備にともなって役割が低下するはずの生活保護は，1990 年代半ばから急増している。老人福祉費は介護保険制度の導入に伴う介護保険事業会計の創設によっていったん減少したかに見えるが，依然として膨張を続けている。

したものである。**生活保護費**は 1980 年代の後半以降ほぼ横ばいで推移している。これは，生活保護が就労，年金などの収入では，憲法で保障された「健康で文化的な最低限度の生活」を営めない人を対象とする最後の手段であり，年金制度が整備されるにつれて，その重要性が薄れていることが背景にある。しかし，バブル崩壊後の景気の低迷の影響もあって，被保護人員，被保護世帯数とも増加傾向にあり，給付額は急増している。生活保護の開始理由は「傷病」が約 4割であり，生計を支える者の疾病や傷害によって生活困窮に追い込まれるケースが多いが，近年は失業や貯蓄の食い潰し等，経済的理由での需給も増えている。

　老人福祉費は，1976 年度の 6202 億円が 99 年度には 5 兆 3732 億円へと，実に 9 倍に膨れ上がっている。しかし，2000 年の介護保険制度の実施により，老人福祉施設等入所措置費，在宅サービスに要する経費が老人福祉費から介護保険事業会計に移行したこともあって，老人福祉費それ自体は 2000 年度に 3

兆円台にまで減少した。しかしその後は、再び増加傾向にある。支出額が増加しても、それを支える民間経済が大きくなれば問題はないのだが、対 GDP 比率で見ても、1976 年度の 0.36 ％が 2018 年度には 1.14 ％に上昇している。

高齢者福祉支出膨張 の要因

それでは、なぜ老人福祉費の対 GDP 比率がこれほどまでに上昇したのだろうか。これを知る手がかりを得るために、老人福祉費の民間経済活動に対する比率を分解してみよう。老人福祉費は福祉サービスを供給するために必要なインプットの購入金額である。インプットである労働に対する支出は人件費、施設に対する支出は普通建設事業費という形で計上されている。このように財政支出を通じて購入されたインプットによって、福祉サービスというアウトプットが生み出される。福祉サービス支出額の民間財・サービス支出額（民間経済の活動規模を表している）に対する比率は、**Fig. 4-4** に示すように、①福祉サービスと民間財・サービスの相対価格、②受給者 1 人当たり福祉サービスの量、③高齢者のなかでの福祉サービス受給者の割合、④総人口に占める高齢者の割合、⑤人口 1 人当たり民間財・サービスの生産量の逆数、に分解できる。

経済が成長するにつれて、民間企業であれ政府部門であれ、給与水準は上昇する。民間財・サービスの場合、人件費の上昇は機械化や技術進歩による労働生産性の向上で吸収することができ、労働コストの増加がそのまま製品価格にはね返ることはない。これに対して福祉サービスの多くは、介護のように人的サービスである労働それ自体が究極的なアウトプットであるもの、あるいは施設の場合でも人的サービスを同時に投入してはじめて機能するものが少なくない。このような労働集約的な福祉部門では、労働コストの上昇を生産性の向上で吸収することが困難であり、人件費の上昇によってアウトプットの価格が上昇してしまう。その結果、福祉サービスと民間財・サービスの相対価格（①）は経済成長とともに上昇し、老人福祉費の割合を大きくする。したがって、福祉支出の対 GDP 比を抑えるためには、福祉サービス分野での生産性をいかに向上させるかが重要なポイントとなる。

かりに、生産性の向上で民間財・サービスとの相対価格の上昇を吸収できないとしても、福祉サービスが市場で取引されているなら、価格の上昇によって福祉サービスに対する需要は減少し、受給者 1 人当たり福祉サービスの量（②）は低下するはずである。ところが、福祉サービスの料金は公費や保険料が投入

Fig. 4-4 老人福祉費膨張の要因

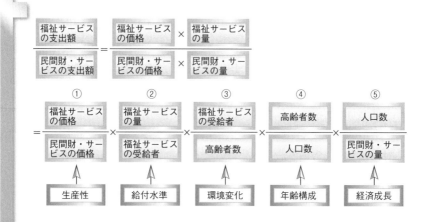

福祉支出の民間財・サービス支出に対する比率の上昇は，①福祉サービスと民間財・サービスの相対価格，②受給者1人当たり福祉サービスの量，③高齢者のなかでの福祉サービス受給者の割合等に分解することによって要因を知ることができる。

されることによって，サービス・コストの上昇を完全に反映するしくみにはなっていない。そのため需要は減少せず給付水準は低下しない。

　受給者1人当たり福祉サービスの量は，福祉サービスの需給両面から影響を受ける。救貧対策としての福祉サービスの場合には，かりに，ナショナル・ミニマムやシビル・ミニマムの水準が経済成長とともに上昇したとしても，給付水準がそれほど大きくなるとは考えられない。あくまでもミニマムの水準であるため，供給面での制約を受けるからである。ところが，福祉政策が便利で快適な生活の達成を目的とした「生活支援型」「普遍主義的」なものに変化してくると，所得水準の上昇によって，民間財・サービスに対して起こったのと同様，消費の多様化と高度化が福祉サービスについても発生する。老人クラブや老人福祉センターといった高齢者の生きがい創出を目的とした施設・サービスも，その範疇に入るだろう。行政が高齢者の要望に応えようとするとき，給付水準は上昇する。

　高齢者を取り巻くさまざまな環境変化のなかで，福祉サービスを受ける高齢者の比率も上昇している（③）。老人保健制度による受診率の上昇，介護保険の導入などもこの割合を上昇させる要因となる。さらに，福祉政策が選別主義

的なものから普遍主義的なものへ変化したことも，割合を上昇させた大きな要因である。

　高齢者の扶養はもともと家族の私的な問題とされ，ほぼ全面的に家族の手に委ねられてきた。ところが，世帯規模の縮小，女性の社会への進出が家族の扶養意識の低下と相まって，高齢者の問題はしだいに家族の手から離れていく。とくに，1955年には42万5000世帯，全世帯の2.2％にすぎなかった**高齢者世帯**（男65歳以上，女60歳以上の者のみで構成するか，またはこれらに18歳未満の者が加わった世帯）は，2018年には2492万7000世帯，同48.9％へと増加している。また，ひとり暮らし老人数も1980年度の91万人（65歳以上人口に対する比率は8.5％）から2018年度には683万人（高齢者世帯の48.6％）に増えている（厚生労働省『国民生活基礎調査』）。このように高齢者の核家族化が進んだことで，家族の扶養を受けることができない高齢者が増加したのである。また，65歳から70歳未満では4.4％である要支援・要介護認定者の比率も，75歳から80歳未満では13.4％に，85歳から90歳未満では27.0％に上昇する（厚生労働省「介護保険事業状況報告書」）。平均寿命が延びるにつれて，要支援・要介護者は増えていく。

　人口の高齢化は，総人口に占める福祉サービス受給者の割合（④）を確実に上昇させる。また，高度経済成長期にあっては，人口1人当たり民間財・サービスの生産量は大きくなる（その逆数は小さくなる）ことから，福祉サービス支出の対GDP比率の上昇を抑えることができた。しかし，バブル崩壊後の低成長への移行は，福祉支出の増大による対GDP比率の上昇を相殺できなくなっている（⑤）。超高齢社会において老人福祉を支えるためにも，経済パフォーマンスを改善していくことが重要である。福祉の原資は，経済活動から生まれるからである。

少子化でも減らない児童福祉費

「高齢化は地方財政支出を増加させるが，他方，出生率の低下による幼児・児童数の減少は児童福祉費や教育費を抑えることになるので，その分，財政負担は軽減される」という主張があった。だが，現実は違った。いま一度，Fig. 4-3の分野別民生費の推移に戻っていただきたい。老人福祉費には及ばなかったが，2009年以降，児童福祉費は大きく伸びている。児童福祉費は1976年度の1兆1418億円から，2018年度には8兆7300億円へと，約7.6倍に増加し

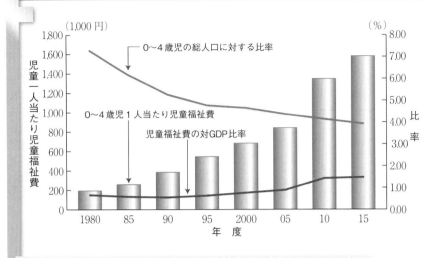

Fig. 4-5 少子化と児童福祉費

（1,000 円）　　　　　　　　　　　　　　　　　　　　　　（%）

児童一人当たり児童福祉費

0〜4 歳児の総人口に対する比率

0〜4 歳児 1 人当たり児童福祉費

児童福祉費の対GDP比率

比率

1980　85　90　95　2000　05　10　15
年　度

0〜4 歳児の総人口に占める割合は低下しているにもかかわらず，児童福祉費の対
GDP 比率は上昇している。乳幼児人口の減少を乳幼児 1 人当たり児童福祉費の増加
が相殺したためである。

ている。

　Fig. 4-5 には児童福祉費の動向を示している。0〜4 歳児の総人口に占める
割合は 1980 年度の 7.27 ％から 2015 年度には 3.92 ％に低下したにもかかわら
ず，児童福祉費の対 GDP 比率は 0.67 ％から 1.48 ％へと上昇している。0〜4
歳児 1 人当たり児童福祉費は 80 年度には 19 万 4000 円であったが，2015 年度
には 158 万 1000 円へと約 8.1 倍に増加している。乳幼児人口の大幅な減少を
乳幼児 1 人当たり児童福祉費の増加が相殺したからである。背景には，老人福
祉と同様，乳幼児年齢人口のうち福祉サービスを受給している者の割合が上昇
したことがある。

　その理由は，児童福祉の代表である保育サービスの役割の変化のなかに見る
ことができる。**保育所**の歴史は 1938（昭和 13）年に制定された**社会事業法**の託
児所に始まるといわれている。そこではサービスはもっぱら低所得者への救貧
対策として提供されてきた。戦後に入って，1947 年に**児童福祉法**が制定される
と，「保育に欠ける」（旧児童福祉法に見られた表現）という生活上のニーズに対
応する児童福祉施設として保育所が位置づけられるようになる。その結果，

1947 年には施設数 1618，入所児童数 16 万 4510 人にすぎなかった保育所は，高度経済成長期に女性の就労の増加とともに急成長を遂げ，75 年には施設数は 1 万 8238 に，入所児童数は 163 万 1025 人に達したのである。その後，幼児教育の無償化（2019 年 10 月から実施），待機児童の解消（18 年度から早急に実施）が「経済財政運営と改革の基本方針 2018」（平成 30 年 6 月 15 日閣議決定）において具現化された。その財源に関しては，消費税増税により増収分と企業からの拠出金を予定している。このことによって，2019 年保育所等利用定員は 289 万人，保育所等を利用する事項の数は 268 万人，保育所等数（特定地域型保育事業，幼稚園型認定こども園等，幼保連携型認定こども園，保育所）は 3 万6345 人，待機児童は 1 万 6772 人となっている。

　入所希望者に対して施設の絶対数が不足していた時代にあっては，入所基準を厳しく設定する必要があり，保育所は依然として**選別主義的福祉**の域を出ることはなかった。しかし，高度成長期に施設の整備が進むにつれて入所基準は緩和され，入所児童の世帯の経済力も多様化していった。そして現在に至っては無償化となり，保育需要は増加していくと考えられる。

　このように，生活支援，女性の就労支援へとその目的を拡大してきた結果，保育サービスが持つ**普遍主義的福祉**としての比重は確実に大きくなっている。こうして福祉サービスの受給者の比率が高まってきたのである。

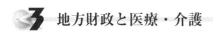 地方財政と医療・介護

急増する医療費　　高齢医療サービスは，国民の生命と生活を支える重要な要素である。しかし，疾病やけがの治療に支払われる診療報酬，薬剤費，健康保険で支払われる看護費等からなる**国民医療費**は年々増加し，その財源である保険料や税負担の増加が国民生活を脅かしかねなくなっている。

　Fig. 4-6 は国民医療費の推移を示している。1973 年度に 3 兆 9500 億円にすぎなかった国民医療費は 2018 年度には 43 兆 3949 億円へと膨張した。とくに1980 年代後半から 90 年代にかけての増加が著しい。そのうち**老人医療費**は4290 億円から 16 兆 4250 億円へと約 16 兆円もの増加を示し，国民医療に占め

Fig. 4-6 国民医療費の推移

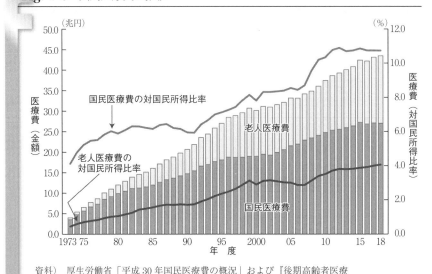

(資料)　厚生労働省「平成30年国民医療費の概況」および『後期高齢者医療
　　　　事業状況報告（令和元年度）』より作成。

国民医療費は増大しているが，とくに老人医療費の膨張が著しく，国民医療に占める割合は 37.8％に達している。

る割合は 37.8％に達している。このように，国民医療費の増加の多くが老人医療費によってもたらされたことになる。

　医療費の増加が，国民の健康の維持・向上に貢献してきたことは否定できない。だが，限られた資源をさまざまな目的に最も効果的に配分することが国民福祉を向上させるためには必要であり，医療に振り向けられる資源が多ければ多いほど望ましいというわけではない。自己負担，税，保険料のいずれの形をとるにしろ，医療費の負担は最終的には国民に帰着し，他の目的に利用できる資源を減らすからである。超高齢社会を迎えるにあたって，真のニーズに合った医療の機会を国民に均等に，かつ安定的に提供していくためには，医療供給体制の整備とともに，給付と負担のあり方などに関して，長期的に安定した医療制度を確立する必要がある。

医療保険と地方財政　　増加する医療費を支えているのが保険制度である。わが国では 1961 年以降，全国民はいずれかの**医療保険**に加入することになっている。いわゆる**国民皆保険制度**である。医療保険

は大きく**職域保険**と地域保険に区分される。職域保険には，大企業のサラリーマン（給与所得者）を対象とする**組合管掌健康保険**（健康保険組合），公務員・私立学校の教職員を対象とする**共済組合**，中小企業のサラリーマンを対象とする**全国健康保険協会**（協会けんぽ），船員を対象とする**船員保険**（2010年より全国健康保険協会が運営）がある。地域保険としては個々の都道府県，市町村が保険者となる**国民健康保険**がある。

　農業者，自営業者，退職者など約2984万人，1899万世帯をカバー（2019年度9月末）する国民健康保険（以下，国保と略す）は，国民皆保険を支える柱として国民の安心向上に大きな役割を果たしている。しかし，国保の歴史は保険財政悪化との戦いの歴史でもあった。1948年に従来の任意加入の組合に代わって市町村公営の原則が確立されるとともに被保険者の強制加入が実施され，その後，制度は着実に整備されていった。ところが，加入者に保険料の負担能力が弱い低所得者層が多く，また，サラリーマンが加入する組合健康保険をはじめとする被用者保険のように保険料の事業主負担分がないことから，国保財政は構造的に脆弱であった。そこで保険財政の悪化を緩和するために，政府は国庫負担を増やすなどの措置で対応してきた。

　こうした医療保険に関する改正とは別に，地方団体は老人の医療費のうち保険で賄われない自己負担分を公費で負担するという老人医療費の無料化を進めていた。この制度が各地に普及していったことから，1973年には老人福祉制度の一環として**老人医療費支給制度**が国によって制度化された。一般に老人は有病率が高く，また疾病の慢性化によって受療が長期化し，自己負担もかさむ。このことが受療を敬遠することになってはいけないというのが，その背景であった。国の制度は一定の所得水準以下の70歳以上の高齢者を対象とするものであったが，多くの地方団体は制度適用の年齢を65歳以上に引き下げたり，所得制限を撤廃するなどの措置を地方単独事業として実施していった。

　しかし老人医療費支給制度については，次のような批判があった。①無料化によって過剰受診を生み，これが老人医療費の増大を招いている，②老人医療費支給制度は医療費を保障するものであり，病気の予防や健康維持という視点に欠けている。こうした批判を受けて政府は，①老人にも医療費の一部負担を求める，②老人医療費を国，地方団体，各医療保険の保険者が共同で拠出する，③疾病の予防や健康づくりを含む総合的な老人保健医療対策を推進する，とい

うことを内容とした**老人保健法**を 1982 年に制定，83 年から施行させた。

　70 歳以上の老人については老人保健制度でカバーされることになったものの，退職者の受入れによって国保財政が困難な状況に陥っていることに変わりはなかった。また，被用者保険の給付率 8 割が，国保に移行することで給付率 7 割に低下するという問題も指摘されていた。そこで政府は 1984 年に，世代間の負担の公平をはかる観点から，65 歳から 70 歳未満の被用者保険の老齢年金受給権者を対象に，その医療費を退職被保険者およびその家族が負担している国保保険料と被用者保険からの拠出金で賄うとした。**退職者医療制度**である。制度間に存在していた構造的な負担の不均衡問題は，これで是正されることを目指した。

　このように厳しい財政状況を改善し医療保険制度を安定的に維持していくために，総合的な改革が求められ，2006 年に，①医療費適正化の総合的な推進，②新たな高齢者医療制度の創設，③都道府県単位を軸とした保険者の再編・統合を柱とした医療制度改革が実施された。2008 年 4 月に新たな**高齢者医療制度**が創設され，従前の老人保健制度と退職者医療制度は廃止された。高齢者医療制度については後述する。2015 年度には，持続可能な社会保障制度の確立をはかるための改革の推進に関する法律に基づく措置として，「持続可能な医療保険制度を構築するための国民健康保険法等の一部を改正する法律」が改正され，2018 年 4 月から施行された。そこでは，持続可能な医療保険制度を構築するため，国保をはじめとする医療保険制度の財政基盤の安定化として①国保の財政支援の拡充や財政運営責任の都道府県への移行などによる医療保険制度の財政基盤の安定化，負担の公平化として，②健保組合などが負担する後期高齢者支援金に全面総報酬割を導入，そして③医療費適正化計画の見直しや予防・健康づくりの促進による医療費適正化の推進や④患者申出療養（困難な病気と闘う患者からの申出を起点とする新たな保険外併用の仕組み）の創設等の措置を講じている。

　こうした改革にもかかわらず，さらなる高齢化と医療費の増加にともない国保財政の悪化は止まらなかった。**Table 4-1** は国民健康保険の財政状況を見たものである。2019 年度末の全市町村保険者は 1743 団体，そのうち 537 団体が赤字である。赤字団体が占める割合を団体規模別に見ると，政令指定都市が 70 ％，中核市が 62 ％，施行時特例市が 48 ％，都市が 37 ％，町村が 23 ％とな

Table 4-1 国民健康保険の状況

国民健康保険事業決算の状況（2019年度）　　（単位：数，100万円）

	団体数	実質収支	財政措置	再差引収支
全都道府県	47	199,582	433	199,149
黒　字	47	199,583	433	199,150
赤　字	—	—	—	—
全市町村	1,743	208,818	194,162	14,656
黒　字	1,206	182,626	43,982	138,644
赤　字	537	26,192	150,180	−123,988

国民健康保険事業決算（歳入）の推移　　（単位：億円）

年度	保険料	国庫支出金	都道府県支出金	他会計繰入	うち財源補塡的なもの	その他	歳入合計
1995	2,611	2,676	48	750	311	1,001	7,397
2000	3,201	3,176	31	953	346	1,439	9,146
2008	3,062	3,061	552	1,077	321	4,670	12,743
2009	3,052	3,190	569	1,089	310	4,724	12,934
2010	2,989	3,276	586	1,187	345	4,773	13,156
2011	3,044	3,395	600	1,182	334	5,185	13,741
2012	3,067	3,235	756	1,181	322	5,624	14,186
2013	3,111	3,258	764	1,181	332	5,730	14,376
2014	30,602	33,089	7,786	12,497	3,444	56,692	144,110
2015	29,536	33,241	7,837	14,217	3,628	75,424	163,883
2016	28,943	32,678	7,897	13,461	3,009	74,443	160,431
2017	27,822	32,338	7,484	12,572	2,585	75,062	157,863
2018	26,742	45	90,232	11,850	2,057	5,708	134,577
2019	25,993	59	89,579	11,637	2,004	1725	130,997

資料）　総務省『地方財政白書』，厚生労働省『国民健康保険事業状況報告書』。

全市町村1743団体のうち，赤字団体は537である。しかし，収支には財源補塡的な繰入が入っており，国保財政は財数援助を受けてかろうじて黒字を維持しているが，依然として厳しい状況である。

っており，規模の大きい地方団体ほど財政状況は悪い。

　全市町村の当該年度の収入と支出の差額である実質収支は2088億円の黒字である。しかし，実質収支から財源補塡の都道府県支出金17億円と市町村一般会計からの繰入2004億円を控除し，操出金80億円を加えた再差引収支は147億円の黒字である。このように国保財政は財政援助を受けなければ赤字なのである。なお，保険者の赤字，黒字の分類は再差引収支によって行っている。

Fig. 4-7　高齢者医療制度（給付費）の費用負担

後期高齢者医療制度

患者負担	高齢者の保険料（約1割）	後期高齢者支援金（若年者の保険料）（約4割）		公　費（約5割）
1.5兆円	1.3兆円	6.8兆円		7.9兆円

協会けんぽ　　2.2兆円　　　　国　　　　　　2/3　5.3兆円
健保組合　　　2.1兆円　　　　都道府県　　　1/6　1.3兆円
共済組合　　　0.6兆円　　　　市町村　　　　1/6　1.3兆円
都道府県等　　1.9兆円
上記のほか，保険料軽減措置や高額医療費の支援等の公費　0.6兆円

2020年度予算ベース

前期高齢者制度　　　　　　　　　　　　　　　　（単位：兆円）

	市町村国保等	協会けんぽ	健保組合	共　済
調整前	5.3	1.2	0.3	0.05
調整後	2.2	2.6	1.6	0.5

資料）　厚生労働省「保険局高齢者医療課税説明資料　令和2年2月18日」。

財源は患者負担分，各保険者の拠出金，公費である。拠出金部分は実際の老人加入率ではなく，全国平均の割合で高齢者が加入していると仮定し，各医療保険制度が負担する。

高齢者医療と地方財政

高齢者の医療費が国民医療費を膨張させ，医療保険財政，とくに高齢加入者の多い国保財政を圧迫している。というのも，国保制度は，①平均年齢が高く，1人当たり医療費が高い，②所得水準が低く，保険料負担は限界に，③財政リスクが高い小規模保険者が存在，などの課題があったからである。こうした状況に対応するために新たな高齢者医療制度が創設された。高齢者医療制度には，前期高齢者医療制度と後期高齢者医療制度があり，医療保険加人者のうち，65歳以上74歳までの者は前期高齢者医療制度の対象に，75歳以上の者および65歳以上75歳未満の寝たきり等の状態にある者は後期高齢者医療制度の対象となる。後期高齢者医療制度は独立した制度であるが，前期高齢者医療制度は制度間の医療費負担の不均衡の調整を行うために設けられた制度である。その費用負担のしくみを示したのが **Fig. 4-7** である。

老人医療に要する費用は患者負担分を除いて 50 ％を各保険者の拠出金で，残りの 50 ％を公費で負担する。拠出金の部分については，高齢者の保険料が約 1 割。後期高齢者支援金（若年者の保険料）が約 4 割である。国保の老人加入率が他の保険に比べると圧倒的に高いことから，実際の老人加入率にかかわらず，全国平均の割合で高齢者が加入していると仮定し，各医療保険制度が公平に負担する。公費負担分については，国が 3 分の 2，都道府県と市町村がそれぞれ 6 分の 1 ずつ負担することになっている。なお，拠出金の分においても，国保，組合管掌健康保険（健康保険組合），全国健康保険協会（協会けんぽ），共済組合には国庫負担があるため，全体の公費負担はさらに大きくなる。

保険者間のばらつきが大きい国保財政

市町村が保険者であった国保において，保険給付費と保険料には大きな地域間格差が存在していた。そこで，2018 年 4 月より都道府県が財政運営の責任主体となり，市町村とともに保険者となった。しかし，地域間には医療費に差があり，地域保険としての国保の財政を左右している。ここで，**Fig. 4-8** で都道府県別に集計した被保険者 1 人当たりの診療費を見ると，最高の山口県（35 万 3259 円）は最低の沖縄県（24 万 2173 円）の約 1.4 倍に達している。一方，被保険者 1 人当たり保険給付費（退職医療および老人保健分を除く）についても，最高の山梨県（1 万 8658 円）は最低の富山県（1 万 3175 円）の約 1.6 倍である（2005 年度）。都道府県や市町村ベースになると，保険料および給付費の格差はさらに拡大するはずである。

保険給付費は気候，生活環境，年齢構成といった，罹病率に影響する要因だけでなく，医療サービスの利用可能性の影響も受けるであろう。いま，都道府県単位で集計した国保被保険者 1 人当たり診療費を，①有訴者率（入院者を除く人口のうち，自覚症状を訴える人の比率），②人口 10 万人当たり一般病院病床数，③平均余命（女），④後期高齢者比率で説明すると，Fig. 4-8 のようになる。有訴者率は医療需要に影響を与える要因であり，比率が 1 ポイント上がると，1 人当たり健康保診療費は 423 円高くなる。また，人口 10 万人当たり病床数も 1 人当たり健康保険診療費と正の相関関係を持っており，病床数が増加すると 1 人当たり給付費も増加する。平均余命と健康保険診療費は正の相関があり，女性の平均余命が 1 歳長いと 1 人当たり給付費は 1 万 5231 円高くなる。長寿であるほど，診療費は嵩み，今後，平均余命が長くなると診療費が増える

Fig. 4-8 国保被保険者 1 人当たり健康保険診療費の推計結果と読取りの説明

国保被保険者 1 人当たり健康保険診療費
$= -1306565 + 423.243$ 有訴者率 $+ 77.761$ 一般病院病床数
(-2.30)　　(2.33)　　　　　　(5.91)
$+ 15231.49$ 平均余命（女）$+ 4019.514$ 後期高齢者比率
(2.29)　　　　　　　　(2.38)
自由度修正済み決定係数 $= 0.7166$

注）　1. 被保険者 1 人当たり健康保険診療費を被説明変数，有訴者率から後期高
齢者比率を説明変数という。高知県は他の都道府県と傾向が異なるために
今回の分析から外している。
　　　2. 説明変数の値で被説明変数のバラツキをどの程度説明できるかを表す
のが決定係数であり，100％説明が可能であれば値は 1 となる。ここでは，
0.7166 であるから，4 つの説明変数で 1 人当たり健康保険診療費の都道府
県間のバラツキを 71.66％説明できている。
　　　3. 各説明変数の前に付いている数値（有訴者率の場合 423.243）は偏回帰
係数と呼ばれ，他の説明変数を一定に保ったままで，ある説明変数だけを
1 単位変化させたとき，被説明変数がどれだけ変化するかを表している。
　　　4. （2.33）のような（　）内の数値は t 値と呼ばれ，偏回帰係数の安定性
の程度を表している。値が 2 以上であれば安定的で，説明変数として採用
する資格があるとされる。

人口 10 万人当たり一般病院病床数が多い地域ほど，国保被保険者 1 人当たり保険給
付額は大きくなっている。また，医療の需要要因として有訴者率が高いほど 1 人当
たり保険給付額は大きい。

可能性がある。

　以上の結果を用いて，都道府県別被保険者 1 人当たり保険診療費の全国平均
値との差を生み出している要因を見たものが **Fig. 4-9** である。上の推計では 1
人当たり診療費の格差を 4 つの要因で完全に説明することができなかったこと
から，その他要因として調査している。**保険給付費の西高東低現象**が明確に読
みとれ，そのことが，人口 10 万人当たり病床数の差が診療費の差に大きく影
響している。病床数が多いほど 1 人当たり診療費が大きくなるという現象は，
医療の供給が需要を作り出す可能性を示唆している。もちろん，この分析から
は医療需要が供給を生み出しているという可能性を排除することはできないが，
医療資源が充足されることによって医療サービスの利用可能性が高まり，潜在
的な医療需要が顕在化する可能性も捨てきれない。

医療保険の宿命　　　　　国保にかぎらず医療保険は厳しい財政状況に陥って
いるが，その背景には公的医療保険の宿命ともいえ

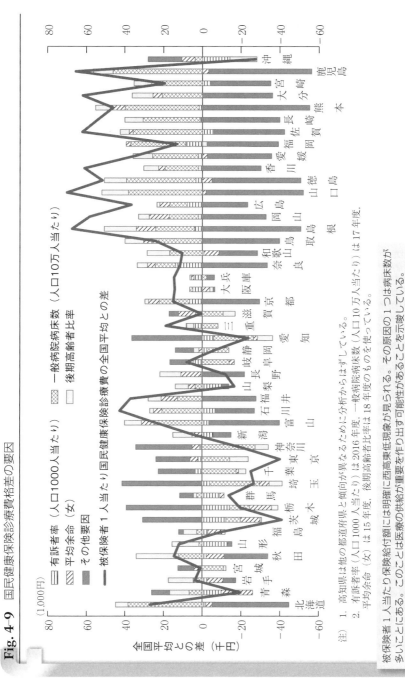

Fig. 4-9 国民健康保険診療費格差の要因

（注） 1. 高知県は他の都道府県と傾向が異なるために分析からはずしている。
2. 有訴者率（人口1000人当たり）は2016年度、一般病院病床数（人口10万人当たり）は17年度、平均余命（女）は15年度、後期高齢者比率は18年度のものを使っている。

被保険者1人当たり保険給付額には明確に西高東低傾向が見られる。その原因の1つは病床数が多いことにある。このことは医療の供給が需要を作り出す可能性があることを示唆している。

るものがある。効率的な保険の第1の条件は，保険者が保険の対象となる事象の発生を監視できることである。この条件が満たされないなら，最適な保険の提供はできない。医療保険に関していえば，傷病状態の監視が可能なら，保険者（医療保険を経営する市町村，組合，国）は被保険者が必要とするだけの保険を，傷病の発生確率に応じた保険料で購入できるような制度を設計することができるだろう。ところが現実には，傷病の状態を保険者が直接に監視することはできず，実際にかかった医療費から間接的に，しかも不完全に傷病の状態を推測するしかないのである。この場合，行われた医療行為は傷病の状態と直接に関連しているという前提が置かれるのだが，実際には，どのような状態の傷病でも，医療費は被保険者の行動に影響されるのである。

　民間医療保険であれば，加入者の健康状態，保険事象発生のリスクの大きさなどについての十分な情報が得られないときには，年齢や職業などのカテゴリーによって加入者を区分し，保険料率に差を設けて保険を売り出すことが可能である。つまり，保険料と保険給付とを個別に対応させることによって，保険財政の悪化を未然に防止することができるのである。

　しかしこうした民間保険システムでは，高齢者をはじめとして大きなリスクをかかえながら所得水準が低い者は加入を断念するほかはない。誰もが加入できるようにするためには，給付と負担との対応関係をある程度切り離し，負担能力を加味した保険料を設定するというしくみが必要であり，ここに公的医療保険の必要性が生まれるのである。したがって，公的医療保険は，そもそも財政構造が弱くなるという宿命を持っている。

　医療に対する需要の価格弾力性が大きい場合，患者負担以外の財源（保険の拠出や公費）で賄われる割合が高いほど誘発される医療費の増加は大きくなり，これを賄う保険料は高くなる可能性がある。言い換えるなら，高い保険料が危険の回避による利益を上回ってしまうのである。つまり，需要の価格弾力性が大きい軽微な疾病や傷害をカバーする医療保険の場合，保険財政を健全なものに維持するためには保険料を高い水準に設定するしかないのであるが，保険のメリットを感じない人の脱退を認めない公的強制保険であるかぎり，保険料を高水準に設定することは困難であり，保険料は低水準に抑えられる傾向がある。したがって保険収支のバランスは崩れ，財政補填が必要になる。このように公的医療保険は，制度としてきわめて困難な立場に置かれているといえる。

これまでさまざまな医療保険制度改革が行われてき
た。しかし，医療費の増加を抑え，上で示したよう
な宿命を持つ医療保険制度の財政を根本から改善さ
せるまでにはいたっていない。今後さらに高齢化が進行するなかで医療保険財
政を改善させるには，どのような点に留意しなくてはならないのだろうか。

　医療過疎が問題とされているように，わが国には医療資源の地域的アンバラ
ンスが存在する。将来，このアンバランスが医療資源の充足という形で解消さ
れるなら，急速な医療費の増加に直面する地域が出てくることは十分に予想さ
れる。医療費の増加を避けるためにも，医療過疎を放置するわけにはいかない。
そのためにも，医師や病院・診療所といった医療資源の適正な地域配分が求め
られる。

　高い医療費以外に国保財政に影響を及ぼす要因は保険者の規模である。とく
に地方圏においては，人口流出によって被保険者数が大きく減少した保険者が
多く見られる。一般に，集団が大きいほど，発生する保険対象事故に見られる
秩序性や傾向性は大きくなるという大数法則が働く。つまり，保険加入者の数
が多いほど保険事故の発生をより正確に予測することができ，それに見合った
保険料を設定することによって，保険事業は円滑に運営されるのである。した
がって，大数法則を機能させ，財政基盤を強化するためにも保険者の規模を拡
大することが必要である。2006 年改革において，都道府県単位を軸とした保
険者の再編・統合がはかられたのは，この延長線上にある。

　そのほかにも，医療供給システムの効率化や，患者と医療機関の双方にコス
ト意識が希薄なことによって発生するモラル・ハザードを抑制するなど，国民
医療費の伸びを抑えるための方策を講じることが，国保にかぎらずすべての健
康保険の財政健全化のために求められている。

　医療機関がサービスの効率的な供給を実現するためには，診療報酬制度をは
じめとする医療保険制度のなかに，効率化を推進するインセンティブが組み込
まれていなければならない。専門的な機器をそろえた大規模総合病院でプライ
マリー・ケアを受ける患者があふれているという実態を目にした読者も多いだ
ろう。現在，わが国では大学病院のような総合病院も診療所と同じ支払方式が
適用されていることから，医療機関の機能分化が実現していない。総合病院と
地域医療機関との間の機能の分化と連携とによって，医療サービスの生産効率

は向上するはずである。

　患者や医師のコスト意識が希薄なために発生する過剰診療・過剰受診も，医療の効率化を妨げる原因である。わが国の医療機関に対する医療費の支払いの多くは，「各診療行為の単価（診療報酬の点数）×診療の回数」に応じて行われることになっている。これを**出来高払い**と呼ぶが，診療行為の実績に応じて支払われることから，過剰診療を引き起こす可能性があるといわれている。

　さらに，医療サービスに関する情報が不足するために医療の適正化が妨げられるといったこともある。通常の財の場合，買い手はどの財を手に入れれば自分の満足を高めることができるかを知っている。しかし医療サービスについては，患者は自分の健康状態について正確に判断することができるとしても，どの医療手段が健康改善というアウトカムを最も効果的に生み出してくれるかについての情報を持っているわけではない。治療や薬剤の処方箋については医師の判断に委ねるしかないのである。最近，重要性が注目されている**インフォームド・コンセント**（説明と同意）は，医療の効率化を達成するためにも必要である。

介護需要の増大

2000年4月から**公的介護保険制度**が導入された。**Table 4-2**に見るように，2005年8月審査時点で，寝たきり高齢者，認知症高齢者，虚弱高齢者など，介護・支援を必要とする高齢者の数（要支援，要介護認定者数）は約432万人，総人口の3.4％であった。それが2015年には要支援，要介護認定者は約620万人，総人口の4.9％にもなっている。ここで年齢構成別人口に占める要介護・要支援認定者の比率は2015年と変わらないと仮定し，45年の年齢別推計人口に適用すると，認定者は571万人，総人口の5.4％に達する見込みである。高齢化がさらに進むことで人口が減少するため，要介護・要支援認定者数は減るが，依然として介護ニーズ問題は残る。高齢者本人はもちろんのこと，介護にかかる家族の負担は相当なものであり，介護問題は国民生活の最大の不安要因の1つといえる。高齢社会の問題は，退職後の所得を保障するということから，要介護というリスクにいかに備えるかという側面に比重が移っているともいえる。

　かつては高齢者介護サービスは福祉と医療という別個の制度によって提供され，介護ニーズの多くを**老人医療**がカバーしてきた。家族内に介護者がいない，あるいは介護基盤の整備が不十分なために提供されるサービスが質・量ともに

Table 4-2 要介護・要支援認定者数

（単位：1,000 人）

	2015 年			2045 年	
	人　口	要介護・要支援認定者	認定者率（%）	人口（推計）	要介護・要支援認定者数（推計値）
40～64 歳	42,790	136	0.3	31,425	100
65～69 歳	9,759	290	3.0	7,750	230
70～74 歳	7,787	466	6.0	8,676	519
75～79 歳	6,354	848	13.4	7,216	963
80～84 歳	3,412	1,018	29.8	7,171	2,138
85～89 歳	5,026	1,457	29.0	5,853	1,696
90～94 歳	3,156	1,607	50.9	4,407	2,243
95 歳以上	1,786	1,401	78.4	5,292	4,149
合　　計	76,658	6,204	8.1	70,617	5,715

注）　1. 2017 年度の要介護・要支援認定者数は 2017 年度末現在の数値である。
　　　2. 2045 年においても，17 年の年齢階層別認定者率は変わらないと想定。
資料）　厚生労働省「介護給付費実態調査月報」。人口は社会保障・人口問題研究所推計。

寝たきり高齢者など，介護・支援を必要とする高齢者の数は約 620 万人，総人口の4.9 ％。年齢構成別人口に占める要介護・要支援認定者の比率が 2015 年と変わらないと仮定すると，45 年の認定者は 572 万人，総人口の 5.4 ％である。

不足したことから，要介護者を病院に入院させる，いわゆる**社会的入院**（介護入院）が増えた。その費用は主として**医療保険**で賄われたが，本来これは医療保険の役割の領域外である。そこで，介護という医療と福祉の境界にあるサービスを総合的・一体的に供給する新しい高齢者介護システムを社会保険方式を基軸とする財政方式で運営しようというのが公的介護保険である。

　公的介護保険制度の導入によって，国民は保険料という負担増に直面するが，他方，介護サービスの充実による家族の負担減，医療費の節減による医療保険料などの負担減，介護を必要とすることにともなう経済的リスクからの解放といったメリットを受ける。

　制度は対象者を 65 歳以上の第 1 号被保険者と 40 歳から 64 歳までの第 2 号被保険者に分けている。65 歳以上の者については，寝たきりや認知症になったときに，40 歳から 64 歳の者については初老期認知症や脳血管障害など加齢にともなう疾病によって介護が必要になったときに介護保険制度の対象となるサービスを受けられることになっている。被保険者が 40 歳以上の者とされたのは，介護保険が対象とする老化にともなうニーズは，高齢期だけでなく，中高年においても生じる可能性があること，また，40 歳以降になると，親を介

Fig. 4-10 介護保険のしくみ

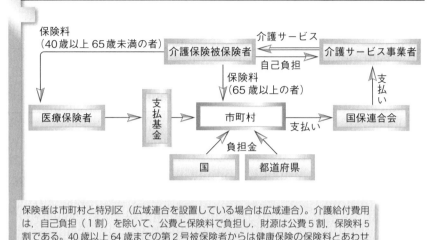

保険者は市町村と特別区（広域連合を設置している場合は広域連合）。介護給付費用は，自己負担（1割）を除いて，公費と保険料で負担し，財源は公費5割，保険料5割である。40歳以上64歳までの第2号被保険者からは健康保険の保険料とあわせて徴収される。

護することが必要となり，家族という立場から介護保険による社会支援の利益を受ける可能性が高まるという理由からである。

介護保険のしくみ　　Fig. 4-10 は介護保険制度を示したものである。介護保険制度は地域保険であり，市区町村が保険者として制度を実施している。原則，各市区町村がそれぞれ独立した保険者となるが，共同運営も可能であり，小規模町村では広域連合（第7章参照）で運営されているところもある。

　介護給付に必要な費用は，サービス利用時の自己負担（1割，所得に応じて2割または3割負担）を除いて，公費と保険料がそれぞれ50％ずつ負担する。公費の内訳は国が25％，都道府県が12.5％，市区町村が12.5％である。保険料は，65歳以上の第1号被保険者と，40歳以上65歳未満の第2号被保険者が負担する。第1号被保険者の保険料は，保険者が決めることになっており，被保険者の所得水準に応じて設定されるのが一般的である。第2号被保険者については加入する医療保険の保険料とあわせて徴収し，支払基金を経由して市町村に配分される。

　第1号被保険者の保険料は，第2号被保険者との人口比にもとづき設定されており，要介護リスク，高齢者の負担能力ともに平均的な保険者について，

介護保険給付額のうち 23％（2016 年現在）になるように設定することになっている。ただ，所得水準によって減免措置を講じていることもあり，要介護者の可能性が大きい後期高齢者（75 歳以上である者）の割合や高齢者の所得水準の相違によって市区町村間に財政力の格差が生じることは避けられない。そこで，国の負担金 25％のうち 5％分は市町村の財政力格差を是正するための調整交付金として，後期高齢者の高齢者全体に占める割合が高く，所得水準が低い保険者には厚く，逆に後期高齢者の割合が低く，所得水準が高い保険者には薄く配分されるようになっている。

　介護保険の対象となるサービスは，要介護認定を受けた者が受ける給付である**介護給付**と，要支援認定を受けた者が受ける給付である**介護予防給付**の二本柱である。なお，条例により，市区町村が独自の給付（市町村特別給付）をすることもできる。

　要介護（要支援）認定は，全国一律の基準により調査・判定され，どの程度の介護が必要かについては，要支援 1〜2，要介護 1〜5 に区分して認定される。介護サービスを受ける者は，利用に先立って介護を要する状態であることを公的に認定される必要がある。健康保険の場合，要医療状態であるかどうかは医師が診療時に判定することになっているため，患者と医療機関のモラル・ハザードによって過剰受診や過剰診療を起こす可能性があるが，介護の場合，認定制度を採用していることと，介護報酬は医療保険の診療報酬のように出来高払いではなく，給付水準に上限を設ける包括払いにすることによって，制度的にはモラル・ハザードが起こりにくいしくみになっている。

介護保険の課題

　　　　　　　　　　しかし，介護保険法施行後，要支援者および軽度の要介護者を中心とした利用者の急増や，重度の要介護者についての費用の増加によって，**Table 4-3** に示すように，保険給付費は創設翌年度の 2002 年度から 17 年度までの間に年率換算で約 3％も増加している。それにともなって，都道府県，市区町村の負担は法定負担分を含めて急増しており，介護給付の増大が今後とも地方財政を大きく圧迫することは確実である。保険対象介護サービスの重点化，自己負担の適正化などの対応が不可欠である。

　そこで出てくる問題は，どの程度の水準のサービスを公的介護保険の対象に含めるかである。強制加入の公的保険とするかぎり，対象となる介護サービス

Table 4-3 介護保険の給付と負担

(単位：100 万円)

年度	保険給付費	保険料	国庫支出金	支払基金交付金	都道府県支出金	繰入金合計	うち市町村法定負担分	その他
2002	4,665,915	806,301	1,162,976	1,538,365	594,220	807,832	586,259	138,274
05	5,811,914	983,536	1,495,027	1,877,153	741,609	1,003,668	731,824	130,263
10	7,264,541	1,402,508	1,724,947	2,207,152	1,110,341	1,258,490	904,291	129,203
11	7,641,785	1,411,741	1,837,113	2,307,848	1,164,207	1,369,987	951,973	118,434
12	8,139,266	1,749,757	1,945,755	2,393,873	1,284,539	1,305,354	1,014,534	108,198
13	8,522,760	1,824,150	2,055,858	2,489,327	1,285,511	1,368,061	1,064,281	142,057
14	8,910,584	1,893,449	2,159,481	2,603,935	1,344,125	1,451,585	1,115,256	161,581
15	9,108,036	2,141,719	2,221,447	2,569,596	1,371,657	1,453,676	1,141,215	175,619
16	9,241,114	2,198,966	2,299,371	2,632,972	1,405,458	1,489,542	1,160,155	210,830
17	9,456,270	2,242,945	2,409,213	2,723,301	1,458,556	1,565,932	1,191,767	288,990

資料）厚生労働省『介護保険事業状況報告』各年度より作成。

保険給付費は創設翌年度の 2002 年度から 17 年度までの間に年率換算で約 3％も増加しており，それにともなって，都道府県，市区町村の負担は法定負担分を含めて急増している。

は必要最低限の水準に限定すべきである。というのも，個人間で介護サービスに対するニーズは異なるからである。最低限のサービス保障で十分だと考えている人から，高水準のサービスを保険対象に含めることを前提とした高額保険料を強制的に徴収することは望ましくない。ミニマムを上回る部分は市場原理に委ねることによって，サービスの多様化，効率化によって資源配分の適正化を図るべきなのである。

　介護サービスについては，医療ほどには専門的な技術や知識が必要ではなく，市場への参入は比較的容易である。したがって，市場への自由な参入が保証されるなら，質の悪いサービスや高価格なサービスを提供する事業者は顧客を失う。このように，介護サービスに**市場メカニズム**を活用することのメリットは大きい。

　認定制度によって生じにくくなっているとはいえ，介護保険においてもコスト意識の欠如によるサービスの過大消費というモラル・ハザード問題が起こる可能性は残されている。とくに日常生活の延長線上にある介護サービスの場合，通常の生活を送るために必要なサービスとの境界があいまいになりがちである。介護保険においてモラル・ハザードをなくし，保険財政を健全なものにするためには介護サービスを基礎的で必需的なものに限定すると同時に，介護ニーズ

Fig. 4-11 介護保険料と給付（被保険者1人当たり）

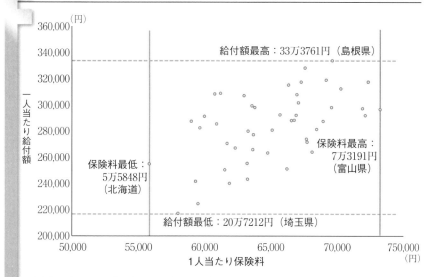

資料）厚生労働省『平成29年度介護保険事業状況報告（年報）』より作成。

給付が多ければ保険料が高い。給付面，保険料ともに，最高と最低では大きな開きがある。

のチェックを厳密に行う必要がある。

　給付と財政運営が市町村レベルで行われることから，介護保険料は国保の保険料と同様，地域の介護費用の格差を反映してバラツキが大きくなると予想される。**Fig. 4-11** は厚生労働省の調査結果から，被保険者1人当たり保険料と給付額の関係を見たものである。給付と保険料は正の相関，つまり給付が多ければ保険料が高いという関係が明確に存在する。だが給付面では，最高の島根県が33万3761円，最低の埼玉県が20万7212円と，じつに1.6倍であり，保険料も最高の富山県7万3191円，最低の北海道5万5848円というように，約1.3倍もの開きがある。

　介護費用の格差は，高齢者のうち介護を必要とする者の比率や，在宅介護に比べて費用がかかる施設介護のウェートによって変わってくるだろう。また，保険料は所得水準によって差が生じる。介護サービスの水準と連動しない保険料格差は調整されるべきであり，そのために財政調整が行われている。しかし，全国民が公平に介護サービスを受けられるようになるためには，財政調整が十

分に機能しているかどうかの検証とともに，保険運営の広域化や公費負担の財源調達方式（たとえば消費税で賄う等）のあり方にまで踏み込んだ再検討が必要であろう。

地域包括ケアシステム

そこで，超高齢社会に適した医療供給システムを構築するため，医療介護総合確保推進法（2014 年 6月）にもとづき地域医療構想が策定された。**地域医療構想**とは将来推計人口にもとづき 2025 年に必要となる病床数について高度急性期，急性期，回復期，慢性期といった 4 つの医療機能ごとの推計を行い，病床の機能分化と連携を進め，効率的な医療供給体制を実現しようとする取り組みである。

厚生労働省によってまとめられた**地域医療構想策定ガイドライン**（2015 年 3 月）に沿って，都道府県単位で地域医療構想が策定されている。地域医療構想策定ガイドラインによれば地域医療構想の策定は，①地域医療構想の策定を行う体制の整備，②地域医療構想の策定および実現に必要なデータの収集・分析・共有，③構想区域の設定，④構想区域ごとに医療需要の推計，⑤医療需要に対する医療供給（医療提供体制）の検討，⑥医療需要に対する医療供給を踏まえた必要病床数の推計，⑦構想区域の確認，⑧ 2025 年のあるべき医療提供体制を実現するための施策を検討といった順に行われている。

また，地域医療構想では，団塊の世代が 75 歳以上となる 2025 年を目途に，重度な要介護状態となっても住み慣れた地域で自分らしい暮らしを人生の最後まで続けることができるよう，医療・介護・予防・住まい・生活支援が包括的に確保される体制を構築する必要があるとされている。これを**地域包括ケアシステム**という。

これまで医療と福祉という別個の制度によって提供されてきた介護福祉サービスであるが，介護という医療と福祉の境界にあるサービスを総合的・一体的に供給する持続的なシステムを構築しようというのが，地域包括ケアシステムの目的である。そして地域包括ケアシステムは，地域の実情に応じて取り組むことができ，保険者である市町村や都道府県が，主体的に作り上げていくものである。

第5章
地方公共支出の経済学

1 公共支出の効率化

公共部門の宿命　地方自治法の第2条第14項は，「地方公共団体は，その事務を処理するに当つては，住民の福祉の増進に努めるとともに，最少の経費で最大の効果を挙げるようにしなければならない。」として，地方公共支出の効率化の必要性を謳っている。しかし地方団体を含めた公共部門がややもすると非効率になりがちなのは，ある意味では宿命ともいえ，これまで行われてきた効率化への取組みが大きな成果を上げているとはいえない。

　民間財の場合には，自らの効用（満足度）を最大にしようとする**消費者**と，利潤の最大化を行動原理として事業活動を行う**企業**の双方が，価格というシグナルに導かれて行動することによって，市場メカニズムが望ましい資源配分を達成してくれる。生産効率が悪い企業や，消費者のニーズに合わない商品を生産する企業は競争に負け，経営悪化に陥ることになる。このように，利潤という経営尺度が民間企業を効率的な事業活動へと導くのである。

　これに対して公共財・サービスを供給する公共部門は，売上あるいは利潤という経営尺度を持たず，しかも地域住民に独占的に公共サービスを供給することから，効率性に対する関心が薄くなりがちである。民間に比べてIT化が遅れている，経費節減の努力が足りない，あるいは住民のニーズにマッチしないサービスや施設を提供している，といったことはその表れであろう。とはいえ，

公共部門が非効率になりがちなのは宿命であるとしても，地方財政が担うさまざまな役割のなかでもとくに**資源配分機能**（市場ではうまく供給できない財・サービスを供給する機能）を発揮するための地方公共支出は，効率性に十分留意しなければならない。

2つの効率性　「最少の経費で最大の効果を挙げる」という地方公共支出の効率化を実現するためには，次の2つの条件が満たされていなければならない。第1は地域の限られた資源を最も有効に活用して，住民に提供できる公共サービスの水準を最高に高めることである。資源の量が同じであったとしても，効率的な生産方法に改めることでより多くの公共サービスが生産できれば，住民の満足度をさらに高めることができる。これを生産の効率性と呼ぶことにしよう。第2は，提供する公共サービスが住民の選好に合っているかどうかである。資源の量が同じであったとしても，公共サービスの供給量の組合せを変更することで住民の満足度をさらに高められる可能性がある。たとえば，福祉サービスの供給量を減らすことで住民の満足度が低下しても，教育サービスの供給量を増やすことで得られる住民の満足度のほうが大きければ，福祉サービスに割り当てていた資源を教育サービスに振り分けるほうがいい。これを配分の効率性と呼ぼう。

　地方団体が一定の資源制約のなかで，公共サービス X と公共サービス Y を生産しているとする。**Fig. 5-1** において，FF は生産の効率性を満たしたときに生産可能となる公共サービス X と公共サービス Y の組合せを表した**生産可能性フロンティア**である。地域の限られた資源を最も有効に活用した結果が**生産可能性フロンティア**であることから，これよりも右上の領域は，地方団体に利用可能な資源が増えるか，公共サービスを生産するための技術進歩が起こらないかぎり達成不可能である。逆に，すべての資源を使い尽くしているにもかかわらず，生産された公共サービスの組合せが，たとえば点 S のように FF 曲線の内側にある場合には，地方団体は非効率なサービスの生産を行っていることになる。このときには地方団体は資源の効率的な利用を進めることによって公共サービスの組合せをフロンティア上に持ってくることが求められる。これが生産の効率性である。

　それでは生産可能性フロンティア上であれば，どの組合せを選んでもよいかというと，そうではない。いま，地方団体 a が $W_a W_a$ で表されるような**地域選**

Fig. 5-1　地方行財政運営における２つの効率性

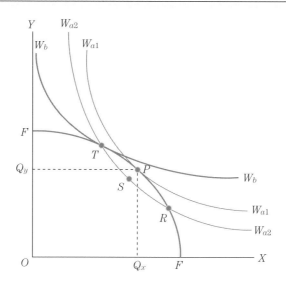

地方団体の課題は「最少の経費で最大の効果をあげる」ことである。これは，生産可能性フロンティアと社会的無差別曲線が接する点 P で実現する。公共財の組合せを生産可能性フロンティア上に持ってくることが生産の効率性であり，そのなかで最大の満足をもたらす組合せを選択することが配分の効率性である。

好関数（社会的無差別曲線）を持っているとしよう。地域選好関数は，同一線上の公共サービスの組合せはその住民に同じ満足度をもたらすことを表しており，原点 O から遠ざかるほど満足度が高くなる。つまり，① $W_{a2}W_{a2}$ 上の点 R・S・T はそれぞれ公共サービス X と Y の組合せが異なるものの，住民に同じ満足度をもたらしており，② $W_{a2}W_{a2}$ 上の点 R・S・T よりも $W_{a1}W_{a1}$ 上の点 P のほうが住民にとっての満足度は大きいことを示している。したがって，生産可能性フロンティア上で住民の満足度を最も高める公共サービスの組合せは $W_{a1}W_{a1}$ と FF とが接する点 P ということになる。これ以外の公共サービスの組合せでは，たとえ生産の効率性が満たされていたとしても満足度は低下してしまう。たとえば組合せが点 R であったとしよう。このときには住民の満足度は生産の効率性が満たされていない点 S と同じ水準でしかない。生産の効率性を満たしたうえで，最も高い満足度を達成できる公共サービスの組合せ（つまり予算配分）を決定すること，これが配分の効率性である。行政改革とい

うと，生産の効率性がクローズアップされがちだが，配分の効率性も同様に重要なのである。そして，点Pこそが「最少の経費で最大の効果」をあげている点である。

　公共サービスXとYのどちらを重要と感じるかは地域によって異なるだろう。つまり，地域選好関数の形状は地域によって異なり，したがって住民の満足度を最大限に高める公共サービスの組合せは地域によって異なるはずである。地方団体bの選好関数がW_bW_bであるとしよう。このときbの住民にとって最も望ましい公共サービスの組合せは点Tである。このように地域によって選好関数が異なる可能性があるにもかかわらず，すべての地方団体に画一的な公共サービスの組合せを実現させようとする**中央集権**がなぜ問題なのかは，この図からわかっていただけたと思う。

生産の効率性達成の条件

生産の効率性について，さらに詳しく見てみよう。公共サービスは民間財と同じように，労働，資本，土地などの資源（生産要素）を利用して生産される。生産の効率性は，こうした生産要素を最も効率的に利用することによって，住民に提供できる公共サービスのアウトプットの量を最大化することであるが，これはさらに次の2つに分けて考えることができる。生産の効率性を達成するための第1条件は，与えられた一定の資源を用いてアウトプットの量を最大にすることである。あるいは，一定のアウトプットを生み出すのに必要な資源の量を最少にすると言い換えてもよい。第2条件は，一定のアウトプットを生み出すのに必要な費用を最少にすることである。

　生産の効率性を達成するためのこの2つの条件を**Fig. 5-2**によって説明しよう。公共サービスの生産には互いに代替可能である労働と資本が使われるとする。事務作業をコンピューターと手作業で行うケースを考えればよい。横軸には労働量が，縦軸には資本量がとられている。IIは，一定の公共サービスを生産するのに最低限必要な資本と労働の組合せを示す**等産出量曲線**である。いま，同じ量の公共サービスを生産するのに点Aのような資本と労働の組合せを必要としているとすれば，この地方団体は生産の効率性の第1条件を満たしていないことになる。原点Oと点Aを結んだOA線上では，公共サービスを生産する際に利用される資本と労働の比率は等しい。したがって点Aにおける労働と資本の比率を変更しないとすれば，II線上の点Bの組合せが最も効

Fig. 5-2 生産の効率性

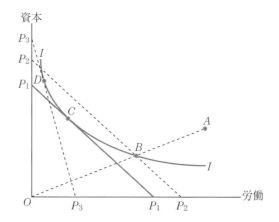

労働と資本という生産要素を用いて公共サービスを供給するとき，生産の効率性は等費用曲線 P_1P_1 と等産出量曲線 II が接する点 C で達成される。このとき，最少の費用で最大のアウトプットの量が実現している。

率的な生産方法を採用していることになり，点 B は生産の効率性の第 1 条件を満たしている。しかし，点 B は生産の効率性の第 2 条件を満たしてはいない。

　P_1P_1 は，一定の予算で投入可能な資本と労働の組合せを表す**等費用曲線**である。等費用曲線の縦軸の切片はすべての予算を資本に投入した際に入手可能な資本量，横軸の切片はすべての予算を労働に投入した際に入手可能な労働量を示している。つまり，予算が増額されると入手可能な資本量・労働量が増加することから，等費用曲線は P_2P_2 のように上に平行移動するという性質を有している。II 線上は一定の公共サービスを生産するのに最低限必要な資本と労働の組合せを表していることから，点 C と点 B では資本と労働の組合せが異なるものの，最低限度の資源の量を用いて公共サービスを生産しているという点に変わりはない（ともに第 1 条件を満たしている）。しかし，点 C は P_1P_1 で表される予算で実現可能な資本と労働の組合せであるのに対し，点 B は P_2P_2 という P_1P_1 よりも多くの予算を費やさなければ実現不可能である。このことから，点 C と点 B は費用の点で異なっており，II 線上で費用が最小となる資本と労働の組合せは II と P_1P_1 が接する点 C である。点 C は第 1 条件と第 2 条件の両方を満たしており，生産の効率性を達成していることになる。

つまり，点Bの組合せから労働を減らし資本を増やすことによって，同じ公共サービスをさらに少ない費用で生産することができるのである。このように機械化を促進することによって生まれた費用の節減分で新たに資源を購入し，追加的に公共サービスを住民に供給することが可能となる。

　ところで，P_1P_1 は一定の予算制約下での資本と労働の購入可能な組合せを表すが，この傾きは同時に資本と労働の相対価格を表している。ここでコンピューターの価格が下落し，一方，給与が上昇したとしよう。同じ予算のもとで入手可能な資本量が増加し労働量が減少することから，P_1P_1 の右下がりの傾きはさらにきつくなり等費用曲線は P_3P_3 となる。そのため，II と P_3P_3 が接する点は左上に移動した点Dとなり，生産の効率性の第2条件を満たす資本と労働の組合せは，資本を増加させ，労働を減少させることで実現する。このように，資源の相対価格が変化すれば，投入する資源の望ましい組合せも変わるのである。時代が変化しているのに，投入資源の組合せを変えないことは，住民に不必要な負担をかけることになる。

2　公共サービスの最適供給

**公共サービスの最適
供給規模**

　公共支出の効率化の第2の条件である**配分の効率性**（住民選好にあった公共サービスの供給）を達成するためには，地方団体は住民がどのような公共サービスを，どの程度の水準で供給されることを望んでいるかを知らなければならない。市場メカニズムが働かない公共サービスの場合，投票という政治プロセスを通じて情報が伝えられることになる。しかし，配分の効率性の充足はさまざまな困難に直面する。その理由を明らかにする前に，公共サービスの最適供給規模についてふれておこう。

　いま，1種類の公共サービスと3人の住民からなる社会を考える。**Fig. 5-3**において，MB_a, MB_b, MB_c はそれぞれ，A，B，Cという住民が公共サービスのさまざまな量の最後の1単位に対して支払ってもよいと考えている金額，つまり私的限界便益を表しており，各住民の需要曲線である。消費量が増えれば増えるほど，追加的なサービスから得られる満足度は小さくなり（**限界効用逓**

Fig. 5-3 公共サービスの最適供給規模

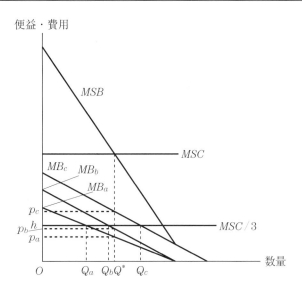

公共財は同じものを複数の住民で利用することから，社会全体の限界便益は各人の私的限界便益を垂直に足し合わせることで得られる。公共サービスの社会的な最適供給量は社会的限界便益と社会的限界費用とが交わる Q^* である。費用を均等負担し多数決投票にかけた場合，供給量は Q_b となる。最適量 Q^* を達成するためには各人に私的限界費用に等しい負担を求める応益課税が必要である。

減の法則)，支払ってもよいと考える金額は小さくなるため需要曲線は右下がりになっている。この公共サービスに対しては，C が最も大きい需要を示し，多くの公共サービスが供給されることを望んでいる。そして最も小さい需要を示しているのは A である。このような需要量の違いは住民の所得水準の差や嗜好の違いによってももたらされる。

　公共サービスは競合せず，複数の住民が共同で消費する（**非競合性**）という物理的特性を持っている（たとえば警察による防犯パトロール）ことから，各住民が等量消費する公共サービスの供給量をどこか 1 つに決定しなければならない。公共サービスの消費において混雑現象が発生せず，また，行政区域を越えて便益がスピル・オーバーしないとするなら，公共サービスがもたらす社会全体の限界便益（社会的限界便益）は，各住民の私的限界便益 MB_a，MB_b，MB_c を垂直に加えることによって得られる。これが MSB である。いま，公共サー

ビスを生産するのに必要な限界費用を MSC とし，単純化のために一定である
とする。このとき，社会的に見た公共サービスの最適な供給量は，公共サービ
スの供給を1単位追加したときに発生する MSB（社会的限界便益）と供給に必
要な MSC（社会的限界費用）とが等しくなる Q^* となる。このように各個人の
限界便益の総和が，限界費用と等しくなるところまで公共サービスを供給する
ことが配分の効率性から見て望ましい。これを**サミュエルソン条件**と呼ぶ。

**多数決投票の帰結
——中位投票者モデ
ル**

市場メカニズムが働かない公共サービスの供給量は
投票を通じた政治プロセスによって決定されること
になるが，投票は最適供給量 Q^* という効率的な結
果をもたらすのだろうか。もう一度 Fig. 5-3 を見て
いただきたい。ここで，公共サービスの供給に必要な費用を A，B，C の3人
に均等に負担させるという費用負担ルールがとられたとしよう。このときのサ
ービス1単位当たりの各住民の負担（私的限界費用）は Oh（$=MSC/3$）となる。
各住民にとっての望ましい公共サービスの量は，それぞれの私的限界便益と私
的限界費用（各住民の負担分）とが等しくなるところで決まる。つまり A にと
っては Q_a が，B にとっては Q_b が，C にとっては Q_c がそれぞれ望ましい供給
量である。たとえば，A にとっては Q_a を超えると追加的な負担が追加的な便
益を上回ってしまうからである。

地方団体は，各住民が等量消費する公共サービスの供給量を政治プロセスに
よってどこかに決定しなければならない。Q_a, Q_b, Q_c という3つのオプショ
ンが提示される場合には，各オプションが1票ずつ獲得するため投票では決着
がつかない。そこで2つの選択肢からいずれが望ましいかを投票してもらうと
しよう。

Q_a と Q_b が提示された場合には，A は Q_a に票を入れ，B は Q_b に投票する。
C は Q_a よりも Q_b のほうが，自らの最も望ましい水準である Q_c に近いために
Q_b に投票するであろうから，2対1で Q_b に決まる。Q_b はまた Q_c に対しても
投票に勝つことになる。ただ，注意しなくてはならないのは，多数決投票で勝
利を収める Q_b は多数の住民がそれを望んだから選ばれたのではなく，多数の
住民の支持を得たことによって選ばれたにすぎないということである。つまり
Q_b によって完全な満足を得るのは B だけなのである。

こうして，多数決という政治決定方法がとられるなら，他の投票者をちょう

ど同数に分ける**中位投票者**（median-voter）が望ましいと考える予算が政策として採用される。地方団体が公共サービスの供給に関する諸決定をこのように行っていると考えるモデルを**中位投票者モデル**と呼ぶ。繰り返しになるが，中位投票者モデルによって実現する公共サービスの供給量は Q_b であり，サミュエルソン条件が示した最適供給量 Q^* が実現するわけではないことに注意が必要である。

| 応益課税原則による
最適化の達成 |

多数決ルールによって到達する Q_b は最適公共サービス水準 Q^* よりも小さく，配分の効率性の観点から非効率である。これは多数決投票の前提として，すべての住民に公共サービスの費用を均等に負担させることに原因がある。

　いま，公共サービスからの受益の程度に応じて費用を負担するという，**応益課税原則**に沿った負担配分を採用すればどうだろうか。A は P_a を，B は P_b を，C は P_c を負担するということであれば，それぞれの負担のもとでは Q^* が望ましい供給量であることから，社会的に見た最適な公共サービス水準である Q^* を達成できる。

　ところが，応益課税原則を採用するためには，地方団体は各住民の公共サービスに対する選好，つまり私的限界便益を知る必要がある。また，地方団体が各住民の選好の把握を試みたとしても，公共サービスに対して高い選好を持つ住民が進んでその選好を表明するとは考えられない。なぜなら，警察による防犯パトロールや消防による防火活動など公共サービスの多くは，対価を支払った人にかぎり受益できるようにすることは技術的に困難であり（**非排除性**），たとえ高い選好を持っていたとしてもその選好を表明しないかぎり，大きな負担を負わずに公共サービスを享受できてしまうためである。つまりここでも，公共財の供給において避けて通れない**ただ乗り問題**が発生する。応益課税原則の採用は理論上はともかくとして，現実の政策においてこれを採用することは不可能といわざるをえない。

　かつて地方団体が供給する公共サービスの中心であった基礎的で必需的なサービスは，生活必需品と同様，所得水準などの属性に左右されず，住民選好は比較的均質で画一的であった。そのため，公共サービスに対する各住民の私的限界便益はそれほど大きな違いがなく，多数決投票の結果実現する供給量は最適供給量と大きくは乖離しなかった（A，B，C 全員の私的限界便益が MB_a である

と仮定した場合，多数決投票の結果実現する公共サービスの供給量と最適供給量は一致する）。しかし，第1章で明らかにしたように，近年その比重を大きくしている高次で選択的であり便益が個人に直接帰属するような公共サービスは，住民選好が異質で多様である。このような公共サービスが多くなってきた今日，上で述べたように投票という政治プロセスによる集合的な決定は，最適供給量を保証するわけではなく，配分の効率性の達成は困難になる。そして，配分の効率性を達成するためには**受益者負担**の採用などの工夫が必要である。

3 公共サービス供給における非効率性の諸要因

**公共サービス供給の
プロセスと非効率性
の諸要因**

市町村をはじめとする地方団体は，首長（市長など）をトップとした，住民に対する公共サービスの供給主体である執行機関（行政府）と，執行機関に対するチェック機能を持ち，条例の制定・改正・廃止，予算の決定などを通じて地方団体の基本方針を決定する議決機関（議会）によって構成されている。

Fig. 5-4 のように，住民（有権者）は執行機関の首長や議決機関を構成する議員（市議会議員など）に対する投票により，公共サービス供給に関する自らの選好を表明する。投票によって選出された首長は，同じく選出された議員に対して条例や予算案を提案し，議員によって条例や予算が議決された後，首長の指揮命令のもと，地方団体の職員が住民に対して公共サービスの供給にあたる。その間，共通の利害や目的を持つ人びとが集結した利益団体が，集団の利益を確保するために，議員に対して政治活動を行うケースもある。このように，公共サービスの供給に関する意思決定と予算配分のプロセスには，住民（有権者），首長，議員，職員，利益団体などといった，さまざまな**ステーク・ホルダー**（利害関係者）による行動が複雑に絡み合っている。

これらのステーク・ホルダーの利害が一致していれば，供給された公共サービスは結果的に住民の満足度を高めることになる。しかしながら，住民は公共サービスを通じて自らの満足度が最大化することを望んでいるのに対して，首長は公共サービス供給にあてられる予算規模を拡大させることにより自らの評

Fig. 5-4 公共サービス供給の意思決定プロセス

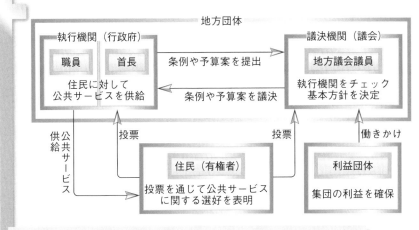

公共サービスの供給に関する意思決定と予算配分のプロセスには，住民（有権者），首長，議員，職員，利益団体などといった，さまざまなステーク・ホルダー（利害関係者）による行動が複雑に絡み合っている。こうした各ステーク・ホルダーの私的利益の追求が大きく作用しているとすれば，これらのプロセスが公共サービス供給における効率性の達成を阻害している可能性がある。

価を高めたいと考えているかもしれない。また，職員は自身の満足度を高めるため，できるかぎり仕事の負担を減らそうと行動するかもしれない。そして，議員は自らが選挙で再選できるよう得票率の最大化を目指し，利益団体は利権の獲得や既得権益の確保を目指すなど，利己的に行動しているかもしれない。仮に公共サービス供給に関する意思決定に対して，こうした各ステーク・ホルダーの私的利益の追求が大きく作用しているとすれば，これらのプロセスが公共サービス供給における効率性の達成を阻害している可能性がある。

　効率性の達成を阻害している可能性のある要因は，必ずしも地方団体内にあるとはかぎらない。近隣の地方団体の意思決定によって公共サービスの供給水準が影響を受けることで，効率化が阻害されることも考えらえる。また，国の財政と地方財政が複雑に絡み合っているわが国では，国による救済を期待することで地方政府による公共サービス供給が非効率的になる可能性もある。以下では，公共サービス供給における非効率性を生じさせる諸要因について紹介する。

生産の効率性が満たされない理由――X非効率性

公共サービス供給を通じて住民の満足度を最大限に高めるためには，生産の効率性を満たさなければならないが，それほど容易なことではない。公共サービスを生み出す際に生じる技術的非効率性はX非効率性と呼ばれ，これは組織が大きくなるにつれて，その構成員に労働意欲の減退が生じたり，あるいは市場的競争条件が欠如していることによって，無駄や非効率性を排除しようとするインセンティブが弱まるなどの理由で発生する。

組織が大きくなると，職員1人ひとりの追加的な業務量は全体の業務量に比べて小さいものとなる。つまり，1人の職員が頑張って働こうが怠けようが，全体には大した影響を与えない。このことによる労働に対するディス・インセンティブ効果は，個々の職員の働きとは無関係に支払われる給与制度によって大きくなる。

いまn人の職員が共同で仕事をしているとしよう。チームの報酬はチーム全体の貢献度（総労働時間と考えてもよい）に対して与えられ，各職員は$1/n$を均等に受け取るとしよう。このような報酬制度のもとでは，ある職員が仕事を怠けたとしても，報酬の減少分は他のメンバーと分け合うことになるため，本人が被る給与の減少はわずかなものだと考えてしまう。一方，仕事を怠けることは，職員に自由時間を与え，プラスの満足をもたらす。仮に，給与が職員1人ひとりの働きぶりを基準に支給されるようになっていれば，仕事量を1時間減らすことによってプラスの満足を獲得するためには，1時間当たりの給与を犠牲にしなくてはならない。

ところが，チーム全体で均等に分け合う給与制度のもとでは，1時間怠けることの費用は，1時間の給与×$1/n$となる。チームが大きく，nが大きくなるほど，この費用は小さくなり，怠けようとするインセンティブは大きくなる。このことはチーム内のすべての職員に当てはまり，こうした給与制度のもとで各職員が自らの満足度を最大にするように行動するなら，チーム全体の労働時間は大きく減少する。民間企業と異なり，努力しても売上や利潤が増加せず，一方で，税や国からの補助金という与えられた収入がある地方団体にとっては，以上の理論が当てはまる可能性は大きい。地方公務員の生産性を上げるためにも，年功序列賃金ではなく各職員の貢献度に応じた給与支給制度を検討することも必要だろう。

Table 5-1　多数決投票の失敗

選好順位	有権者 A	有権者 B	有権者 C
第1位	X	Y	Z
第2位	Y	Z	X
第3位	Z	X	Y

有権者の選好が表のようになっているとき，地方団体が X, Y, Z のどの公共サービスを提案しても，多数決投票によって否決されてしまい，投票による政策形成は失敗する。

多数決投票ルールの不成立――投票のパラドックス

地方団体の行動は投票を基盤とした政治プロセスによって決定される。これが形式的な見方である。だが，地方団体の活動は厳密に投票結果にしたがって行われるわけではない。有権者は公共サービスによってはその便益を明確には知らないかもしれないし，場合によっては，自分が公共サービスに対してどのような選好を持っているかすら不確かな場合があるからである。また，多数決投票ルールがうまく成立しない可能性があることも，投票によって政府活動のあり方を決定することへの足枷（あしかせ）となる。

いま，公共サービスに X, Y, Z の3つの選択肢があり，3人の有権者A，B，C が各選択肢に対して持つ選好が **Table 5-1** のようになっているとしよう。X が提案されたとき，A にとっては X は第1順位であるが，B，C にとっては X よりも Z のほうが望ましいために，対案として Z が政府に示される。同様に，政府が Y を提案すれば，Y よりも X を選好する A，C は政府の提案に反対する。政府が Z を提案しても同じように A，B が反対する。このように多数決投票ではどれか1つの政策に決まらないことを**投票のパラドックス**と呼ぶ。

もちろん，このようなケースが頻繁に起こるとはかぎらないし，政治的な妥協によって問題は解決される可能性もある。しかし，投票がうまく成立しない場合には，有権者に代わって地方団体は温情主義やさまざまな利己的動機にもとづいて行動する。このとき，上で述べた公共サービスの供給における配分の効率性はどこかに置き忘れられる可能性が大きい。

合理的な政治的無知

投票それ自体に固有の問題もある。その1つが，投票に対する無関心である。**統一地方選挙**の投票状況

を見ると，1951年には市区町村長選挙で90.1％，市区町村議選挙で91.0％あった投票率は，2019年にはそれぞれ48.6％，45.1％に低下し，知事選挙も82.6％から47.7％に低下している。こうした地方選挙における低い投票率は，公共選択の理論からすれば，「投票に参加するためにはコストがかかるのに対して，便益は無視できるほど」であるため，投票するということはむしろ「非合理な行動」ということになる。

　市場経済の場合，商品に関する情報をさまざまな経路を通じて収集することができるし，情報収集に要した労力は，より良質でより安価な商品を手に入れるという見返りによって償われる。ところが複数の住民が共同で消費する公共サービスの場合，情報収集に努力したとしても，自分に帰属する便益や負担が変わることはあまり期待できない。また，公共サービスを供給する地方政府の規模が大きくなり，集合的決定に参加する投票者の数が多くなればなるほど，全体の決定に与える影響力は小さくなる。つまり，「努力するだけ無駄」というわけである。こうして，公共部門の場合，投票者（納税者）は公共サービスの受益と負担に関する情報獲得の努力を行おうとせず，政治家や行政府から発信される情報に依存する傾向が強くなる。

　このような投票者（納税者）の側に情報獲得のインセンティブが欠如している状態を，ダウンズ（A. Downs）は「合理的な政治的無知」（rational political ignorance）と呼び，政府支出の増加による便益の増加が費用負担の増加につながることを認識しない財政錯覚の原因になると考えた。

　投票への無関心と，それによって生じる問題は国・都道府県・市町村といったすべての段階の政府に共通する。しかし，地方政府の活動が国によって厳しく制限されているわが国では，地方団体の首長や議員に対する投票の結果が行政に反映される度合いが小さく，投票行動の重要性が国に比べると薄れてしまうことから，合理的な政治的無知はとくに地方政府において大きく現れる。

税制と公共支出の非効率性

公共サービスの最適な供給規模を実現するためには，意思決定に参加する住民の側に供給コストの意識がなくてはならない。ところが，地方税制が便益と費用の連動を断ち切っている可能性がある。

　有形である税の負担は感じやすいのに対して，公共サービスの無形の便益はそれほど明確な形で実感されることがないために，公共支出は社会的に望まし

い規模に比べて過少になるという考えもある。しかし現実には，多くの公共サービスの便益は特定の個人やグループに集中するのに対して，税負担は住民に広く及ぶことから，受益する人びとは特定の公共サービスに対して過剰な要求を出し，配分の効率性を損ねると考えるほうが合理的だ。

さらに，住民は納税者と受益者の両方の立場を持っており，受益と負担が連動していないなら，同一の住民が，2つの異なった立場で自らの関心を示すことになる。納税者としての住民は全体的な予算規模に関心があり，歳出削減，減税を支持するが，一方で，政府支出の受益者として，補助金や優遇措置の増加を支持し，予算総額にはほとんど関心を払わない。そして，受益者としての関心は，納税者としての関心よりも強く感知されがちである。こうして，地方財政支出は膨張していく。

ブキャナンとワグナー（J. M. Buchanan and R. E. Wagner）は，複雑で間接的な負担構造は，単純で直接的な負担構造の場合よりも高い水準の財政支出をもたらすような財政錯覚を生み出すとした。税源を分散すればするほど，課税によるインパクトは小さく，納税者は直面する租税価格を認識しにくくなるからである。このことが公共サービスに対する要求を大きくする可能性がある。

オーツ（W. E. Oates）は，納税者は税率の水準については敏感であるが，税の支払総額には無頓着だと指摘する。この仮説が当てはまるなら，税率の引上げによる税負担の増加よりも，高い税収弾性値の結果生じる税の自然増収に対しては国民は負担を軽く感じ，財政支出の増加に寛容になると考えられる。法人所得課税に依存することで好景気のときに膨れ上がった財政支出は，それがとくに個人向けの場合には，景気後退とともに税収が落ち込んでも削減しにくく，そのために歳入欠陥が生じるおそれがある。こうした税負担に関する錯覚を小さくし，適正な財政要求に導くためには，増税はできるかぎり税率の操作という政治テストを受けるとともに，安定的な税収をもたらすものであることが望ましい。

私的利益の追求による財政規模の拡大——リバイアサン・モデル

投票にともなうこうした問題とは別に，配分の効率性を阻害する要因が多く存在する。以下に検討する課題は，市場の失敗を修正するはずの政府活動が，むしろ政府の失敗を引き起こす可能性があることを示している。

上で述べたように，公共サービスの供給に関する意思決定と予算配分のプロセスは，有権者，首長，議員，職員，利益団体などの活動の相互作用の結果である。そして，こうした各ステーク・ホルダーの私的利益の追求が社会的に見て望ましい結果を生み出す保証はなく，むしろ財政規模は必要以上に大きくなっていく傾向がある。地方財政を取り巻く多くのステーク・ホルダーの私的利益の追求によって，政府はモンスターのように大きくなっていくと考えるのがリバイアサン・モデルである。

　社会経済状況が複雑化し，地方団体が供給する公共サービスが多様化してくると，専門的な知識や情報を持つ行政府の影響力は拡大する。こうした影響力を背景に，地方財政政策の決定において行政府が独占力をバックに，予算最大化行動をとることで公共支出の規模が拡大するというモデルもある。多数決投票モデルでは，行政府は公共サービスについての有権者の欲求を忠実に予算化するものとしてとらえられるのに対して，このモデルでは行政府は自らの願望を実現しようとし，有権者はこの決定にしたがうと考えられている。

　Fig. 5-5 において横軸には公共サービスの量が，縦軸には公共サービスの社会的限界便益と社会的限界費用がとられている。最適な公共サービスの量はサミュエルソン条件が成立する社会的限界費用と社会的限界便益が等しくなる Q^* である。このとき公共サービスからの純便益は，社会的限界便益の線の下の部分である総便益 $ODBQ^*$ から，社会的限界費用の線の下の部分である総費用 $OABQ^*$ を引いた ABD の面積であり，最大になる。

　ところが，予算規模を拡大することで満足を感じる行政府は，社会的限界費用と社会的限界便益が等しくなる Q^* ではなく，できるかぎり予算規模を拡大しようと総便益と総費用とが等しくなる Q_1 まで公共サービスの供給量を拡大しようとするかもしれない。その結果，社会的限界便益の線の下の部分である総便益 $ODEQ_1$ と，社会的限界費用の線の下の部分である総費用 $OACQ_1$ が等しいことから，純便益は 0 となる。総便益が総費用と等しくなるという決定は，社会的に見て公共サービスの過大な供給となってはいるものの，経済学における「限界」の概念に慣れていない人にとって受け入れられやすい基準ではある。しかしながら，公共サービスの最適供給量のときに住民に発生していた純便益（ABD）が消滅し，その一方で行政府の満足が引き上げられるのである。行政府が自身の満足度を高めるために予算規模を拡大しようとするこのような行動

Fig. 5-5 行政府の予算最大化行動と非効率性

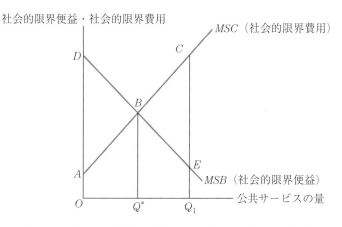

公共サービスの最適供給量は社会的限界便益と社会的限界費用が等しくなる Q^* であるが，行政府が予算を最大にしようとして行動するとき，総便益と総費用が等しくなる Q_1 で供給される可能性がある。

は，たとえ公共サービスにおける生産の効率性が満たされていたとしても，配分の効率性を阻害していることになる。

議員・利益団体による私的利益の追求——レント・シーキング

利益団体は政治献金や情報提供などの協力を通じて，政党や議員の政治活動を支えている。しかし，時として利益団体は自身の利権が最大化されるよう，政策決定時に自らの意見が反映されることを目指し，これらの活動を行っている場合がある。このように政策決定に影響を及ぼすべく，議員といった政治的意思決定者に対して行う活動のことをロビー活動と呼ぶ。たとえば環境保護のための規制の導入が検討された場合，規制によって影響を受ける業界団体は規制が撤廃されるよう議員に働きかけるであろう。その結果，自らが選挙で再選することを最大の目標としている議員がいた場合，これらの議員は，有権者の利益よりもむしろ，票につながる特定の利益団体の代弁者として動きがちであり，これによって公共サービスに対する選好の情報が特定の団体に偏った形で行政府に伝えられてしまうことになる。

利益団体と有権者の利益が一致しているのであれば問題はない。しかし，利益が一致していない場合，利益団体が自らの経済的レント（利権）を最大にす

るために政府を利用するという「レント・シーキング」は，配分の効率性を阻
害する可能性がある。

行政府による私的利益
の追求——プリンシパ
ル・エージェント問題

エージェンシー理論から地方財政問題を解明する
試みも出てきている。公共サービスが供給される
際，住民は行政府に公共サービスの供給を依頼す
る。依頼する側をプリンシパルと呼び，依頼され
る側をエージェントと呼ぶ。住民（プリンシパル）が行政府（エージェント）に
業務（公共サービスの供給）を委任するとき，エージェントである行政府は自
らの利益を最大にしようとし，他方，住民はエージェントの仕事ぶりを完全に
は監視できないために，結果的に住民の満足が最大にならない可能性がある。
これをプリンシパル・エージェント問題と呼ぶ。エージェンシー理論は，行政が
住民の利益になるように行動するような動機づけをいかに確保するか，言い換
えるなら「エージェンシーの失敗」をどのように減少させるかが重要な課題と
なる。

　組織の質の低下や組織から得られる便益が減少していると感じるとき，組織
に属するメンバーは何らかの反応を示すだろう。ハーシュマン（A. O.
Hirschman）は，その反応として「exit」（離脱），「voice」（発言）を提示した。
exit は価格や財・サービスの質などに関して供給者の競争市場のなかで選択を
行うものであり，地方財政との関連でいえば，ニーズに合わない地方政府から
より満足度の高い公共財・サービスを提供してくれる地方政府に住民が移動す
るものである。voice は，不平・不満あるいは政策の変更を提案することで組
織を変えようとすることである。exit も voice も公共サービスの供給者に対す
るコントロールを増し，プリンシパル・エージェント問題を改善することにな
る。

　ティボー（C. M. Tiebout）の「足による投票」（voting with one's feet）仮説は競
争的な地方政府が多数存在することで，地方公共サービスの供給において最適
性を確保することが可能だとしており，exit による選好表明の代表的なモデル
といえる。

　しかしティボー・モデルは多くの問題をかかえている。1つは，第2章でも
指摘したように，足による投票仮説がよって立つ前提の厳しさである。モデル
が想定しているように，すべての住民が自らの選好にあった地方政府を見いだ

し，そして移住するというのは非現実的であろう。また，公共サービスは地域独占的に供給されることが多い。このように，現実には exit には困難をともなうことから，住民はむしろ同一地方政府にとどまり，voice によってよりよい公共サービスの供給を導くことが一般的であろう。

　エージェンシーの失敗を回避するための方法の1つとして，「ヤードスティック競争」があげられる。エージェンシーの実績を他のエージェンシーと比較して評価し，競争を促すことである。競争に直面した地方政府の首長は，自治体運営にかかわるコストを削減し，経営の効率化を余儀なくされるであろう。コスト削減を怠った首長は，選挙で落選する可能性が生まれるからである。たとえ実際には住民移動が行われなくても，住民が地方政府間のパフォーマンス比較に基づいて voice を投げかける（この場合は首長選挙）ことで，地方政府間競争が展開されることになる。

　しかし，voice を地方財政の効率化に結びつけるためには，さまざまな環境整備が必要であり，その1つが行政に関する情報の開示である。公会計制度の改革が会計学者から提案されるのも，現行の公会計が情報を提示するうえで十分ではないという認識からである。

財政規律の緩みと非効率性——ソフトな予算制約

住んでいる地域の財政力の強弱にかかわらず最低限度の公共サービスを住民が等しく利用できるよう，中央政府が財政力の強い地域から弱い地域へと財政移転を行っている場合，このような中央政府からの救済を期待することで，地方政府の財政規律が緩み，財政運営が非効率的になるといわれている。これが「ソフトな予算制約」（soft budget constraint）である。ここで，**Fig. 5-6** を使って，ソフトな予算制約によって財政運営が非効率になることを説明しよう。

　ある地方政府1においてAとBという2種類の公共サービスの供給が検討されているとする。Aを供給する際に必要な費用は1単位当たり10であり，Aから得られる住民の便益は1単位当たり10であるとする。Bを供給する際に必要な費用は1単位当たり40であり，Bから得られる住民の便益は1単位当たり50であるとする。地方政府1の財源が30しかないとすれば，すべての財源をAにあてるという選択肢しかなく，住民の便益は30となる。なお，ここでは公共サービスからの限界便益は一定であると考えている。

Fig. 5-6　中央政府からの救済と非効率性

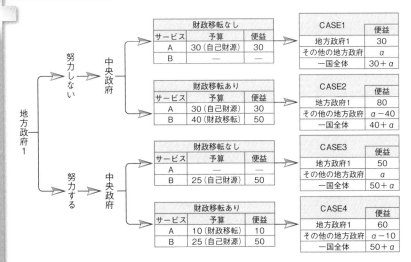

注）　財源を5使用し生産の効率性を高める努力をすれば，Bの供給コストが1単位当た
り25になるとする。

中央政府が財政力の強い地域から弱い地域へと財政移転を行っている場合，このような中央政府からの救済を期待することで，地方政府の財政規律が緩み，財政運営が非効率的になる可能性がある。

地方政府1が財源を5使用し生産の効率性を高める努力をすれば，Bの供給費用が1単位当たり25になるとする。この場合，地方政府1は住民の便益が大きいBにすべての財源をあてることになるはずである。ところが，ここに中央政府による財政移転が加わると，シナリオが変わってくる。

いま，すべての地域の住民がA・B両方の公共サービスを享受できるよう，中央政府が公共サービスを供給する際の財源不足額を，財政の豊かな地域から貧しい地域への財政移転によって補塡することを検討したとする。ここでは，地方政府1を貧しい地域，そのほかの地方政府を豊かな地域とする。仮にBの供給に必要な財源40を財政移転によって補塡できるのであれば，地方政府1は自前の財源をすべてAの供給にあてることが可能となり，住民の便益はAからの便益30とBからの便益50の合計80となる。

それでは，地方政府1が効率性を高める努力をしたうえで自前の財源をすべてBの供給にあてた場合は，どうなるだろうか。Aの供給に必要な財源10は

財政移転によって補填されることから，住民の便益はＡからの便益10とＢからの便益50の合計60となる。

その一方で，財政移転の財源を負担する財政の豊かな地域の便益は，財政移転分だけ減少する。ここでは，公共サービスＡが削減されるとする。資源配分の観点からは，中央政府が財政移転を実施すべきかどうかは，財政移転を実施した場合としなかった場合における一国全体の総便益の大きさによる。

財政移転を実施しなかった場合の一国全体の総便益を求めてみよう。CASE1は地方政府1が効率性を高める努力をしない場合であり，一国全体の総便益は地方政府1の便益30に他の地方政府の便益 a の合計 $30 + a$ になる。CASE3は地方政府1が効率性を高める努力をする場合であり，一国全体の総便益は地方政府1の便益50と他の地方政府の便益 a の合計 $50 + a$ になる。

続いて，財政移転を実施した場合の一国全体の総便益を求めてみよう。CASE2は地方政府1が効率性を高める努力をしない場合である。地方政府1はＡを3単位供給するために全財源を使い，Ｂは財政移転で賄われるため，一国全体の総便益は地方政府1の便益80と他の地方政府の便益の合計となるが，他の地方政府は財政移転のために40の財源を失っており，Ａの供給量が合計4単位，便益ベースで合計40減少している。つまり一国全体の総便益は，地方政府1の便益80に，他の地方政府の便益 $a - 40$ を足し合わせた $40 + a$ になる。

CASE4は地方政府1が効率性を高める努力をする場合であり，地方政府1は自己財源をＢに投入し，Ａは財政移転で賄われる。一国全体の総便益は地方政府1の便益60と他の地方政府の便益の合計となるが，他の地方政府は財政移転を負担しているため，一国全体の総便益は，地方政府1の便益60に，他の地方政府の便益 $a - 10$ を足し合わせた $50 + a$ になる。

このような状況のもと，地方政府1はどのような行動をとるか考えてみよう。地方政府にとって最善の選択は自らの地域に住む住民の便益が最大になるケースであり，数値例では「努力をせず，Ｂの財源は財政移転で賄える」CASE2である。しかし，CASE2を選択したくても財政移転が実施されなければ，このケースは実現しない。中央政府に目を向けると，地方政府1が効率性を高める努力をしなかった場合，一国全体の総便益は財政移転を実施しなかったCASE1よりも財政移転を実施したCASE2のほうが大きいことから，財政移転

は実施されることになる。その結果，地方政府1が望むCASE2が実現する。

　このように，後から救済してくれることを期待するために，地方政府の財政運営が非効率的になってしまう可能性がある。ソフトな予算制約は，地方政府が非効率的に行動する要因の1つにあげられることから，財政規律を緩めない財源保障のあり方を考えなければならない。

地域間競争と非効率性——囚人のジレンマ

人や企業の地域間移動は国家間移動に比べて容易である。ティボーの「足による投票」仮説は，住民の地域間移動こそが資源配分の効率性をもたらすというものであった。しかし，住民の地域間移動自体を目的とした予算編成を行うことで，結果的に住民の厚生水準が低下してしまう可能性がある。近年，多くの地方団体が子育て世代を増やす目的で，子育て支援策の充実化を図っている。しかし，すべての地方団体が同じように支援策を充実させれば，子育て世代を呼び込むことはできず，他の政策への予算額が減少することによって住民の厚生水準が低下するという，まさに囚人のジレンマといえる状況が発生するかもしれない。このメカニズムを **Table 5-2** で説明しよう。

　Table 5-2には，地方政府1，2がとりうる選択肢の組合せと，各組合せのもとでの住民の厚生水準が示されている。地方政府1，2ともに従来どおりの子育て支援策を実施した場合，両地域の住民の厚生水準はどちらも13であり，この水準は最適な予算配分である。

　ここで地方政府1，2はともに，子育て世代を増やし，所得水準の上昇等によって自地域の住民の厚生水準を上昇させることを考えたとしよう。そのため，子育て世代を惹きつけるために子育て支援策を充実させようとする。仮に他の地方政府が子育て支援策を現状のまま維持すれば，子育て支援策を充実させた地域は子育て世代人口が増加し，住民の厚生水準を14に高めることができる。一方，子育て世代が減少した地域における住民の厚生水準は11となる。

　しかし，子育て世代を呼び込みたいと考えている地方政府1，2は，ともに手厚い子育て支援策を行うであろう。その結果，子育て世代の地域間移動は生じることはなく，両地方政府ともに厚生水準の上昇は実現しない。しかも，その他の政策に振り分けられる財源が減少するため，両地方政府の厚生水準は12となり，両地方政府が従来どおりの子育て支援策を行う場合よりも低下し

Table 5-2　地域間競争と非効率性

地方政府1の住民便益, 地方政府2の住民便益		地方政府2の子育て支援策	
		手　厚　い	従来どおり
地方政府1 の子育て支援策	手　厚　い	(12, 12)	(14, 11)
	従来どおり	(11, 14)	(13, 13)

地方政府1, 2ともに従来どおりの子育て支援策を実施した場合, 両地域の住民の厚生水準はどちらも13であり, この水準は最適な予算配分である。しかし, 他の地方政府の行動を意識し子育て支援策を充実させた結果, 両地方政府の厚生水準が低下するという囚人のジレンマが引き起こされる可能性がある。

てしまう。

　こうした囚人のジレンマを引き起こさないためにも, 政策に関する情報を双方が入手するとともに, 競争相手がどのような行動に出るかを考慮したうえで政策を実施する必要がある。場合によっては行き過ぎた競争が生じないよう, 中央政府が規制を適用することも考えられる。

第 **6** 章

地方団体の行財政改革

1 地方行財政運営の効率化

生産主体としての地方団体

　企業の行動原理は利潤の最大化である。利潤は売上から費用を差し引いたものであるから，利潤を大きくするためには，売上を増やすか費用を縮減する必要がある。売上を増やすためには，マーケティング活動によって，消費者が何を望んでいるかを的確につかまなければならない。消費者ニーズに合わない商品を生産し，販売し続けると売上はたちまち低迷する。さらに，経営者は費用節減に努めなければならない。そこで，人件費節減のためのアウトソーシング（外部委託）や，業務量節減のためのリエンジニアリングが徹底して行われる。経費節減努力を怠れば，企業収益は悪化するばかりか，他企業との競争にも勝ち残れない。このように，企業は生産主体として効率的に，かつニーズに合った商品生産を行わざるをえないのである。

　これまでの地方行財政を振り返ると，好景気などで収入が増えると財布のひもが緩み，収入が落ち込むと財布のひもはきつくなるという運営を繰り返してきた。これはどちらかというと，家計と同じ消費主体としての行動様式である。

　しかし，地方自治法の最少の経費で最大の効果の規定は地方団体を民間企業とのアナロジーでとらえることの重要性を指摘している。第1章で見てきたように，税財政面のみならず政策形成の面でも国の大きなコントロールを受けてきたことが，地方団体に消費主体としての役割を演じさせてきた原因の1つで

Fig. 6-1 地方団体と民間企業の類似性

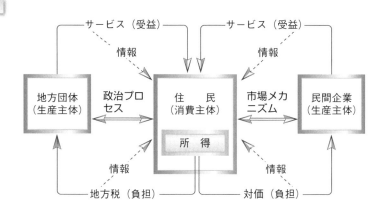

民間企業も地方団体も生産主体として顧客（住民）に財・サービスを提供するという点では変わりはない。両者が異なる点は，地方団体が市場では取引できない財・サービスを提供しているということだけである。しかし最近では地方団体が提供する財・サービスは民間財の領域に近づいており，地方団体に民間企業と同じ経営感覚を導入することの必要性が強まっている。

ある。しかし，**Fig. 6-1** に示すように，民間企業も地方団体も顧客（住民）を相手に財やサービスを提供しているのであり，両者が異なる点は，地方団体が市場では取引できない財・サービスを提供しているということだけである。

企業経営と自治体経営の違い

企業経営も自治体経営も，限られた資源を有効に利用するという点では共通項を持っている。だが，実際には民間企業と地方団体とは細部において多くの点で性格を異にしている。

相違点の第1は，予算および決算に込められた意味合いである。企業の場合には予算はむしろ合理的な経営計画を維持する程度のルーズなものであり，決算との間にズレが生じても問題にはならない。むしろ，決算との違いを分析することによって，将来の企業経営の方針や方向にフィードバックさせることを前提にしているともいえる。地方団体の場合には，決算よりもむしろ予算にウェートが置かれる。決算は，予算どおりに事業が執行されたかどうかを検討するものであって，予算化された事業のフォローアップと将来の政策形成にフィードバックさせるために決算を用いるという発想はほとんどない。

第2は，地方団体の場合，経営の成果を客観的に評価することが難しいことである。民間企業は売上，利潤，コストといった数量化可能な経営指標をつねににらみながら，売れる商品の開発，生産コストの縮減などの経営改善を行っている。これに対して，原則として無料で提供される公共サービスの便益を数量化することはきわめて困難である。

　第3は，地方団体は収入の多くを税や補助金に頼っていることである。そのため，ニーズに合わない公共サービスを供給したとしても，これらの収入が減少するわけではない。そのため，公共サービスの生産の効率化や住民ニーズの把握に対する取組みはどうしても甘くなる。

　しかし，これらの相違点は地方団体の工夫によって，ある程度，解消することは可能である。とくに最近では，地方団体が提供するサービスはますます民間財の領域に近づいてきている。このことは，地方団体における経営感覚の導入をいっそう強く求める要因となっている。

アウトカム重視の行政への転換

　消費主体としての地方団体は，財政収支バランスの確保を最優先目標と考える。財政収支が赤字の場合，まず歳出削減が行政改革のテーマとなる。そして，景気が良くなり税収が増加すると，財政支出を増やそうとする。しかし，財政支出は公共サービスの生産に必要なインプット（投入物：input）の購入額でしかない。たとえば教育サービスにおいてのインプットは教員，学校施設等であり，財政支出である教育費は教員給与や校舎等の建設費にすぎない。

　にもかかわらず，これまでは，財政支出の大小をもって公共サービスの受益と判断してきた傾向があった。つまり，「1億円の支出は1億円の便益を住民に与える」という具合にである。しかし，財政支出が大きいからといって，必ずしも質の高い公共サービスが供給され，したがって住民の受ける便益が多いというわけではない。インプット価格（たとえば給与水準）が高ければ財政支出は膨らむことになるからである。逆に，公共サービス供給の生産性が向上すれば，財政支出が減少しても行政水準は低下しないこともありうる。第5章では，「最少の経費で最大の効果」を上げることの意味を2つの効率性の概念で説明した。本章では，それを **Fig. 6-2** に示した公共サービスの供給プロセスを利用しながら説明しよう。

　効率化のための第1のチェック・ポイントは，所与の財政支出で購入できる

Fig. 6-2 公共サービスの供給プロセス

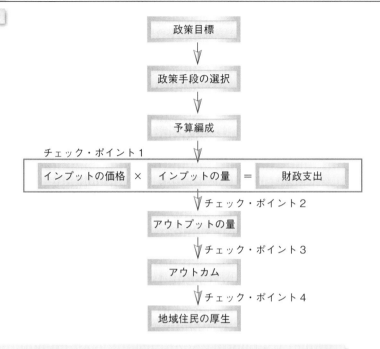

政策目標

↓

政策手段の選択

↓

予算編成

↓

チェック・ポイント1

| インプットの価格 | × | インプットの量 | = | 財政支出 |

↓ チェック・ポイント2

アウトプットの量

↓ チェック・ポイント3

アウトカム

↓ チェック・ポイント4

地域住民の厚生

> 地方団体が公共サービスの供給において最少の経費で最大の効果を実現するためには，民間企業のマネジメントと同様のマネジメント・サイクルを取り入れ，各プロセスにおいて十分なチェックを行う必要がある。

インプットの量を最大にすること，あるいは，同じ量のインプットであれば，必要な財政支出を最少にすることである。アウトソーシングのメリットの1つは，インプット価格を引き下げることによって財政支出を小さくすることである。

　次に，地方団体は購入したインプットを用いて公共サービスを生産する。インプットからどのようなアウトプット（生産物；output）が生み出されるかの技術的関係を決定するのが，経済学で**生産関数**と呼ばれるものである。生産関数は地方団体によって異なるだろう。同じ量のインプットでも，多くのアウトプットを生み出している地方団体とそうでない地方団体とが存在するからである。効率性向上の第2のチェック・ポイントは，同じインプットの量なら最大のアウトプットを，あるいは同じ量のアウトプットを生産する場合には最少の

Table 6-1 インプット，アウトプット，アウトカムの区分

	インプット	アウトプット	アウトカム
消　防	消防士，検査官，消防署，消防車，消火水	面積当たり消防署数消防署当たり消防士数・消防車数，面積当たり消火栓数	火災予防，火災の鎮圧世帯当たり火災件数火災当たりの被害額火災保険料率火災による死亡数
警　察	警官，派出所，警察署，パトロールカー，拘置所，銃器	面積当たり警察署数，面積当たりパトロール回数，交通整理実施交差点数	犯罪防止と処罰人口当たり犯罪件数犯罪による死亡者・負傷者数，検挙率
教　育	教員，図書，校舎，机，教室，コンピューター等の備品	生徒当たり教員数，生徒当たり図書数，年間授業時間数，クラス規模，教科数	知識や技術の習得テスト・スコアの上昇，就職，生涯所得の増加
福祉サービス	施設，スタッフ	施設収容者数福祉サービスの供給量	健康回復，家族の負担軽減，受給者の生活改善
公共交通機関	車両，スタッフ	路線延長，1 日当たり本数	輸送時間の短縮，ビジネス・コストの節減，道路渋滞の緩和
レクリエーション施設	施設，施設職員	収容人数，参加者数	健康増進，人的交流，犯罪の減少
ごみ収集・処理	収集車両，処理施設，職員	収集世帯数，収集ごみ量 1 日当たり収集回数	他の収集・処理方法との比較におけるコスト節減，環境向上，資源のリサイクル状況

資料）　林宜嗣『新・地方分権の経済学』日本評論社，2006 年。

> 地方団体の目的は，公共サービスの供給によって住民の暮らしを良くし，企業活動を支援することにある。そのためにも行政評価はインプットやアウトプットではなく，アウトカムを対象とすべきである。

インプットで行っているかどうかである。

　しかし，ごみの収集・処理，教育，道路整備は，こうしたアウトプットを生み出すこと自体が目的ではなく，そこから発生する環境改善効果，テストの成績等に現れる教育効果，道路の場合は移動時間の短縮にともなうさまざまな経済効果の実現が目的である。これをアウトプットと区別して**アウトカム**（成果；outcome）と呼ぶ。**Table 6-1** には，インプット，アウトプット，アウトカムの違いを複数の公共サービスについて示しているので，ほかのサービスについても，それらの違いを考えてみてはどうだろうか。

　同じアウトプットの量でも，アウトカムの大きさが異なることは十分に考え

られる。アウトカムは，①地方団体が生産するアウトプット，②公共サービスの対象者数，③地方団体の地域特性・環境，④住民が消費する民間財・サービスに依存する。たとえば，人口や環境の変化は，一定のアウトカムを維持するためにアウトプットの増加を求めるかもしれない。学習塾という私的教育の消費量が多い住民が多く住む地方団体では，相乗効果によって学校教育のアウトカムは大きくなるだろうし，健康に気をつけない住民が多く住む地方団体では，病院での診療・治療のアウトカムは小さくなるだろう。同じ量のアウトプットが提供されても，どの程度のアウトカムに結びつくかは地方団体によって異なるのである。

　同量のアウトプットに対してアウトカムを最大にできているかどうかが，第3のチェック・ポイントである。たとえば消防サービスのアウトカムを増加させるためには，消防自動車の通行を容易にしたり，火災が広がることを防止する都市計画が必要とされるなど，総合的な政策の取組みによって公共サービスの効果を増大させる環境づくりが求められる。

　最後の第4のチェック・ポイントは，地方団体の政策目標に照らし合わせてアウトカムが十分であり，地域住民の厚生を向上させているかどうかをチェックすることである。公共サービスの供給プロセスにおいて，第1から第4までのチェック・ポイントを検証することで，「最少の経費で最大の効果」を上げることが可能になるのだ。しかし，わが国の行政においては，「安心して暮らせるまちづくり」「活力ある産業の育成」というように政策目標が抽象的であるため，アウトカムとの突き合わせチェックが困難になっているケースが多い。政策目標の具体化が必要である。

　公共サービスの供給プロセスで4つのチェック・ポイントを指摘した。これらのチェックを行財政運営に落とし込み，業務の改善を図るためには，民間企業のマネジメントで活用されているマネジメント・サイクルの発想が不可欠である。マネジメント・サイクルについては後で説明する。

2 行政の守備範囲の見直し

**地方公共サービスの
領域**

現代の地方団体が供給するサービスを見ると，市場
での供給が不可能な**純粋公共財**の範囲をはるかに越
えて，特定の個人やグループに利益が帰属し，しか
も，市場での供給が可能なものにまでその範囲を拡大してきている。純粋公共
財と呼べないサービスを地方団体が供給する根拠はどこにあるのだろうか。

第1は基本的人権の保障という**社会的ミニマム論**である。すべての国民が
「健康で文化的な最低限度の生活」を送れるように条件整備することは国の責
任だが，それを上回る水準を**シビル・ミニマム**として地方団体が責任を持つと
考えられている。

第2はサービスの**価値財**（merit goods）としての要素である。市場での供給
が可能ではあるが，個人の自由な選択に委ねていたのでは社会全体にとって望
ましい結果が得られないために，消費を強制し，その代わりに税で財源を調達
することになる。

第3は**消費の外部性**の存在である。消費者自身に直接的な利益をもたらすが，
同時に地域社会に間接的な便益を及ぼすような場合，適正な消費量を確保する
ために地方団体が公共サービスとして供給する場合がある。

第4は**不確実性**にもとづくものである。いまは必要としないが，将来，その
サービスを必要とするような事態に直面するかもしれない。そのためにサービ
スの利用可能性を残しておき，そのときに必要となる金銭的負担の発生という
危険を回避するために，いわば保険料としてサービスの費用負担を負うのであ
る。

第5は**地域独占**の存在である。バス事業や上下水道に代表されるサービスは
規模の経済性を持ち，平均費用が逓減することによって経営規模の大きい事業
体が小さな事業体を淘汰し，**自然独占**になりやすい。独占企業を市場メカニズ
ムに任せると生産量が過小になり，資源配分は非効率になることから，地方団
体自らが供給するのである。

以上の根拠はいずれも，それなりに純粋公共財でないサービスを行政の守備

範囲とすることを理由づけるものである。だが，今日，地方団体が提供しているサービスがこの基準に合致しているかどうかは疑わしいし，以上の根拠があるからといって必ずしも地方団体自らが生産し，税を財源として供給しなくてはならないわけではない。

政府がつねにその規模を拡大しようとする傾向がある場合には，シビル・ミニマムが拡大解釈され，その水準が上昇していく可能性がある。

価値財についても，**パターナリズム**（温情主義）の是非を時代とともに再検討していかなければならない。かつて，子どもの健全な発育を実現するためには学校で十分な栄養を与える必要がある，という考えが一般的であった。したがって，**学校給食**の財源は税で賄うことが正当化された。現在でも学校給食は価値財の例として教科書で取り上げられることがあるが，近年の学校給食は子どもに十分な栄養を与えるというよりも，むしろ生活上の便宜を提供するものとしての役割が大きくなってきている。このように，価値財として妥当なサービスかどうかは時代とともに変わるのである。

消費の外部性は，その存在を過大評価すると，資源の配分はかえって非効率になる可能性がある。

不確実性についても，サービスを必要とする事態に直面したとき，どの程度の水準のサービスを必要とするのか，つまり必要最低限のものでいいのか，それとも高い水準のものを用意しておくのかについて，保険料としての税を支払う住民の合意を取り付ける必要がある。

地域独占にしても，地方団体自らが公共サービスとして生産・供給するのではなく，民間企業にサービスの供給を委ね，必要に応じて料金規制や補助金で対応することもできる。実際，**費用逓減産業**の代表である電力やガス事業は，民間企業によって提供されているのである。

地方団体の関与のあり方

地方団体の供給するサービスが多様化してくると，「純粋公共財・サービス＝行政による無償供給」「民間財・サービス＝市場メカニズムによる供給」といった，従来の単純な二分法でサービスを分類することは不可能になる。つまり，地方団体の守備範囲だとしても，関与のあり方は多様なのである。この点を，**Table 6-2** で見てみよう。

①は旧来型の公共サービスの供給方式であり，公共サービスの水準に関する

Table 6-2 サービスの生産と購入

		購入者・費用負担者	
		公	民
生産者	公	①	③
	民	②	④

地方団体の関与のあり方は多様であり，「地方団体が費用負担者となるもの＝地方団体自らが生産者になる」という単純な関係は成立しない。費用負担・購入を公民のいずれが行うか，生産を公民のいずれで行うかについては異なった基準で検討する必要がある。

意思決定からサービスの生産までを地方団体自らが行うものである。②は公共サービスの水準に関する決定や費用負担は地方団体が行うが，サービスの生産は民間部門に委託し，地方団体はそれを購入するという方式である。民間の建設業者と契約を結んで進められる公共事業がここに分類される。現在，ごみの収集業務や福祉サービスは①②いずれかの形式で供給されている。①の場合は**直営方式**，②は**民間委託方式**である。③には上下水道や交通のような公営企業などが当てはまり，地方団体が生産したサービスを住民が料金を支払って購入することになる。④は地方団体がまったく関与せず，民間市場で取引される財・サービスである。

　福祉サービスが直営施設と民間委託の両方で生産されているように，サービスの費用を公的に負担する必要が認められたとしても，必ずしも①でサービスの提供をしなければならないわけではない。地方団体はむしろサービスの購入者に徹し，生産者としての立場を放棄することによって，サービスの供給における効率性の確保をはじめとした生産面に神経を使うことなく，アウトプット重視の政策を展開できる。もし，公立の施設がサービスの生産を続けようと思うのであれば，イギリスの行政改革で**強制競争入札**（compulsory competitive tendering）として実施されているように，公立施設が民間施設と同じ土俵で競争入札によってサービス供給を受注するという方式を採用すべきであろう。日本においても 2006 年 5 月 26 日に成立した「競争の導入による公共サービスの改革に関する法律」にもとづいた**市場化テスト**が採用されている。ただし，地方の公共サービスについては，地方団体ごとの判断に委ねられている。

次に，現在では地方団体自らが生産するサービスについては，費用負担も公的に行うべきだとする考え方（マトリックスでは①）が一般的である。しかし，高次で選択的なニーズに応えるサービスで，しかもその便益が特定の個人やグループに帰着するものについては，費用負担は利用者が行う（マトリックスの③）ほうが望ましい場合もある。この点については後に詳しくふれることにしよう。

　地方団体の行政改革では，「民間活力の導入」が必ずといってよいほど提言されている。しかしそこには，依然として公が主役で，民は公の補完であるという考えが底流に存在している。**ポスト福祉国家の時代**にあっては，類似のサービスを公と民が供給している場合には，公はその分野から撤退し，民間では供給が不可能なものに，その守備範囲を限定すべきなのである。たとえば公共の宿泊施設やバス事業のような民間企業と競合する分野については，完全な市場化を進め（マトリックスの④），必要に応じて利用者である個人や不採算企業に補助金を支給することで対応すべきであろう。

公共サービスの生産性の改善

地方団体間の生産性格差

　一般に，サービス部門は製造部門に比べて労働生産性の上昇率は低い。とくに労働集約的な仕事の多い地方行政においては，行政需要の増大にともなって人件費が増大することは，ある意味では宿命的ともいえる。とくに経済社会の成熟化にともなって地方の行政がハードからソフトに，そしてハードについても，文化・コミュニティ・福祉のように，建設後も施設運営のために相当程度の人員を必要とするものの比重が高まるにつれて，地方団体の**人件費**は膨らみ，財政規模を大きくしていく。技術進歩，資本蓄積，大規模生産の利益を享受できる民間企業に比べて，地方団体の生産性が低いとするなら，将来的により多くの労働資源を行政に投入せざるをえず，その結果，経済的停滞を引き起こすという**ボーモルの病**（Baumol's disease）が生じるか，そうでなければ公共サービス水準の低下に甘んじるしかないことになる。

　だが，本当に地方団体の生産性を改善することはできないのだろうか。

Table 6-3 大阪府下地方団体の生産性格差

		現実値		調整後	
徴税事務	最小	茨木市	13	和泉市	18
	最大	阪南市	43	柏原市	33
1000 円徴収するのに	変動係数		0.29		0.16
要する費用（円）	最大／最小		3.27		1.89
清掃業務	最小	東大阪市	30,203		
	最大	寝屋川市	133,588		
ごみ１トン収集する	変動係数		0.32		
のに要する費用（円）	最大／最小		4.42		
戸籍住民基本台帳事務	最小	河内長野市	1,210		
	最大	箕面市	3,044		
人口１人当たりに要	変動係数		0.24		
する費用（円）	最大／最小		2.52		
保健衛生業務	最小	松原市	6,792		
	最大	泉佐野市	42,057		
人口１人当たりに要	変動係数		0.51		
する費用（円）	最大／最小		6.19		

注）　変動係数は，標準偏差÷平均。
資料）　総務省『市町村別決算状況調』2018 年度，大阪府『大阪府統計年鑑』2019 年
度より作成。

大阪府下の都市について，サービスのコスト生産性を比較した結果，コスト生産性
の格差は，徴税で 1.89 倍，ごみ収集・処理で 4.42 倍，戸籍住民基本台帳で 2.52 倍，
保健衛生で 6.19 倍に上っている（徴税事務，戸籍住民基本台帳事務，保健衛生事務
は 2018 年度，清掃業務は 2017 年度のデータである）。

Table 6-3 は大阪府下の都市について，清掃，戸籍・住民基本台帳，徴税，保
健衛生というサービスのコスト生産性（アウトプットの量÷投入コスト）を比較
したものである。ただし，自然条件や人口数など，地方団体の裁量が及ばない
要因によって生じるコスト格差がある。たとえば，徴税事務の場合は，所得水
準の高い地方団体ほど税収当たりコストは低くなる。地方団体の裁量の及ばな
い要因による影響を取り除いた数値が調整後である。コスト生産性の格差は，
徴税で 1.89 倍，ごみ収集・処理で 4.42 倍，戸籍住民基本台帳で 2.52 倍，保健
衛生で 6.19 倍に上っている。

民間委託の活用

地方団体の生産性を向上させ，公共サービスの供給
コストを縮減する１つの方法は民間委託の活用であ
る。民間委託は当初，役所の内部管理事務のうち印刷業務，公共施設の設計と
いったごく限られた分野から出発したが，その後，屎尿やごみの収集，庁舎

の清掃・警備などの単純労務事務，機械設備の運転・保守業務などへと対象が拡大されていった。だが，高度経済成長期には，税の自然増収に支えられて，従来，民間委託によって提供されていたものが直営方式に切り替えられるという傾向すら見られた。そして高度成長に終わりを告げた 1970 年代後半に入って，行財政運営の簡素・効率化が叫ばれるようになると，再び民間委託が見直されはじめるのである。

　民間委託にはどのような効果が期待されるのだろうか。一般に，次のようなメリットがあげられている。①行政事務に関する知識や技術の高度化・専門化にともない，庁内では十分な対応が不可能な場合に対処することができる，②民間企業の創意工夫と効率化の導入によって人件費などの行政コストの縮減が図れる，③住民の日常生活と密着した業務について，住民ニーズへのきめ細かい対応ができる，④住民意識の高揚，コミュニティ活動の推進が図れる，といった点である。

　民間における新技術の開発や，社会経済情勢の変化への速やかな対応など，民間企業のすぐれた特性を行政に取り入れるという視点は，民間委託を推進するうえできわめて重要なポイントであることはいうまでもない。とはいえ，限られた財源をいかに有効に使うか，そして新たな施策を展開するために，いかにして財源を生み出すかは地方団体にとっての大きな課題であり，その意味では，コスト節減は民間委託の最大のメリットであるといえる。

　委託を受けた民間企業は，生産コストを縮減することで利潤を増やそうとする。新しい経営管理，技術革新や，留保利潤を活用した新しい資本設備の導入が生産コストを縮減する方法として利用される。また，地方団体との契約を獲得するための民間業者間の競争は，地方団体が購入する公共サービスのコストを引き下げることになるだろうし，競争は公共サービスの質を確保することにも貢献する。これに対して，利潤を追求せず，独占的に公共サービスを供給する公共部門は，生産コストを切りつめるインセンティブを持たないのである。

　直営方式に比べて民間委託が行政コストの節減につながることはよく知られており，業務のアウトソーシングは地方団体においても生産の効率性を確保するために不可欠な措置といえる。

民間委託の現状　　総務省の調査によると，市区町村における事務事業の外部委託状況は **Table 6-4** のとおりである。事務

Table 6-4　地方団体の外部委託実施状況

(単位：%)

事務事業の外部委託率		指定管理者の導入	
本庁舎の清掃	100	体育館	40
本庁舎の夜間警備	99	競技場	48
案内・受付	91	プール	50
電話交換	94	海水浴場	14
公用車運転	88	宿泊休養施設	87
し尿収集	98	休養施設	76
一般ごみ収集	97	キャンプ場等	58
学校給食（調理）	70	産業情報提供施設	75
学校給食（運搬）	91	展示場施設，見本市施設	64
学校用務員事務	36	開放型研究施設等	52
水道メーター検針	99	大規模公園	43
道路維持補修・清掃等	97	公営住宅	14
ホームヘルパー派遣	99	駐車場	38
在宅配食サービス	100	大規模霊園，斎場等	22
情報処理，庁内情報システム維持	100	図書館	19
ホームページ作成・運営	97	博物館	28
調査・集計	96	公民館，市民会館	23
		文化会館	52
		合宿所，研修所等	48
		特別養護老人ホーム	74
		介護支援センター	50
		福祉・保健センター	53
		児童クラブ，学童館等	23

注）　1．事務事業の外部委託率：委託実施団体数÷事業実施団体数（「全部直営かつ
　　　　専任職員なし」を除く）。
　　　2．指定管理者の導入率：制度導入施設数÷公の施設数。
資料）　総務省「地方行政サービス改革の取組状況等に関する調査」2020年3月。

> 外部委託は公共サービスの供給コストを引き下げるのに役立つが，学校用務員事務
> や学校給食（調理）などの委託率はそれほど高くない。委託未実施の理由はさまざ
> まだが，現実に委託を行っている地方団体も存在するのであり，工夫次第では委託
> は可能である。

事業に関しては，外部委託率が 90% を超えるものが多いが，学校給食（調理）
や学校用務員事務の外部委託は他の事業と比べて低水準である。2003 年の地
方自治法改正によって地方団体やその外郭団体に限定していた公の施設の管理
運営を，株式会社をはじめとした民間法人・NPO 法人にも委託できるように
した指定管理者制度の導入に関しては，宿泊休養施設，休養施設，産業情報提
供施設，特別養護老人ホームで導入率が高くなっているが，図書館，博物館，
公民館，市民会館といった社会教育関係の施設での導入が低調である。

　事務事業の外部委託が進まない理由として，現在従事している職員の処遇等
の対応，外部委託のほうが経費が割高であること，秘密保持または保安上の観

点から職員による対応が望ましいこと，業務に精通した職員により対応するほうが望ましいこと，適切な受託者を見つけることが困難なこと，といった点があがってくる。

　いずれももっともらしい理由のように見えるが，これらの分野についても外部委託を実施し，コスト節減などの成果を上げている地方団体も存在するのである。

4 公共サービスの費用負担

受益者負担の意義　公共財とは，通常，**非排除性**と**非競合性**を持つ財またはサービスと定義される。こうした純粋公共財は政治プロセスを通じてその供給が決定され，財源は税によって賄われることに問題はなかった。しかし今日では，**行政の守備範囲**が拡大し，個人に利益が直接帰属するようなものを，税を財源として供給するケースが多くなっている。こうした公共サービスの拡大によって，地方団体が伝統的な守備範囲に専念していればよかった時代の「行政が提供するのだから無料で」という単純な図式で費用負担のあり方を考えるわけにはいかなくなっている。つまり，財源として使用料・手数料を中心とした受益者負担を投入すべきケースが増加しているのである。

　地方自治法第 225 条は，「公の施設の利用につき使用料を徴収することができる」とし，また第 227 条は，「普通地方公共団体は，当該普通地方公共団体の事務で特定の者のためにするものにつき，手数料を徴収することができる」としている。**使用料**の代表的なものは高等学校の授業料，保育所の保育料，公営住宅の家賃であり，「……使用料」という名称がついたものにかぎらない。2018 年度決算額における使用料総額は 1 兆 6476 億円（都道府県 6582 億円，市町村 9894 億円）である。公営住宅の家賃が 5463 億円，高等学校の授業料が 2540 億円，保育所の保育料が 1795 億円などとなっている。**手数料**は戸籍・住民基本台帳の謄抄本交付手数料，印鑑証明手数料，屎尿収集手数料などであり，2018 年度決算額は 5776 億円（都道府県 1939 億円，市町村 3837 億円）である。手数料は，国から委任されたサービスにかかるものについては法律または政令

Table 6-5 受益者負担の割合

(単位：％)

	受益者負担の割合	
	対支出総額	対経常支出額
戸籍・住民基本台帳費	15.1	15.2
社会福祉費	0.1	0.2
老人福祉費	0.1	1.0
児童福祉費	2.5	2.6
保健衛生費	2.8	3.3
保健所費	1.6	1.6
清掃費	12.5	16.7
高等学校費	10.1	11.8
幼稚園費	6.2	7.0
社会教育費	2.3	3.0
体育施設費等	3.8	6.4
学校給食費	0.0	0.0
大　学　費	5.4	6.6

注）　1. 2018年度市町村純決算額にもとづく数値。
　　　2. 経常支出は，支出総額から普通建設事業費，災害復旧事
　　　　業費積立金，失業対策事業費，積立金，投資および出資金，
　　　　貸付金，繰出金を差し引いたもの。
資料）　総務省『地方財政統計年報』2018年度。

> 地方団体が提供するサービスには利用者に直接的な利益をもたらすものが多い。こう
> したサービスについては受益者負担を求めるべきであるが，戸籍・住民基本台帳費で
> 15.1％（対支出総額。対経常支出額で15.2％）と，受益者負担で賄われている割合
> は低く，このために利用者と非利用者との間での不公平や資源のロスが生じている。

で一定額または最高限度額が定められ，その他は地方団体の条例で定められて
いる。

　しかし，受益者負担に関する地方自治法の規定はあくまでも「徴収すること
ができる」にすぎず，現状では受益者負担が十分に活用されているとはいえな
い。**Table 6-5** は市町村の支出を目的別に分類し，受益者負担によって支出が
どの程度賄われているかを示したものである。建設事業などの投資的経費を含
めた総経費では戸籍・住民基本台帳費の15.1％を最高に，清掃費，高等学校費，
幼稚園費，大学費，体育施設費等が続いている。次に投資的経費と，受益者負
担のウェートを計算するうえで除外したほうが望ましいと考えられる他会計へ
の繰出金を除いた経常支出に対する比率で見ても，清掃費が16.7％と比較的
高い値を示すくらいである。戦前の中等学校では教育費の40％以上が授業料
で賄われていたのに対して，現在の公立幼稚園は7.0％，公立高等学校は11.8

％でしかない。このことが，子ども・子育て支援新制度にもとづき2019年度から実施された幼児教育・保育の無償化や，2010年度から始まった高校授業料無償化・就学支援金支給制度とその拡充によって緩和がなされたとはいえ，公私の授業料格差を生み，適正な競争条件を阻害している。学校給食にいたっては，食材費は保護者負担であるが，人件費等は公費で賄われているため受益者負担の部分はゼロに等しい。このように，現在の地方財政において受益者負担が果たしている役割は非常に小さく，このことがさまざまな問題を引き起こしている。

　第1は，利用者と非利用者との間の不公平である。税による財源調達は利用しない人にも負担を強いることになる。利用が特定の人にかぎられ，しかも便益が直接個人に帰着する民間財の性格を備えているサービスについては，「等しい利益を受ける人びとは等しい負担をする」ことで公平化を図ることができる。この点は後にふれる福祉サービスにおいても同様である。

　それでは，全住民が利用する場合には無料で供給してよいかというと必ずしもそうではない。受益者負担を活用しないことの第2の問題は，資源の浪費である。サービスを無償ないしはコストを大幅に下回る料金で供給すると，利用者のコスト意識は希薄になり，モラル・ハザードが生じサービスに対する過剰な要求につながる。そして行政側に住民の要求をできるかぎり充足しようとする傾向がある場合には，供給コストを下回る便益しか発生しないにもかかわらず，公共サービスの供給量が増加し，資源のロスが発生するのである。この資源のロスは他の公共サービスに投入できる資源の量を減らし，住民福祉の水準を下げてしまう。

　Fig. 6-3において，*DD*は公共サービスに対する私的需要曲線を，*AA*はサービスを生産するのに必要な限界費用を表している（簡略化のために一定であるとする）。サービスの最も望ましい供給量は需要曲線と限界費用曲線が交わるQ^*である。この量を超えると，公共サービスからの追加的な便益が限界費用よりも小さく，資源の浪費が生じることになる。サービスを無料で提供すると，住民はサービスからの便益がプラスであるかぎり消費しようとするであろうから，消費量はQ_1となってしまう。この場合，①に等しい資源のロスが発生することになる。

　このような場合，サービス1単位当たり*OA*に等しい受益者負担を住民から

Fig. 6-3 受益者負担と経済効果

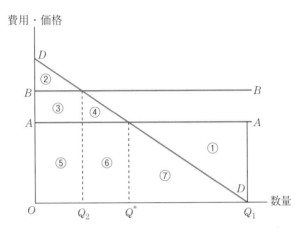

有料化には直接・間接の費用がかかり, その分資源の浪費が起こる。一方, 無料の場合には過剰消費による資源の浪費が起こる。無料か有料かは, 両者の資源のロスを比較して決定する必要がある。需要の価格弾力性が小さく, 有料化のコストが大きい公共サービスは無料供給が望ましい。

徴収すれば, 消費量は Q^* まで減少する。これ以上公共サービスを消費すれば, 受益者自身が負担しなければならない額が便益を上回ってしまうからである。

有料化の是非　ただ, 資源の有効利用という観点から受益者負担をとらえる場合には, 有料化にともなって発生するコストにも着目しなければならない。このコストには料金を徴収するための人件費のような直接的なものと, たとえばごみの収集を有料化することで不法投棄が発生し, 都市環境の悪化をもたらしたり, 投棄されたごみを収集するために必要となる間接的な費用とがある。

有料化にともなって発生するこうした費用を加えた総費用曲線は Fig. 6-3 の BB となる。ここで利用者からサービス 1 単位当たり OB に等しい料金が徴収されるとしよう。このときにはサービスの消費量は Q_2 にまで減少する。住民の総便益は②＋③＋⑤ (OQ_2 の量についての需要曲線の下の部分) となり, 一方, 有料化のコストを含めた総費用は③＋⑤であるから, ネットの便益は②の部分となる。次に, サービスが無料で提供される場合には, 利用者の総便益は②＋③＋④＋⑤＋⑥＋⑦であり, 一方, 有料化のコストは必要とされないから総費

130　第1部　理論・制度解説編

用は⑤＋⑥＋⑦＋①，ネットの便益は総便益から総費用を引いて，②＋③＋④
－①となる。

　③＋④が①よりも小さければ有料化するほうが望ましく，逆に③＋④が①
よりも大きければ無料で供給することが望ましい。資源の有効利用という視点
で，「無料で供給するか，有料化するか」を決めるのは，したがって「有料化
のコストの大きさ」と「無料化（低料金化）によって発生する過剰消費の大き
さ」ということになる。価格が低く設定されても需要がそれほど大きく増加せ
ず（需要の価格弾力性が小さい），一方で不法投棄などの有料化のコストが大き
いと考えられる家庭用ごみの収集といったサービスは，無料で提供したほうが
望ましいということになろう。これに対して，文化やレクリエーションといっ
た近年の選択的で高次の公共サービスに関しては，有料化のコストは小さく，
しかも需要の価格弾力性は大きいものが多いと考えられることから，有料で提
供することが資源の有効利用からも求められる。

　「個人に利益が及ぶだけでなく，社会にも間接的な利益が発生するのだから
受益者負担は軽減すべきだ」という考えがある。その理論的根拠はこうである。
ある人の消費が他の人に対して間接的な利益をもたらすという消費の外部性が
存在する場合，公共サービスの利用に対して受益者負担を負わせることで市場
メカニズムを働かせようとすると，消費量は社会に対して及ぼす外部経済効果
を考慮した最適な量に比べると過小になってしまう。このような市場の失敗が
発生する場合，公共部門が低料金で供給することによって，最適な消費量を確
保することができる。

　だが，この理論を政策につなげていくうえで決定的に重要なことは，行政当
局が外部利益の大きさを正確に知りうるということである。しかし，これは不
可能であるうえに，今日のように，住民の要求によって受益者負担の水準をで
きるだけ低く抑えることが一般的な状況下では，低料金によってむしろ消費が
過剰になり，政府の失敗による資源のロスが市場の失敗によるロスを上回る可
能性が大きい。このような場合には，受益者負担を導入して市場原理を適用す
るか，あるいはサービスを民営化し，部分的に公費を投入するほうがよい。

**福祉サービスの費用
負担**

受益者負担をともなわない公共サービスの供給は，
利用者と非利用者との間の不公平という問題がある
ことを前述した。そこで，受益者負担が果たしてい

る役割を福祉サービスで考えてみよう。福祉政策には生活保護制度のように生活困窮者に対する**現金給付**と，マンパワーや施設サービスを提供する**現物給付**とがある。地方財政において重要な役割を果たす現物給付の福祉政策は，1970年代の**福祉国家の時代**に拡充されていった。その過程で福祉政策は，従来の救貧・防貧から生活支援へと質量ともに拡大した。この典型を**児童福祉**の中心である**保育所**に見ることができる。

1960年代の保育所入所児童世帯のうち生活保護世帯，所得税非課税世帯の割合は，全体の約80％であった（旧厚生省調査）。しかし，2015年の保育所入所児童世帯のうち世帯収入200万円未満世帯が全体の9.9％を占め，200万円〜400万円未満世帯が24.5％，400万円〜600万円未満世帯が30.6％，600万円〜800万円未満世帯が17.9％，800万円〜1000万円未満世帯が9.9％，そして1000万円以上世帯が7.2％である（厚生労働省『平成27年地域児童福祉事業等調査』）。このような受給者の属性の変化は，福祉政策の性格が大きく変化したことを意味している。1つは必需的なものから選択的なものへの転換であり，いま1つは，福祉の受益者が低所得層から一般所得層にまで範囲を広げ，福祉政策が**選別主義的福祉**から**普遍主義的福祉**に転換したことである。

最低限の生活を保障することを目的とした福祉政策は，経済力の大きい人から小さい人への**垂直的再分配効果**を期待したものであるため，財源は受給者以外の住民がそれぞれの負担能力に応じて負担することになる。そして，税で賄われる救貧対策であることから，福祉サービスの内容は画一的になることはある程度やむをえない。

しかし，今日のように福祉サービスの目的が**所得再分配機能**から生活支援という**資源配分機能**にウェートをシフトさせ，利用者が低所得者に限定されない場合には，上で明らかにしたように資源の浪費を防止するためにも，また利用者と非利用者間の公平性を確保するためにも，負担のあり方は給付との関連で利益に応じて決定されるほうが望ましい。それによって，生活様式の多様化に応じた福祉サービスに対するニーズの多様化にも柔軟に対応することが可能となる。

個人や家族による解決が困難であり，社会的に対処していかなければならない問題が増加し，このことが福祉政策の拡大と質の変化をもたらした。だが，この事実は費用負担までも公的に行うことを意味しない。サービスを提供する

ことの責任とサービスの費用負担の問題は切り離して考えるべきであり，地方団体の責任は，利用者が利用したいと望む場合にはいつでも利用できるようにサービスや施設を用意しておくことであって，費用を税で負担することではない。もちろん，受益者負担の一般化によって低所得者がサービスの利用から排除されることがあってはならないから，低所得の利用者には所得保障や福祉サービスに対するクーポンを給付するなどの措置を講じることで対応する必要がある。これによって，税の投入を真に必要な人びとに限定する，という**ターゲット効率性**が改善されることになる。

　直接的な利益を利用者に与えるとはいえ，受益者負担を引き上げることには強い抵抗がある。しかし，受益者負担を抑えて税にツケを回すことは結果的に税の無駄遣いにつながることを認識したうえで，適正な受益者負担のルールを構築する必要がある。受益者負担には資本コストを含めるのか，それとも人件費のような経常コストだけを対象にすべきなのか。コストのどの程度を受益者に負担してもらうのか。公共サービスの供給コストをバック・データとして整備することは，受益者負担のルールづくりにも必要なのである。

5 行財政運営のマネジメント改革

地方団体におけるマネジメント・サイクル

　地方団体が最少の経費で最大の効果を上げるためには，上で示した内容を含むマネジメント改革が必要である。**NPM**（new public management）理論は民間企業の経営手法を公的部門にも取り入れる考え方であり，1980年代から欧米諸国で普及し，わが国でも90年代から活用の必要性が指摘されるようになった。マネジメント・サイクルもその1つである。

　民間企業はマーケットの状態や企業それ自体の体力等の現状を把握したうえで，必要な事業計画を立てる。次の段階が計画の具体的な事業化であり，最後に，実施された事業によって当初の計画どおりの利潤が得られたかどうかについて評価を行う。これが計画（plan）→実施（do）→評価（check）の流れであり，計画どおりの成果が上がっていなければ，計画の練り直し，つまり改善（act）が行われる。この一連の過程を**PDCA サイクル**という。

Fig. 6-4 ROAMEF サイクルの概念図

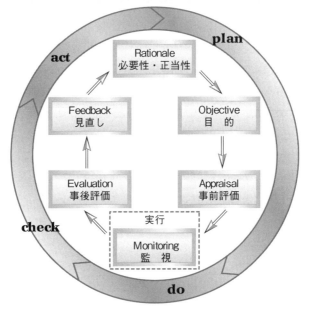

資料) UK Treasury（2011）*The Green Book Cenrral Government Guidance on Appraisal and Evaluation* に筆者加筆。

図では，ROAMEF サイクルと PDCA サイクルをイメージしやすいように描いている。

　イギリスでは，マネジメント・サイクルとして ROAMEF サイクルが取り入れられている（林宜嗣・中村欣央『地方創世 20 の提言』関西学院大学出版会，2018 年）。ROAMEF サイクルは，**Fig. 6-4** で示すように必要性・正当性（rationale）→目的の設定（objectives）→事前評価（appraisal）→監視（monitoring）→事後評価（evaluation）→見直し（feedback）という一連のサイクルに沿って，プロジェクトを効果的に進めようとするものである。ROAMEF サイクルが PDCA サイクルと異なる点は，**事前評価に重点をおいていることである**。

SMART 基準 　アウトカム重視の行政への転換のため，政策目標をアウトカム・ベースで立てたとしても，「安心して暮らせるまちづくり」のように政策目標が抽象的だとアウトカムとの突き合わせチェックが困難である。公共サービスの成果を評価するためには，政策目標の具体化が必要である。

イギリスでは，行政評価（事前評価および事後評価）を実際に使えるようにするため，SMART 基準によって目標を設定している。SMART 基準とは，具体性（specific），測定可能性（measurable），実現可能性（achievable），適切性（relevant; 他の目標との整合性や自団体の人的，資金的状況に照らして適正か），期限明示（time-bound）である。

目標の達成を数量的に把握する指標が KPI（key performance indicator; 重要業績評価指標）である。近年，多くの地方団体が政策形成において KPI を用いるようになっているが，設定した目標値と到達した現実値の差を問題にすることで終わることが多い。KPI による評価は，適正な目標設定と同時に，目標が達成できなかった場合には，その要因を分析し地方団体の事業活動の改善に資するものでなければならない。

適正な目標を達成するうえで政策目標を誰が定めるのかも重要なポイントとなる。トップダウンによる目標設定は，無理な要求を現場に求める可能性がある。一方，ボトムアップによる目標設定は，組織全体での整合性に欠ける目標を設定してしまうことや，実現可能性を重視するあまり目標達成の水準を低く設定する可能性がある。したがって，トップと現場が十分な協議を行いながら目標を設定するとともに，進捗状況をつねに監視し，必要に応じて目標を修正することも考慮する必要がある。

バランスト・スコアカード

地方団体の仕事は，住民ニーズに沿って公共サービスを提供していくことである。しかし，住民ニーズにことごとく応えていくと財政状況は悪くなる。公共サービスを縮小すれば財政収支は改善するが，住民の満足度は低下する。人件費の削減のために職員数を削減したり，人材育成のための費用を惜しんだりすると，将来的に地方団体の行財政運営能力が弱まる可能性がある。このように，地方団体の政策目標には相反する効果が生じることが避けられない。したがって，限られた資源で住民の満足を最大にするためには，政策目標間の相反，因果，相乗といったさまざまな効果を考慮したうえで，最適な戦略を展開しなければならない。

単一の視点にとらわれて戦略を展開するのではなく，多面的・包括的な視点を持ち，さまざまな相互作用を意識しながら戦略を展開するマネジメント・システムとしてバランスト・スコアカード（balanced scorecard: BSC）が注目されて

Fig. 6-5 バランスト・スコアカード

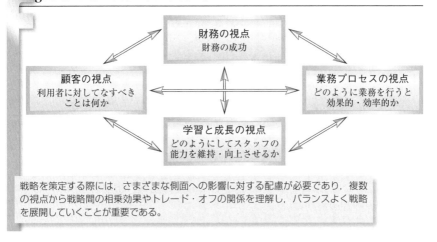

財務の視点
財務の成功

顧客の視点
利用者に対してなすべき
ことは何か

業務プロセスの視点
どのように業務を行うと
効果的・効率的か

学習と成長の視点
どのようにしてスタッフの
能力を維持・向上させるか

戦略を策定する際には，さまざまな側面への影響に対する配慮が必要であり，複数の視点から戦略間の相乗効果やトレード・オフの関係を理解し，バランスよく戦略を展開していくことが重要である。

いる。BSC は，①ビジョン（将来目標）を実現するための戦略を可視化し，②戦略を実行することによって得られた結果を多面的な定量データによって評価することで，③次期のビジョンと戦略にフィードバックする，という企業の戦略マネジメント・システムとして 1992 年にロバート・S. キャプランとデビッド・P. ノートンによって開発された。今日では，公共性と効率性というトレード・オフ関係にある目標のバランスを確保しなければならない公共部門においても採用されている。

　最もオーソドックスな BSC では，**Fig. 6-5** に示されるように，①利用者に対してなすべきことは何かを考える顧客の視点，②財務の成功を考える財務の視点，③どのようにしてスタッフの能力を維持・向上させるかを考える学習と成長の視点，④どのように業務を行うと効果的・効率的かを考える業務プロセスの視点という 4 つの視点が設定され，これらの視点にもとづいてバランスのとれた戦略が展開される。

　BSC は将来目標を達成するための戦略マネジメント・システムである。したがって，地方団体のミッション（使命）とビジョン（将来像）を策定することが第 1 のステップとなる。第 2 のステップは視点の洗い出しである。上述の視点は固定的なものではなく，他の視点を加えたり，他の表現に変えたりするなどの工夫も必要である。第 3 のステップは，ビジョンを実現するための戦略目標を視点ごとに設定することである。第 4 のステップは，戦略目標を達成

するために決定的な役割を果たす重要成功要因（critical success factor: CSF）を洗い出すことである。重要成功要因が決まれば，次は活動の成果とプロセスを継続的に測定し評価するためのKPIを設定する。これが第5のステップであり，第6のステップとして，各KPIに対して目標値を設定する。第7のステップは目標を達成するための施策を設定することである。このように，第1から第7のステップを通じてBSCが作成される。

BSCは1回かぎりのものではない。PDCAサイクルを循環させることによりBSCを絶えず評価し，実施した結果と計画が異なる場合，戦略目標の因果関係，戦略目標と重要成功要因の関係，重要成功要因とKPIの関係などを直ちに軌道修正を行うという反復的なプロセスが必要である。

🦋6 公会計制度の改革

 官庁会計方式の問題　地方団体が消費主体として行動してきた最大の理由は，毎年の財政収支バランスの確保を最大の目標とする予算制度にある。**企業会計方式**をとる民間企業の場合，1年間の事業活動の結果どれだけの利益あるいは損失が発生したかは損益計算書を見れば一目瞭然である。これに対して地方団体の場合（国の場合も同様であるが），水道，交通のような公営企業を除けば，予算・決算は官庁会計方式を採用しているため，毎年どれだけの行政効果が生まれているか明らかではない。

官庁会計方式の特徴は，①単年度主義，②現金主義，③単式簿記による処理である。官庁会計方式の目的は，地方団体の資金を管理し，決められた計画に間違いなく支出されているかを見定めることにある。この方式は1年間の「財政収入と財政支出のバランス」を示しているのであって，住民福祉の純増を意味するものではない。財政収支を無視して放漫な財政運営を行うことが望ましいはずはないが，住民から税を徴収しておいて，一方で大した事業を行わなければ，財政収支を黒字にすることができる。しかし，これでは住民の福祉が向上したことにはならない。

地方団体の場合，予算そのものが単年度の財政収支の均衡を目的として編成されるが，**単年度主義**のもとでは，各会計年度における経費をその年度の収入

Fig. 6-6 建設事業費の取扱いの相違

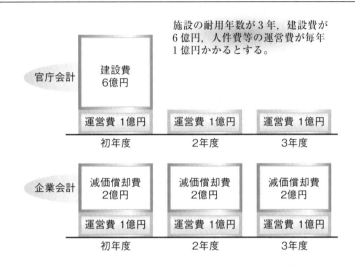

施設の耐用年数が3年, 建設費が6億円, 人件費等の運営費が毎年1億円かかるとする。

官庁会計	建設費 6億円	
	運営費 1億円	運営費 1億円	運営費 1億円
	初年度	2年度	3年度

企業会計	減価償却費 2億円	減価償却費 2億円	減価償却費 2億円
	運営費 1億円	運営費 1億円	運営費 1億円
	初年度	2年度	3年度

現金主義をとる官庁会計では, 施設の建設費は現金が支出された初年度に計上され, その後はゼロになる。これに対して, 発生主義をとる企業会計では, 建設費は減価償却として施設の耐用年数に応じて期間配分され, サービスの供給コストを適正にカウントできる。

によって賄わなければならない。したがって, 当会計年度に予算化されていた事業が年度内に終了しなかった場合, 次年度にその事業を持ち越すことは難しく, 年度内に何とか事業計画を完遂し, 予算を消化しようとする傾向が生じる。つまり, 単年度主義のもとでは, 複数の期間にわたる事業の資金を円滑に配分することができないのである。

官庁会計方式のいま1つの特徴は, **現金主義**による会計処理方法が要請されていることである。現金主義というのは, 現金の収入・支出時をもって収益（収入）, 費用（支出）と認識する考え方である。しかし, 現金収入が必ずしも収益と一致するわけではないし, 現金支出が費用であるともかぎらない。その理由の1つは, 官庁会計方式には**減価償却費**という概念が存在しないことにある。

使用料を徴収する施設を考えてみよう。工事が1年で終了し, そのための費用をその1年で支出してしまったとする。施設の耐用年数は長期に及ぶにもかかわらず, 官庁会計方式のもとでは **Fig. 6-6** のように, 支出は最初の1

年で終わり，残りの期間中はゼロということになる。あとは人件費など，管理運営にかかる費用のみが計上され，使用料収入との比較で施設が赤字かどうかが判断されてしまう。民間企業の設備投資の場合には，投資のコストが減価償却費という形で毎年計上され，それを考慮して損益が計算される。

　地方団体の場合にも，施設の便益はそれが利用可能なかぎり発生しており，費用も同様に発生すると考えるべきなのである。建設会社への支払いが1年で終われば，支出はその年だけにしか計上されないという現金主義をとる官庁会計方式では，地方団体が投資した固定資産の真の費用を把握できない。

　現行の官庁会計方式は現金の出し入れの管理を重視していることから，複式簿記ではなく，もっぱら**単式簿記**による会計処理を行っている。しかし，単式簿記による処理では，支出というフローの大きさは把握できても，ストックとフローとの相互関係が把握できない。

新地方公会計制度

公共サービスの生産主体として，地方団体に効率的な経営が求められるようになると，官庁会計方式の弱点はさらに目立ってくる。また，国と同様，地方財政も巨額の累積債務をかかえ，破綻の可能性が生まれたり，将来世代への負担の先送りが顕著になったりしたことから，ストック（資産と負債）を正確に把握することの重要性は以前にも増して大きくなってきた。

　こうしたことを背景に，ストックを把握することによって地方財政を総合的に診断するとともに，人件費等のコストを**発生主義ベース**でとらえることによって行政評価にも資する公会計制度改革が地方団体や総務省で検討されるようになった。2015年に総務省は新地方公会計制度（「統一的な基準による地方公会計」）のマニュアルを公開し，現在，すべての地方団体で新地方公会計制度が導入され，従前の官庁会計方式による会計制度と併用して活用されている。

　新地方公会計制度は，①発生主義・複式簿記が導入され，事業別・施設別の行政コスト計算書を作成してセグメント分析を実施することが可能となること，②固定資産台帳が整備され，公共施設マネジメントへの活用が可能となること，③客観性・比較可能性が確保されることから，地方団体のマネジメントやガバナンスのツールとしての機能を向上せしめ，予算編成や行政評価等への活用が期待されている（総務省「地方公会計の活用のあり方に関する研究会報告書」）。

　新地方公会計制度のもとで作成される財務書類4表は，貸借対照表と行政コ

Fig. 6-7 新地方公会計制度における財務書類4表の相互関係

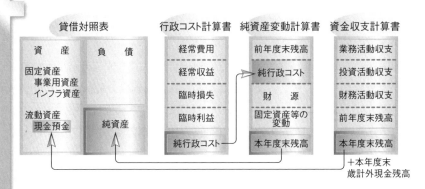

資料） 総務省「統一的な基準による地方公会計マニュアル（令和元年8月改訂）より筆者修正。

地方団体のストックを表す貸借対照表は，地方の累積債務が増加している今日，重要である。行政コスト計算書は公共サービスの供給コストと収益とを比較することで，税等をどの程度つぎ込んでいるかがわかる。

スト計算書，純資産変動計算書，資金収支計算書であり，これらの相互関係を**Fig. 6-7**に示した。**貸借対照表**はバランス・シート（balance sheet; B/S）とも呼ばれ，地方団体の資産と負債を表すものである。資産は固定資産と流動資産からなり，固定資産には自治体として行う事業のための事業用資産と社会資本基盤の整備を目的として所有するインフラ資産などがある。流動資産は現金預金，有価証券，貸付金などの金融資産がある。

行政コスト計算書は民間企業の損益計算書（profit & loss statement; P/L）に相当するものである。損益計算書は企業の1年間の事業の損益の状況を示し，もうかっているかどうかを明らかにするものであるが，行政コスト計算書は公共サービスの供給にかかる経常費用と，その費用に対して支払われる国からの財源移転やサービス利用者が支払う使用料・手数料の経常収益のバランスを示している。なお，経常費用には減価償却費が計上される。行政コスト計算書で経常費用が経常収益を上回った部分は純行政コストであり，税収等の財源で調達することになる。

純資産変動計算書は，会計期間中の地方団体の純資産の変動を明らかにすることを目的として作成されるものであり，財源の使途と財源の調達などがそれ

ぞれ借方と貸方に計上される。行政コスト計算書において発生した純行政コストは，純資産変動計算書の財源の使途のうち「純経常費用への財源措置」として処理される。

　資金収支計算書は地方団体の資金収支の状態，すなわち地方団体の活動にともなう資金利用状況および資金獲得能力を明らかにすることを目的として作成されるものであり，「業務活動収支区分」「投資活動収支区分」および「財務活動収支区分」の3区分によって表示されている。人件費，物件費などの支出と，税収入，使用料・手数料などの収入は業務活動収支に，公共施設等整備費，公共施設整備に関連する補助金などの収入は投資活動収支に，地方債の元利償還金支出や地方債発行収入などは財務活動収支に計上される。

　これらの財務書類は地方団体全体の財政状態を明らかにするために，普通会計や各地方公営企業が単体で作成するだけでなく，地方独立行政法人，一部事務組合・広域連合，地方三公社（土地開発公社，地方住宅供給公社，地方道路公社），第三セクター（商法・民法法人）等の団体までを含めた連結財務書類も作成される。

　新地方公会計制度による財務情報は，政策形成とその財政的裏づけである予算編成に活かすことを目的とするものであって，単なる決算情報で終わってはならない。また，財政情報は地方財政全体をカバーするものであり，地方団体の全般的な状況を判断する材料とはなりえても，個別事業の効率性や有効性を判断するには十分ではない。そのため，新地方公会計制度で得られた財政情報以外に，事業別セグメントのコスト情報や受益情報を加え，予算編成にフィードバックさせることが必要なのである。

第**7**章

広域連携と公民連携

1 最適な行政区域

公共支出の効率化と行政区域

地方自治法の第2条第15項が,「地方公共団体は,常にその組織及び運営の合理化に努めるとともに,他の地方公共団体に協力を求めてその規模の適正化を図らなければならない」と定めているように,行政への経営感覚の導入,民間活力の導入などに加えて,地方支出の効率化に関して取り上げなくてはならない課題は,地方公共サービスの供給主体の規模に関する問題である。そして,行政区域の最適規模の決定も,第5章で述べた**生産の効率性**と**配分の効率性**の2つの基準を追求するものとしてとらえられる。

わが国の地方団体は,広域自治体としての都道府県と基礎自治体としての市町村の2層からなっている。現在,47の都道府県,1718の市町村(市792,町村926)がある(2021年3月1日)。1団体当たりの人口を単純に計算すると,都道府県は270万人,市は13万5200人(東京都区部を除く),町村は1万1800人となる(2019年1月1日現在)。平成の大合併によって多くの小規模自治体が統合されたものの,それでも第1章でも見たように,町村人口は最少の159人から最大の5万2224人まで,市人口も最少の3275人から最大の374万5796人までと,その規模には大きな開きがある。

都道府県にしろ市町村にしろ,行政区域は歴史的経緯によって決まっている場合が多く,公共サービスの効率的供給という観点からは疑問がないわけでは

ない。また，交通機関が発達した大都市圏では，住民は日常生活において行政区域を越えて行動しており，隣の市の施設を容易に利用することもできる。生活圏をはじめとした経済圏を無視した行政や，類似施設を隣接する地方団体が競うかのように建設するといった**重複行政**も，現在の行政区域にこだわった行財政運営に原因がある。

行政区域の広域化を求める要因

①重複投資・重複行政の排除，②有機的なつながりを持つ地域内での**行政の統一性**，③大規模な投資を行うのでなければ十分な成果を期待しえない施設の整備とともに，広域行政を求める要因として取り上げられるのが，公共サービスの便益のスピル・オーバーである。便益が行政区域を越えて拡散し，それに対する財源の見返りがない場合には，住民は公共サービスの便益を過小評価し，供給量は社会的に見て過少になる。この問題を解決するには2つの方法がある。

公共サービスの利益が多数の地方団体にスピル・オーバーするとき，公共サービスの最適供給量を達成するためには，関係地方団体を包含するより広域的な団体からの補助金が必要になる。つまり，市町村には府県や国が，府県には国が公共サービスに補助金を交付することによって供給量を増やすのである。利益のスピル・オーバーの範囲が隣接する少数の地方団体にかぎられている場合には，**当事者間交渉**を通じて効率的な結果を得ることは可能である。この当事者間交渉が広域行政にほかならない。

広域行政を求めるいま1つの要因は**規模の経済性**の存在である。上下水道，交通をはじめとして，公共サービスの多くはそれを供給するために相当規模の施設を必要とする。このようなサービスは，受益者数が多くなるにつれて受益者1人当たり費用が小さくなる。また，人口規模にかかわりなく市町村長は各地方団体に1人しか必要とされないように，ソフト行政についても規模の経済性が働く場合もある。しかし，公共サービスによっては，1人当たり費用がどこまでも小さくなるとはかぎらない。受益者がある規模を超えると混雑現象が発生し，新たな施設を整備したり人員を増やす必要が生じるからである。公共サービスの供給における生産の効率性という観点からは，受益者1人当たり費用が最低になるところでサービスを供給することが望ましいとされる。

Fig. 7-1は人口規模と人口1人当たり**基準財政需要額**の関係を示している。基準財政需要額は**地方交付税**の交付額を計算する際に用いられるもので，各地

Fig. 7-1 人口規模と人口1人当たり基準財政需要額

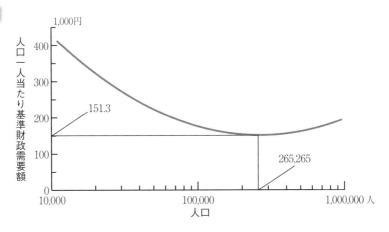

人口1人当たり基準財政需要額は人口規模が大きくなるにつれて低下するが，その後上昇するというU字型を示している。理論的には26万5265人の人口規模で「基準財政需要額/人」は最低となる。

方団体が標準的な行政を行う際に必要な税などの一般財源の額である。曲線は，政令指定都市を除く全国772市の人口規模で「基準財政需要額/人」を説明する回帰式を図にあてはめたものである。「基準財政需要額/人」は，人口規模が大きくなるにつれて低下するが，その後上昇するという明確なU字型を示している。そして，理論的には26万5625人の人口規模で「基準財政需要額/人」は最低値となる。このときの金額は15万1300円である。

　同様の結果は，**Fig. 7-2** の人口規模と人口1000人当たり職員数の関係でも見ることができる。職員数は基準財政需要額とほぼ同じ19万7129人のところで最低となり，そこでの人口1000人当たり職員数は7.5人である。このように，現行の行政を前提とするかぎり，20万〜26万人強が行政コストを最も節減できる人口規模ということになる。

行政区域の狭域化を求める要因

　　　　　　　　規模の経済性によって供給コストが軽減されたとしても，供給される公共サービスが住民選好に合わないなら，住民の満足度がかえって低下することもありうる。公共サービスはいったん供給されると住民全体で共同消費されるものが多く，たとえ一部の住民が公共サービスの質や量に対して不満を持っていた

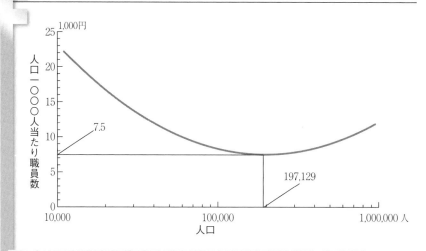

Fig. 7-2 人口規模と人口 1000 人当たり職員数

人口 1000 人当たり職員数は人口規模とともに減少し，19 万 7129 人の人口規模で最低となる。

としても，それを解消することはできない。公共サービスを供給する地理的範囲が大きければ，住民選好に関する情報を入手しにくいし，住民選好にバラツキが生じる可能性も大きくなる。さらに，行政区域が大きいほど，公共サービスの供給について合意を形成するための費用は嵩むことになる。

　公共サービスが基礎的・必需的なものであった時代には，住民選好にそれほど大きなバラツキはなく，規模の経済性を追求することで住民の満足を高めることができた。しかし今日のように，住民ニーズの多様化によって高次で選択的な公共サービスが多くなってくると，効率性の第 2 の基準である配分の効率性に注意を払う必要が生まれてくる。このことは，行政区域の縮小と地方団体の多様化，つまり狭域行政を求めるのである。

　また，公共サービスは施設を通じて供給されるものが多い。行政区域の拡大は，住民がサービスを受けるために遠隔地まで足を運ばなくてはならないことを意味しており，このような**受益のための輸送コストは行政区域が大きいほど高くなる**。これもまた狭域でのサービス供給を要求する。

行政区域の最適規模　このように，規模の経済性と住民選好の尊重との間にはトレード・オフの関係が存在し，行政区域の最

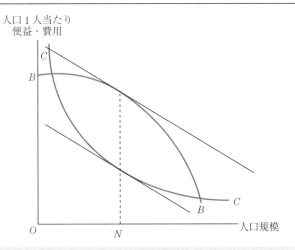

Fig. 7-3　行政区域の最適規模

人口１人当たり
便益・費用

C

B

C

B

O　　　N　　　　　　人口規模

行政には規模の経済が働き，人口規模が大きくなるほど人口１人当たり費用は低下するという便益がある。しかし，人口規模が大きくなることで，住民選好に合わない公共サービスが供給される可能性が高まるという費用が生じる。行政区域の最適規模は，人口規模の拡大による純便益が最大になる *ON* である。

適規模はこの相反する方向のバランスのなかで決定されなければならない。つまり，公共サービス供給の広域化による費用の節減というプラスの効果が，公共サービスの画一的供給による厚生ロスを上回るかぎりにおいて，行政区域の拡大は望ましいことになる。

Fig. 7-3 において，横軸には公共サービスを利用する人口規模が，縦軸には人口１人当たりの便益と供給費用がとられている。*BB* 線は公共サービスの便益を示している。行政区域が大きくなり，利用者の数が多くなるにつれて混雑現象が発生したり，公共サービスの供給水準に関して自らが選好する水準との食い違いが大きくなると考えられることから，*BB* 線は右下がりになる。*CC* 線は住民１人当たりの公共サービスの費用負担分であり，全住民で均等に負担するとすれば曲線は直角双曲線の形をとる。

BB 線と *CC* 線との間の縦の距離は住民１人当たりの純便益と考えることができ，最適な人口規模はこの距離が最大になるところで決まる。両曲線の傾きが等しくなるところで純便益は最大になり，最適な人口規模は *ON* である。

広域化によるプラスとマイナスの効果の大きさは，公共サービスの種類によ

って異なる。また，規模の経済性は公共サービスの生産局面において発生するのであり，規模の小さな地方団体は規模の経済性を発揮できる民間部門や地方団体から購入することで効率化を図ることは可能である。したがって，あらゆるサービスを広域的に供給することになる合併が最善の方法とは必ずしもいえない。

2 市町村制と府県制

市町村制の歴史

市町村は，政策的な合併の促進と都市化に対応した行政の広域化の歴史のなかで，**Table 7-1**のように昭和に入ってからもその数を減らしてきた。1883（明治16）年には**自然集落的共同体**として19市，7万1478町村，合計で7万1497の市町村が存在した。しかし，1888年の地方制度改革によって**市制・町村制**が施行され，市町村は近代自治行政の担い手として発展するとともに，全国で大規模な町村合併が進んだことによって1889年現在で41市，1万5820町村と，その数は約5分の1にまで減少した。それでも市町村数は多く，その後，自主的な町村合併が進んだことから，1953（昭和28）年現在で286市，1966町，7616村，合計9868市町村となったのである。

地方団体の仕事は，その後も増大するとともに複雑化していった。さらに，交通・通信手段の飛躍的な発達によって社会経済圏が拡大したことから，従来の地方団体の規模では十分にその責務を果たすことができなくなり，市町村の再編成は地方制度の大きな課題であった。一方，**地方行政調査委員会議**（神戸委員会，シャウプ勧告にもとづいて，行政事務の再配分を調査研究するために政府によって1949年12月に設置された委員会。2年間にわたる調査の結果，1950年12月に第1次勧告，翌51年6月に第2次勧告を行った）は，行政における**市町村優先の原則**と能率の原則の調和を図るためには，市町村が事務を能率的に処理できるよう市町村の能力を強化すべきとの考えから，町村合併によって町村の規模を合理化するよう勧告しており，このことも町村合併の気運を高めていた。

これらを背景として，1953年10月に，3年間の時限立法として**町村合併促進法**が施行され，政府は**町村合併促進計画**を策定した。その内容は，同年9月

Table 7-1　市町村数の推移

	市町村	市	町村	合併をめぐる動き
1883（明16）	71,497	19	71,478	
89（明22）	15,861	41	15,820	市制・町村制施行（4月）
1908（明41）	12,453	66	12,387	
30（昭5）	11,919	99	11,820	
45	10,520	205	10,315	
53／10	9,868	286	9,582	町村合併促進法施行（10月）
56／9	3,975	498	3,477	町村合併促進法の失効（9月）
62	3,453	558	2,895	市の合併の特例に関する法律 　施行（5月）
65	3,392	560	2,832	市町村の合併の特例に関する 　法律施行（3月）
70	3,280	564	2,716	
75	3,257	643	2,614	
80	3,255	646	2,609	
85	3,253	651	2,602	
90（平2）	3,245	655	2,590	
95	3,234	663	2,571	改正・合併特例法施行（4月）
2000	3,229	661	2,568	地方分権一括法（合併特例法 　を含む）施行（4月）
05	2,521	732	1,789	市町村の合併の特例等に関す 　る法律施行（5月）
10	1,727	786	941	
15	1,718	790	928	
20（令2）	1,718	792	926	
21	1,718	792	926	

注）　1960年以降は各年4月1日，95年以降は3月31日現在。

1883年に7万1497に上っていた市町村数はその後大規模な合併の動きによってその数を減らし，1956年には3975市町村となった。その後，市の合併の特例に関する法律などの施行によってわずかにその数を減らし，さらに平成の大合併を経て，合併が急速に進んだ。

1日現在で人口8000人未満の町村8245のうち1500町村は市または人口8000人以上の町村に合併し，6332町村は平均4町村で相互に合併させて1583町村とし，町村数を3年間でおよそ3分の1に減少させようとするものであった。この結果，全国的に町村合併が強力に進められ，同法が失効した1956年には，498市，3477町村となり，促進法施行時（53年10月）に比べて5893市町村の減少となった。また，町村合併によって誕生した新市町村の育成を目的として，国が合併市町村の建設計画の実施を財政その他の方法で支援することを内容とした**新市町村建設促進法**が5年間の時限立法として，町村合併促進法が失効する前の1956年6月に制定されている。

1960 年代に入ってわが国は高度経済成長期に突入するが，これにともなう人口の都市集中と都市圏の拡大が，市町村行政における広域化の必要性を増大させた。このため，1962 年 5 月に**市の合併の特例に関する法律**が施行され，これによって北九州市が誕生した。しかし，交通手段の発達によって市町村間の合併を求める声がさらに強くなってきたことから，政府は 1965 年 3 月に 10 年間の時限立法として，広く市町村合併一般を対象とする**市町村の合併の特例に関する法律**を施行した。合併の必要性があったとしても，合併によって地方交付税が減額されたり（合併によって財政力が強化されるからである），**議員定数**が減少することが合併の障害になることから，特例を設けることで合併が円滑に進むよう配慮したのである。その後，特例法は部分的な改正が行われながら今日まで継続されている。

　しかし，市町村の合併の特例に関する法律が施行されてから 10 年間に減少した市町村数は 193 に達したものの，その後はほとんど効果を上げなかった。そこで，1995 年 4 月から施行された法律（2005 年 3 月まで）では，合併に関する国の推進姿勢をより明確にするとともに，住民などのイニシアティブによって合併が進められるよう，関係市町村の合併に関する協議の場である**合併協議会設置**に対する**直接請求制度**が創設され（**住民発議制度**の創設），起債充当率の引上げ，地方交付税上の割増しを内容とする合併にかかる財政措置の拡充などが講じられた。

府県制の歴史

　地方行財政の片方の担い手である都道府県の数は，1871（明治 4）年の**廃藩置県**の直後には実に 3 府 306 県にも上っていた。しかし，同年末までに 3 府 72 県となり，その後も廃置分合が進んだ結果，1887（明治 20）年には 3 府 43 県にまで減少した。この時点で現在の姿がほぼできあがっている。その後，1943（昭和 18）年の都制施行による東京府の東京都への移行，46 年の**府県制改正**による北海道の地方団体化，72 年の沖縄県の復帰によって現在の 1 都 1 道 2 府 43 県となった。しかし 1890 年の府県制制定後は，ほとんどその姿を変えることなく百数十年が経過し今日にいたっている。そのため，戦後の社会経済情勢の激変のなかで，府県制の持つ限界がさまざまな形で露呈し，地方制度調査会や経済界を中心に多くの改革案が提示されてきた。

　第 1 弾は 1957 年の第 4 次地方制度調査会による地方制の答申である。これは，

戦後「完全自治体化」した府県を廃止し，全国を7〜9ブロックに区分したうえで，国家機関的な性格を持たせた「地方」と呼ばれる広域行政体を創設しようとするものであった。①府県間に存在する規模や財政力の格差によって全国的に統一した行政の処理ができない。②府県の割拠主義によって国家的な行政の運営に支障が生じている。これらは当時の府県制に対する国の批判である。合併によって自らの財政力が向上した市町村も「府県は要らない」と考えるようになっていった。このように府県は国と市町村から挟み撃ちになったのである。

　最終的には，地方制は各方面から多くの批判を浴び，実現にはいたらなかった。しかし，高度経済成長期に入って地域経済開発が本格化すると府県域を越えた行政の比重が高まり，府県制度の改革論議が再燃する。1963年には大阪・奈良・和歌山の阪奈和合併論が浮上し，いずれも実現を見ることはなかったが，64年には府県連合法案が，66年には府県合併特例法案が国会に提出された。さらに1969年に関西経済連合会が，翌70年には日本商工会議所が，それぞれ府県に代えて地方団体としての道州の設置を提言するなど，財界が積極的に府県制度改革の必要性を訴えたのもこの時期である。その後は高度経済成長の終焉とともに府県制度改革論議は沈静化した。しかし，府県制が持つ問題が解消されたわけではなかった。

平成の大合併と道州制

　一方，地方分権改革の推進，人口減少と少子高齢化の進行，国・地方を通じた財政状況の悪化という，地方団体を取り巻く環境は大きく変化し，基礎自治体としての市町村の行財政基盤の強化が求められた。とくに地方分権改革は行政区域の規模に密接に関連するものであった。

　高度経済成長期における産業基盤型社会資本整備の促進，福祉国家の時代のナショナル・ミニマムの達成という目標は，最大の広域行政主体である国が主役を演じることで実現した。地方分権はこうした中央集権システムを見直し，地域の特性に応じた政策を地方団体が主体的に形成できるように，国の権限や財源を地方に移譲することである。しかし，一部には地方の政策形成能力に対する疑問から，地方分権の受け皿を整備するための広域合併の必要性が主張された。地方分権の受け皿論である。

　政令指定都市への移行や町村の市への移行のための人口要件の緩和，合併特

Fig. 7-4 道州制の背景とメリット

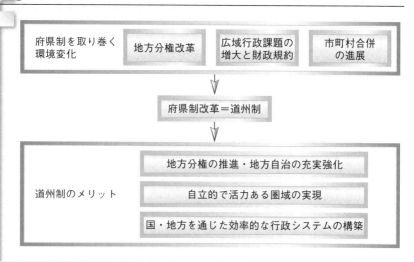

府県制改革の一環として提案。国から地方への権限移譲を進めるための地方分権の推進，地方の活力増加のための広域的取組みの強化，国と地方の重複行政の解消や行政の効率化などがメリットとされる。

例債等の合併促進策によって，合併は急速に進むことになる。とくに，合併年度後10カ年度にかぎり，その財源として借り入れることができる地方債である**合併特例債**は，対象事業費の95%に充当でき，元利償還金の70%を後年度に普通交付税によって措置されるという，有利な条件であった。合併特例債等の特例が2005年3月31日までに合併手続きを完了した場合にかぎると定められたことから，駆け込み合併が相次ぎ，2004年3月末に3132あった市町村は2006年3月末には1821にまで減少するのである。その後も市町村数の減少は続き，2021年3月現在においてその数は1718となっている。

　こうした急激かつ大規模な合併の進展には，奨励策としての特例措置に加えて，財政状況が悪化するなかでの地方交付税の縮減もその背景にあった。

　「地域が主体的に，自らの責任において地域づくりを進める」ための環境整備である地方分権を実現するには，国から地方への権限移譲と，権限に裏打ちされた仕事を遂行するための地方税財政改革が必要である。しかし，それらと同時に，個々の自治体がその環境を十分に活かすことのできる十分な規模と能力を備えなくてはならない。市町村合併はそうした動きの一環であるが，この

ことを府県制という枠組みにあてはめると，道州制も同じ流れに位置づけることができる。地方分権改革の流れのなかで小泉内閣のもと開催された第28次地方制度調査会（2004年3月〜06年2月）をきっかけとして道州制の議論が行われた。道州制の背景やメリットについては **Fig. 7-4** のようにまとめることができる。

その後，第1次安倍内閣（2006年9月〜07年9月）では，道州制実現を掲げて道州制担当大臣が設置され，道州制ビジョン懇談会が開催されるなど，道州制の議論が活発化したが，その後，道州制ビジョン懇談会が廃止されるなど，現在では道州制に関する議論は下火になっている。

3 広域行政制度

事務の共同処理方式

合併は広域行政の最もドラスティックな方法であるが，そのほかにも合併によらない広域行政制度が準備されている。地方団体の共同活動は，①個々の広域行政需要に対して複数の地方団体が共同で対応するもの（**事務の共同処理**）と，②有機的なつながりを持った1つの**圏域**において複数の地方団体が総合的な取組みを行うもの，とに区分できる。

現在，わが国に存在する事務の共同処理方式は，いずれも地方自治法にもとづくものであり，①協議会，②機関等の共同設置，③事務の委託，④事務の代替執行，⑤一部事務組合，⑥広域連合，⑦連携協約がある。

現在，最も広く利用されている方式である**一部事務組合**は戦前から存在するものであり，2019年3月末現在，全国で1303団体が設置されている。目的別には，屎尿・ごみ処理組合が450，消防が270，小中学校などの教育関係が49となっている。一部事務組合は1974年に3039組合に達したものの，その後は趨勢的に減少している。とくに最近では市町村合併の進展によって，その数を大きく減らしている。

一部事務組合は特定の行政の処理や，施設の管理には適してはいるものの，弾力性や機動性に欠け，地域開発などの総合的な対応が求められる行政には適していないともいわれている。戦後の地方制度改革によって広域行政の必要性

が増大し，一部は合併によって処理されたが，それ以外の事務の共同処理の受け皿である一部事務組合は，組織や事務処理手続きが複雑であり，より簡素で能率的な制度を設ける必要性から，地方自治法の改正によって，協議会，機関の共同設置，事務の委託，事務の代替執行の諸制度が設けられた。また，新たな広域連携制度として2014年の地方自治法改正によって連携協約が創設された。これらのほかにも，地域開発事業を弾力的かつ効率的に実施するための**地方開発事業団**，社会生活圏を単位として総合的かつ一体的な振興整備を図ることを目的とした**広域行政圏**（広域市町村圏，大都市地域広域行政圏）が存在したが，現在は廃止されている。

協議会は，①事務を共同で管理，執行するもの，②事務の管理，執行について連絡調整を図るもの，③広域にわたる総合的な計画を共同で作成するもの，からなる。しかし，協議会は法人格を持たず，事務を共同で管理執行する場合にも構成地方団体の名において行われなくてはならないことから，共同処理方式としては性格が弱いとする見方もある。また，連絡調整のための協議会も，どちらかといえばムードづくりにすぎないともいわれている。

機関の共同設置は有能な人材確保や経費節減を図るために，教育委員会などの「機関」を共同で設置するものである。設置数は445（2018年7月現在）である。**事務の委託**には，環境衛生，防災，厚生福祉関係などがあり，都道府県間，都道府県と市町村間，市町村相互間などで設置数は6628（同）である。

事務の代替執行は地方団体の事務の一部の管理・執行を当該地方団体の名において他の地方団体に行わせる制度であり，現在は上水道ほか3件にすぎない（同）。

多様化した広域行政需要に適切かつ効率的に対応するとともに，国からの権限移譲の受入れ態勢を整備するものとして**広域連合制度**が1994年6月の地方自治法改正によって設けられた。地方団体は広域にわたって処理することが適当と認められる事務に関して，広域計画を作成し，事務の管理・執行について広域計画の実施のために必要な連絡調整をはかり，ならびに事務の一部を広域にわたって総合的かつ計画的に処理するために，協議によって規約を定め，総務大臣または都道府県知事の許可を得て広域連合を設けることができる。広域連合は，国，都道府県などから直接に権限などの委任を受けられること，直接に委任請求が認められることなどの点で，従来の一部事務組合に比べて，権限

が強化された。複数の都道府県，市町村で構成され，住民か首長による投票で選んだ「長」，住民か構成地方団体の議員の選挙による「議員」を置くことが定められている。設置件数は63（同）であり，市町村が運営主体である**公的介護保険制度**などで活用されていて，地方分権が進んで市町村の事務が増加することへの対応としても期待されている。

新時代の広域連携
——連携中枢都市圏

地方行財政という枠組みにおいて最少の経費で最大の効果を上げるという視点から当該地方団体とその他団体の連携をとらえると，従来の広域行政でもその役割をある程度は果たせるかもしれない。しかし，今や地域活性化という流れのなかで地方団体の経営感覚は自治体経営から地域経営という考え方に対象範囲が広がってきている。そのため，広域連携についても行政区域単位ではなく経済活動圏といった機能上の圏域で連携を図っていかなければならない。とくに有機的なつながりを持つ大都市圏においては，都市間の連携が十分に保たれて，はじめて政策効果が上がることも少なくない。ところが，一部事務組合に代表されるこれまでの広域行政方式は，ごみ処理や消防といった個別行政事務の能率を向上させることを主目的としており，地域の基盤整備など単独の地方団体では解決できない広域的かつ総合的な課題を対象として組み立てられたものではなかった。

　そうした流れのなか，2014年度の地方自治法の改正により，地方団体間で**連携協約**を締結できる新たなしくみが導入され，連携協約を活用した**連携中枢都市圏**の形成が行えるようになった。連携中枢都市圏とは，**昼夜間人口比率が**おおむね1以上の指定都市・中核市と社会的・経済的な一体性を有する近隣市町村との間で形成される経済圏（通勤・通学割合10％以上を目安）のことである。地域において，相当の規模と中核性を備える圏域の中心都市が近隣の市町村と連携し，**コンパクト化とネットワーク化**によって①経済成長のけん引，②高次都市機能の集積・強化，③生活関連機能サービスの向上を行い，人口減少・少子高齢社会においても一定の圏域人口を有し，活力ある社会経済を維持するための拠点づくりを目的として連携中枢都市圏は形成される。

　廃止された広域行政圏は関係市町村と協議のうえ都道府県知事により設定されていたのに対し，連携中枢都市圏は中心市と近隣市町村が1対1で連携協約を締結して形成されるという点で大きな違いがある。連携協約とは，地方団体

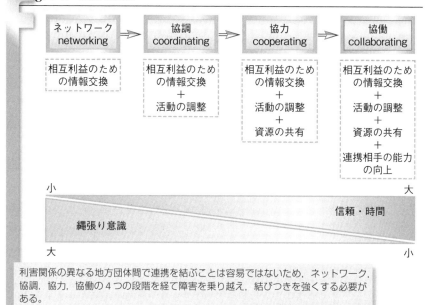

Fig. 7-5 連携の深化

ネットワーク networking	協調 coordinating	協力 cooperating	協働 collaborating
相互利益のため の情報交換	相互利益のため の情報交換 ＋ 活動の調整	相互利益のため の情報交換 ＋ 活動の調整 ＋ 資源の共有	相互利益のため の情報交換 ＋ 活動の調整 ＋ 資源の共有 ＋ 連携相手の能力 の向上

利害関係の異なる地方団体間で連携を結ぶことは容易ではないため，ネットワーク，協調，協力，協働の４つの段階を経て障害を乗り越え，結びつきを強くする必要がある。

が連携して事務を処理するにあたっての基本的な方針および役割分担を決める制度のことであり，１対１の双務契約を積み重ねることによって圏域としての政策が形成されていくため，これまでの広域行政に比べて柔軟かつきめ細かい対策を講じることが可能である。しかし，一方で関係市町村の間で役割分担を行い，利害関係を調整する必要が生じるため，お互いをパートナーとして尊重し合う連携のあり方を模索する必要がある。

連携の深化　地方団体間の合意を形成する必要がない分，各地方団体が単独で実施するほうがプロジェクトは進めやすく，利害関係の異なる地方団体間で連携を結ぶことは容易ではない。そのため，連携においてはいくつかの障害が発生し，結びつきを強くするためには，それら障害を乗り越えるという強い意志が必要とされる。ヒメルマン（A. Himmelman）は，連携の障害となる要素として，①交渉と合意に至るまでに要する時間，②合意が形成されるために必要な相互の信頼，③現存する縄張りをあげ，**Fig. 7-5** に示したとおりこれら３つの要素への配慮の程度によって，ネットワーク（networking），協調（coordinating），協力（cooperating），協働（collaborating）といった4つの段階に連携を整理している。

　まずネットワークの段階は，情報の交換程度の最も非公式な形態に位置づけられ，お互いの信頼関係が強くなくても実現可能であり，時間もあまりかからないが，パートナー同士の縄張り意識がまだ強い連携の段階である。協調の段階は，情報の交換にとどまらず，各パートナーが共通の目標を達成するため自らの活動修正をともなうものである。イベントの共同開催など互いの縄張りに介入しない程度の取り決めを行い，ネットワークと比べて地方団体間の結びつきは強くなる一方，連携に時間がかかり，より高い信頼関係が求められる。

　協力の段階では，情報交換，活動調整に加え，人的資源，資金，技術といった資源の共有を行い，無駄な競争や重複を避けるために自治体活動の監視が行われる。この段階では大がかりな組織的取組みを行うために，ネットワークや協調よりも多くの時間や高い信頼関係が求められ，互いの縄張りの利用権限を拡充する必要もある。最後に協働の段階は，情報の交換，活動の修正，資源の共有に加えて，相互の能力の向上をはかるものである。この段階へと連携を深めるためには，連携の参加者が相互に他の参加者の能力を高めたいという強い意志が必要不可欠である。各パートナーが連携にともなうリスク，責任，利益を共有するだけではなく連携相手が最善の状態になるような関係を築くことが求められるため，他の3つの段階に比べて実現に時間を要し，きわめて大きな信頼関係，広範囲の縄張りの共有が求められる。

　前述した連携中枢都市圏は，イギリスをはじめとしたヨーロッパで実施されている City-Region 政策の日本版だといわれている。イギリスでは，「核都市および核都市と密接な経済的関係を持つ周辺エリアを包含する地域」（City-Region）を設定し，圏域全体として都市の活性化が推し進められている。

　日本では，地方交付税による財源措置などもあって，必要要件を満たす61市のうち56%にあたる34市において連携中枢都市圏が形成されている（2020年4月現在）。しかし，国による財源措置はあるものの各地方団体の求める権限が委譲される分権的なしくみになっているわけではない。また，イギリスでは，連携分野を広げすぎると協働型連携を実現することは難しくなるため，連携を経済活性化に絞り込んでいるのに対して，日本では幅広い分野が連携の対象となっている。このため，連携の効果が十分に上がらない可能性が大きい。

4 公民連携の推進

公民連携の新たな展開

第6章では，公共サービスの生産性を向上させることを主な目的とした外部委託について解説した。しかし今日では，地方団体は単に公共サービスの生産コストを節減するための外部委託を行うだけでなく，政策効果を大きくしたり，地域経済力を強化したりするといった，より広範囲の目的を持つようになってきている。とくに公共施設の整備に大きな力を発揮することが期待されている手法がPPP（public private partnership）であり，欧米諸国では積極的に活用されている。

フランス，イタリア，スペインといったEU加盟国は，古くから交通インフラ等の建設をPPPによって行ってきた。営業権を与えられて事業を実施する民間企業は，有料道路の料金のように利用者からの収入を得て事業にかかるコストを回収することになる（独立採算型）。

イギリスは公民連携の考えをより広い公共インフラに拡大し，利用者からだけでなく，政府自らがサービスを購入するという形態（公共サービス代行型）をPFI（private finance initiative）として積極的に活用している。公共部門がコストを下回る料金で利用者にサービスを供給する場合でも，PPPを活用することは可能である。この場合，民間部門は政府からの補助金と利用者からの料金とで事業費を賄うことになる。

インフラ整備とPFI

これまで地方団体の施設整備は，公的財源（税，地方債，補助金など）によって資金を確保し，施設の計画，建設，管理運営まで地方団体が行う**公設公営**（DB: design build）によるものが中心であった。しかし，公共サービスを住民に確実に提供することや，一定水準以上の公共サービスの質を確保することができるのであれば，公設公営という形態にこだわる必要はなく，民間の資金やノウハウを活用して公設民営や民設民営といった形態で施設整備を進めていくべきである。

PFIは施設の計画，建設，管理運営までを複数の民間企業が参画して進めるもので，わが国では1999年に**PFI法**が施行され，その後2011年の改正PFI法

によってコンセッション方式が導入された。コンセッション方式とは，インフラの所有権は公共部門に残したままで，民間事業者にインフラの事業運営に関する権利を長期間にわたって付与する方式である。それまでのPFIが公共サービス代行型であったのに対して，事業を実施した民間企業にとって，工夫次第でより収益の上がるPFI事業を実施することができるようになったことで，PFIの利用を促進することが期待されている。なお，インフラの所有権が民間に移転されたなら，それは民営化であり，PPPではなくなる。

PFIのメリット

PFIにはさまざまなメリットがあるといわれている。林と中村は，オーストラリア政府の手引き書等を参考に，公共サービス代行型PFIの主要なメリットを以下のようにまとめている（林宜嗣・中村欣央『地方創生20の提言』関西学院大学出版会，2018年）。

第1は，ライフサイクル・コスト・マネジメントによりコスト縮減が図れることであり，これが最大のメリットともいえる。従来方式では，インフラの設計，建設，保守（メンテナンス），運営が別の事業者によって行われるのに対して，PFIではこれら一連の業務を単一の事業者が責任を持って実施することになるため，事業期間全体を通じて発生する「ライフサイクル・コスト」を抑えることができる。

第2は，地方団体の予算の確実性と安定性を高めることである。従来方式では，インフラの維持管理費用等，インフラ完成後にどれくらいの費用が発生するかは不確実であり，しかも費用の大きさにかかわりなく公共部門が全額を負担しなくてはならない。これに対してPFIの場合には，契約の段階で，プロジェクトに対して将来支払わなければならない負担は明らかになっている。このことは，公共部門の予算編成に確実性と安定性をもたらしてくれる。従来方式の場合には，プロジェクトの完成後に発生する費用と便益はインフラの建設段階では不確実であるため，無駄なプロジェクトの実施を承認してしまう可能性がある。これに対してPFIの場合には，契約の段階で便益と費用が正しく予測されていなければならないため，この予測値を，プロジェクトを実施するかどうかの判断材料に利用することが可能である。

第3は，VFM（value for money）を高めることである。以上の第1および第2のメリットを持つことによって，PPPは公共部門に対して従来方式よりも高いVFMを提供することができる。「VFMがある」「VFMが出る」といった表現

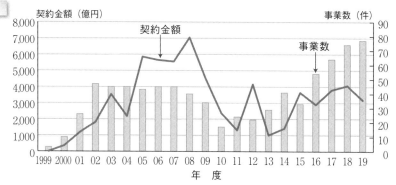

Fig. 7-6 わが国の PFI 実施状況

資料）内閣府民間資金等活用事業推進室（PPP/PFI 推進室）資料。

2008 年度には約 7000 億円であった PFI 事業の契約金額は，実施件数とともにその後減少した。2011 年の法改正以降，件数が増加している一方で金額が大きく拡大しているとはいえず，1 件当たりの事業費が小さくなっている。

をすることが多いが，これは，従来方式による総コストに比べて PPP のコストが小さいことを意味している。とくに，従来方式では公共部門が負っていたプロジェクトにかかわるリスクを，PPP は最もうまくコントロールし，吸収できる主体が負うように，リスクを公民間に最適に配分することによってリスクによるダメージを小さくでき，VFM が高まるのである。

しかし，PFI は公共サービスの供給手段であって目的ではないことに注意しなければならない。PFI さえ導入すればこうしたメリットが必ず生まれるわけではなく，適切なマネジメントが必要なのである。

日本における PFI の実態

2019 年度における PFI 事業の実施状況は，**Fig. 7-6** に示したように，事業数が 77 件，契約金額は 3178 億円の規模である。2008 年度には契約金額は約 7000 億円に達したが，その後は件数，金額ともに減少した。2011 年の法改正によってコンセッション方式への道が開かれたために，実施件数は増加した。しかし金額は大きく拡大しているとはいえず，1 件当たりの事業費が小さくなっている。

地方団体が実施する PFI の特徴は，**Fig. 7-7** に示されているように，実施が大都市圏に偏っていることである。この理由として，地元に事業を引き受ける

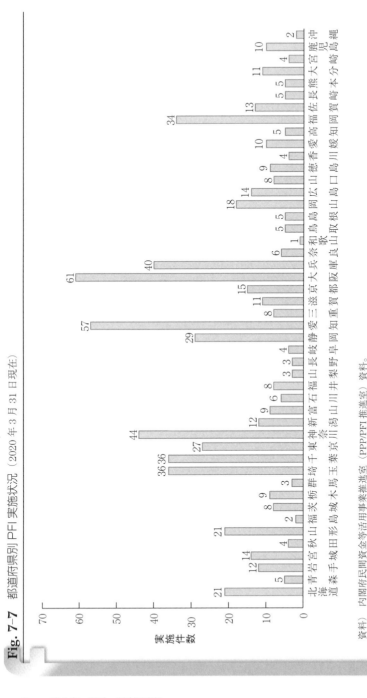

Fig. 7-7 都道府県別 PFI 実施状況（2020 年 3 月 31 日現在）

（資料）内閣府民間資金等活用事業推進室（PPP/PFI 推進室）資料。

市場が小さくリターンが十分に見込めないために民間企業の参加意欲が小さいことなどを理由として、地方団体が実施する PFI は大都市圏に偏っている。

事業者が不足していることや，市場が小さくリターンが十分に見込めないために，民間企業の参加意欲が小さいことなどがあると考えられる。

　今後，PFIの活用を推進するためにも，インフラ整備の広域化による事業収益の拡大や，事業計画に関する情報を積極的に提供し，民間企業の投資意欲を高めるなどの方策が必要である。

第8章 地方税の体系と原則

1 国税と地方税

三割自治 地方税は，地方団体がその行政に要する財源を調達するために，行政区域内の住民や企業から強制的に調達するものであり，地方団体の財政収入の中心となるべきものである。したがって，地方税制は地方自治制度の最も重要な部分といえる。しかし，現在の地方税には解決すべき多くの課題が存在する。その1つは，地方財政において地方税額が構造的に不足しているという点である。

三割自治という言葉がある。1つの解釈は地方の財政支出のうち，地方税で賄われている比率が3割にすぎないというものである。**Fig. 8-1** によってこの点を観察すると，1975年度には32％弱と三割自治そのものであった。その後，比率は徐々に上昇し，1988年度にはバブル経済に支えられた税収増によって45％に達した。しかし，その後はバブル崩壊後の不況による税収の伸び悩みと地方債の増発などによって，1996年度には35％にまで低下し，三・五割自治に逆戻りしてしまった。地方歳出の65％は地方債という借金と国からの財政トランスファーによって賄われていたのである。

その後，三位一体の改革による地方への3兆円の税源移譲が実現したこと，地方歳出が抑制されたことから，2007年度には地方税収は歳出の48.6％と，五割自治となったが，リーマン・ショックや東日本大震災の自然災害などで景気が悪くなり，社会保障費等が増大したため，2011年度には35.2％まで低下

Fig. 8-1 租税の名目的配分と実質的配分

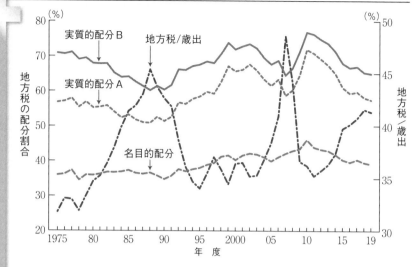

資料）総務省『地方財政白書（令和元年度)』より作成。

> 国税と地方税の規模は 65 対 35 でほぼ安定的に推移してきたが，近年，上昇している（名目的配分)。地方交付税と地方譲与税を地方税に加えた地方税のシェア（実質的配分 A）は 57.4％（2019 年度)，これに国庫支出金の国税部分を加えた地方のシェア（実質的配分 B）は 65.0％（2019 年度）となる。

した。現在は徐々に回復し，2019 年度には 41.3％となり，四割自治となっている。

国税と地方税の配分は Fig. 8-1 の**名目的配分**として示されている。この比率は，①国と地方の税収弾性値と，②税制改正に左右される。**税収弾性値**は，経済変動によって税収がどのように変動するかを示すもので，「税収の変化率÷GDP の変化率」で表される。たとえば，GDP が 10％増加したときに税収が 15％増加すれば，税収弾性値は 1.5 である。国税の税収弾性値は地方税よりも大きいために，景気がよくなると国税の比率は高まり，景気が悪化すると地方税の比率が高まる傾向がある。多少の変動はあるものの，1980 年代まではほぼ 35％前後で安定的であった。1990 年代に入ると，経済の停滞によって地方税の比率は次第に高まり，現在（2019 年度）に至るまで 40％前後で推移している。

国から地方への税源移譲は地方税の比率を高めることになる。地方税の比率

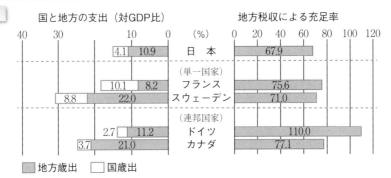

Fig. 8-2 国と地方の歳出割合と地方税収による充足率の国際比較

注) 1. カナダ，ドイツには州が含まれる。
    2. 国と地方の支出は政府最終消費支出＋公的資本形成。
    3. 地方税による充足率は，地方税/地方の支出（最終消費支出＋公的資本形成）。
資料）地方税収の対 GDP 比率は，OECD, *Revenue Statistics* よりデータ算出。国と
      地方の支出（対 GDP 比）は，総務省資料「一般政府支出（公的資本形成及び最
      終消費支出）の対 GDP 比の国際比較（2018）」より。

> 地方歳出の割合は高いが，地方税によって賄われる割合の低いことが日本の特徴で
> ある。分権国家であるスウェーデンやフランス，連邦国家のドイツやカナダでは地
> 方税による充足率は 70 ％以上と高くなっている。

は税源移譲の行われた翌年の 2007 年度で 42.1 ％にとどまったが，これは景気
回復を受けて国税の伸びが大きかったために，税源移譲の効果が一部減殺され
たものとみなすことができる。

　国税の一部は財政トランスファーとして地方に配分され，最終的には地方で
使われる。そこで，特定の国税にリンクして総額が決定される**地方交付税**と，
地方譲与税（地方道路譲与税，自動車重量譲与税などがある）を地方税に加えて，
地方のシェアを算出してみたのが実質的配分 A である。これによると，2019
年度の地方のシェアは 57.4 ％となる。2007 年度において比率が低下している
のは，地方交付税の縮減によると考えられる。

　国から地方への財政トランスファーのいま 1 つの柱である**国庫支出金**にも国
税部分が含まれているので，この部分を含めた地方のシェアを実質的配分 B
とした。国庫支出金のうちの国税部分は，地方の国庫支出金受取額に（国税－
地方交付税－地方譲与税）/（国の財政支出－地方交付税－地方譲与税）を乗じて求
めている。三位一体改革後の 2007 年度においても約 22 ポイントの上昇，19
年度の実質的配分 B は 65.0 ％であり，名目的配分に比べて約 26 ポイントの上

昇である。

　国民が負担する税の一部は国の財政を経由して地方で支出されるのであるが，地方への財政トランスファーの配分に関する意思決定は国に委ねられているために，地方は国からさまざまなコントロールを受けることになる。**Fig. 8-2** は，国と地方の歳出の割合と地方支出が地方税によって充足される割合の国際比較である。日本の特徴は支出面での地方の比重が大きいが，一方，地方税による充足率が低いことである。しかし，消費税の増税とともに，地方消費税も増税されたが，地方税をさらに充実強化し，国からの財政トランスファーへの依存を弱めることが引き続いての課題である。

税制改革における国税と地方税

　これまでの税制改革（論議）は，どちらかといえば国税に中心が置かれ，地方税に焦点が当てられることは少なかった。1987 年から 89 年の税制改革では，所得に偏った課税バランスを改善し，所得・消費・資産間でバランスのとれた税体系を構築するために所得税減税（87 年，88 年）が行われるとともに，制度疲労を起こしていた**物品税**を改革するために**消費税**が導入された（89 年）。

　そして消費税の導入とともに，多くの地方間接税が吸収ないしは縮減された（1997 年 4 月より地方分権の推進，地域福祉の充実等のため，地方税源の充実を図る観点から地方消費税が創設された。**Table 8-1** 参照）。たばこ消費税は名称を変更し，**従価税**を廃止して**従量税**一本となった。電気税，ガス税および木材引取税は廃止，料理飲食等消費税は特別地方消費税に姿を変え，娯楽施設利用税は課税対象施設をゴルフ場に限定，名称は**ゴルフ場利用税**に変更された。地方間接税の廃止などによる減収額は平年度ベースで，都道府県 6049 億円，市町村 4945 億円，合計 1 兆 994 億円に達したのである。これらの地方個別消費税が持っていた欠陥や，減税分は国によって補塡措置がとられること，さらには課税ベースの広い間接税の導入が大きな政治的争点となっていたこともあって，地方間接税の廃止そのものは大きな争点にはならなかった。

　一連の税制改革は勤労意欲の減退，消費行動の歪みといった課税の経済的影響を考慮して，公平，中立，簡素といった**租税の一般原則**を拠りどころに，個人あるいは企業の負担構造を適正化しようとするものであった。課税の効果は，国税であるか地方税であるかを問うものではない。したがって改革は，個人所得課税・法人所得課税・消費課税・資産課税というように，国税と地方税を区

Table 8-1 地方消費税率の変遷

	1997 年 4 月	2014 年 4 月	2019 年 10 月	
消費税率（国＋地方）	5 %	8 %	10 %	8 %
地方消費税率	1 %	1.70 %	2.20 %	1.76 %
うち引上げ分	—	0.70 %	1.20 %	0.76 %
うち従来分	1 %	1 %	1 %	1 %

注)1. 「引上げ分」とは社会保障・税一体改革によって引き上げられた地方消費税を指す。
　　2. 「従来分」とは，引上げ前から存在する地方消費税（1 %分）を指す。
　　3. 消費税導入は 1989 年（3 %）である。
　　4. 2019 年 10 月以降，消費税は標準税率と軽減税率の複数税率が導入された。
資料）総務省（https://www.soumu.go.jp/main_content/000481794.pdf）。

> 消費税は国が集めているが，国税分と地方税分がある。消費税の税率（国税分）は2019 年 10 月以降，標準税率 7.8 %，軽減税率 6.24 %の複数税率になっている。地方消費税は，消費税額を課税標準として 22/78（地方税法第 72 条の82，83），つまり消費税率に換算して標準税率 2.2 %，軽減税率 1.76 %となり，国と地方をあわせて標準税率 10 %，軽減税率 8 %となる。

別することなく議論され，実行に移されることになる。そして，高い累進度を持った所得税や，多様化や高度化が進んだ消費の実態に合わなくなった物品税など，改革すべき税目が国税に多かったことから，税制改革が国税に偏り，地方税の改革は放置されたという印象を与えたといえる。

　地方財政がかかえる課題は，国からの財政トランスファーに依存しない財政体質の構築である。これは，税の名目的配分と実質的配分の乖離をできるかぎり小さくすることと言い換えてもよい。過去の税制改革では，増税は国と地方が山分けをし，減税は国と地方で痛み分けるという図式ができあがっており，このことが国税と地方税の割合をほぼ一定に保つ原因となってきた。しかし，個人所得課税の減税が必要だとしても，地方の自主財源の拡充を求めるなら，地方税である住民税は現状を維持し，その分，所得税減税を上乗せして実施するという選択も可能なのである。

2 地方税体系

シャウプ税制

現在の地方税体系の基本は，1949 年 9 月に日本税制の全面改革案として発表されたシャウプ税制で確

Table 8-2 シャウプ勧告による税源配分

	国　　税	都道府県税	市 町 村 税
所　　得	所 得 税 法 人 税		市町村民税
消　　費	酒　　　税 た ば こ 税 物 品 税	付加価値税 入 場 税 遊興飲食税	電気ガス税
資　　産		自 動 車 税	固定資産税

資料）　橋本徹『現代の地方財政』東洋経済新報社，1988 年，72 ページ。

> シャウプ勧告では国と地方の税源は重複しないように配分され，基礎的自治体として重要視された市町村には市町村民税と固定資産税が基幹税として据えられた。道府県には実施されないままに終わった付加価値税が与えられている。

立した。戦前の地方税は，一部に**独立税**はあったものの，ほとんどが**国税付加税**あるいは**道府県税付加税**であった。独立税とは他の税とは関係なく独立に課税が行われるものであり，これに対して，他の税（本税）の税収を課税標準として課税する税を付加税という。付加税は，本税が増減税されるとその収入の増減につながるなど，本税の影響を直接的に受ける。したがって，地方自治の観点からは望ましくないものであった。

　シャウプ税制は地方税制の基本原則を，①税制の簡素化，②税収の十分性と課税標準の地域帰着性，③税源の分離，④税率の自由決定，にあるとし，その考え方は地方税法の規定に活かされた。要点は次のとおりである。

① 　市町村を基礎的自治体と位置づけ，その財政収入の充実を図る。

② 　付加税制度を廃止し，都道府県と市町村のそれぞれに独立税を与え，税務行政の責任を明確にする。

③ 　地域間における地方税負担の均衡を図るために，全税目について税率を明確に規定する。

④ 　地方税として不適当であり，課税効率が悪い税を廃止し，所得および財産に対する課税を強化する。

　シャウプ税制における国と地方の税源配分は **Table 8-2** に示されている。基礎的自治体である市町村には，固定資産税と市町村民税を基幹税として据えた。両税目は今日でも市町村の二大税目としての地位を維持している。道府県には

消費課税である入場税と遊興飲食税のほかに，まったく新しい税である付加価値税が設けられた。ただし付加価値税は消費型付加価値税である今日の消費税とは異なり，所得型付加価値税である。

シャウプ勧告に沿った形で構築された1950年の地方税制では付加価値税が創設されたものの，産業界の反対によって実施は延期され，都道府県には従来からの事業税が与えられた。そのため，実際の税制においては，シャウプ税制が理想とした国と地方の税源分離は実現しなかった。

1950年に実現した地方税制はその後，日本の実情に合わなくなり，手が加えられていく。そして1954年の地方税制改革では，個人所得課税である都道府県民税が創設され，付加価値税は実施されないままに廃止，所得課税である事業税が存続させられることになった。また，入場税の国税移管と譲与税化，地方におけるたばこ消費税の創設，大規模償却資産にかかる固定資産税の一部の道府県への移譲なども実施された。こうして，シャウプ税制で理想とされた税源配分における市町村の優位性は次第に崩れるとともに，税源も国，道府県，市町村で重複していくのである。

| 現在の地方税体系 |

Table 8-3 に示すように，現在の税制では個人所得課税（国の所得税，道府県・市町村の住民税），法人所得課税（国の法人税，道府県・市町村の法人住民税，道府県の事業税），たばこ課税（国・道府県・市町村）などに税源の重複が見られる。税源が重複すると，国と地方の税率の合計として国民の税負担が考えられ，地方税の税率操作も国の税率をにらみながらということになりがちである。財政需要の増大に応じて，地方の税率を弾力的に引き上げることができるようにするためには，税源の独立・分離が望ましい。

だが，税源の完全な分離が可能なのは，国，地方の財政規模がともに小さいときか，あるいは国，地方のいずれかが他方に比べて極端に小さな財政規模である場合に限られるだろう。今日のわが国のように，国，地方ともに財政規模を拡大させてくると，当然のことながら両者は新たな税源を求めることになるが，一方で，十分な税収を上げうるような税源は限られているため，どうしても税源は重複してしまう。また，国と地方のそれぞれに特定の税源を割り当て，それ以外の税源の利用を禁止してしまうと，税源の掘り起こしが不十分になったり，財政需要との関係で税源を十分に利用しきれたりしない可能性も出てく

Table 8-3 国税と地方税の体系 (2019 年度)

		国		都道府県		市 町 村	
所 得	所 得 税 法 人 税 (53.4)		61.5	都道府県民税・個人 都道府県民税・法人 都道府県民税・利子割 都道府県民税・配当割 都道府県民税・株式譲 　　　　　　渡所得割 事 業 税 (55.6)	18.9	市町村民税・個人 市町村民税・法人 (47.0)	19.6
消 費	消 費 税 酒 税 た ば こ 税 揮 発 油 税 石油ガス税 航空機燃料税 石 油 税 地 方 道 路 税 電源開発促進税 関 税 (40.6)		78.6	地方消費税 都道府県たばこ税 ゴルフ場利用税 軽油引取税 (32.6)	18.7	市町村たばこ税 入 湯 税 (3.9)	2.7
資 産	相 続 税 とん税+特別とん税 (3.7)		15.6	自 動 車 税 鉱 区 税 固定資産税（特例） (8.5)	10.5	固定資産税 軽自動車税 鉱 産 税 特別土地保有税 事 業 所 税 都市計画税 水利地益税 (49.1)	73.9
流 通	自動車重量税 印 紙 収 入 (2.3)		70.1	不動産取得税 自動車取得税 狩猟税 (3.3)	29.9	 (0.0)	0.0
合 計	(100.0)		60.1	(100.0)	17.4	(100.0)	22.5

注) 1. （ ）内の数値は，課税主体（国，都道府県，市町村）ごとに税収の課税対象（所得，消費，資産，流通）別内訳を見たものである。
2. 都道府県税および市町村税には，表中以外に法定外普通税，法定外目的税がある。
3. 数値の単位は％。

現在の税制では所得課税，消費課税，資産課税，流通課税のすべてに税源が重複している。ただし，市町村レベルで固定資産税があるために資産課税が地方に重点配分されていることを除けば，所得，消費，流通はいずれも国に重点的に配分されている。

Fig. 8-3 地方財政規模と地方税体系の国際比較

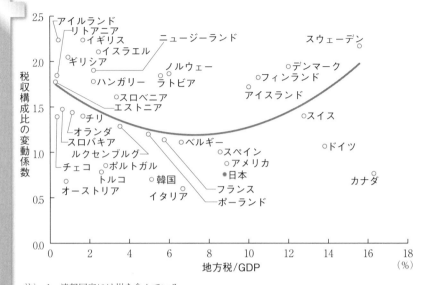

注) 1. 連邦国家には州を含んでいる。
　　2. 近似線（U字型線）の計算はカナダを除いて行った。
資料) OECD, *Revenue Statistics 2018* より作成。

> 地方財政規模（地方税の対GDP比率）が小さい国で地方税は一部の税源に依存することが可能であるが，財政規模が大きくなると地方税源の多様化が必要となるため，標準偏差は小さくなる。北欧や連邦国家のように地方財政規模がさらに大きくなると，地方に重点配分される基幹税目への依存度が高まり標準偏差は再度大きくなる。

ることから，必ずしも望ましいとはいえない。

税制改革における国税と地方税

　　しかし，高齢化の進行や地方分権の推進によって，地方財政規模が国家財政に比べて相対的に大きくなっていくなら事情は違ってくる。この点を国際比較によって検討してみよう。**Fig. 8-3** は地方税の構成を，①個人所得課税，②法人所得課税，③財産課税，④消費課税，⑤その他，に分類したうえで，OECD諸国（1999年現在）の地方税体系の課税バランスを変動係数で表し，地方財政規模（地方税/GDP）と変動係数との関係を見たものである。地方税体系において，特定の税目に税収が偏っていると変動係数は大きく，税収バランスがよければ変動係数は小さい。日本の地方税の変動係数は0.76％とOECD諸国のなかで小さいほうで，特定の税目への偏りが小さい，バランスのとれた税体系と

なっている。

　図を観察すると，地方税／GDP が大きくなると変動係数が小さくなるが，さらに地方税の規模が大きくなると変動係数が大きくなるという，U字型の傾向が存在することがわかる。この傾向は，次のように説明することができるだろう。

　アイルランドやイギリスのように地方財政の規模が小さい場合には，地方税は一部の税源に依存し，国との税源分離が可能である。しかし，日本のように地方財政の規模が拡大すると，上で述べたような理由から地方税源の多様化が必要となる。ところが，北欧や連邦国家のように地方財政の役割がさらに増大していくと，国と地方の税源が重複していたのでは地方税の拡充には限界が生まれる。したがって，地方の比重を高めるためには，地方税としての租税体系を国とは独立して確立する必要が生まれてくる。

　わが国が今後，地方税のウェートを高めていくためには，スイスが個人所得税と法人所得税を，アメリカが消費税（小売上税）を，ドイツが法人所得税を，スウェーデンが個人所得税をそれぞれ地方に重点的に配分しているように，地方に重点配分される基幹税目を持つ必要がある。

 地方税の原則

租税の根拠と一般原則

税は政府が国民から強制的に獲得する財政収入であるが，政府と納税者の関係をどのようにとらえるかによって，課税の根拠は次の2つの考え方に分かれる。1つは義務説であり，いま1つは利益説である。**義務説**は政府によって供給される公共サービスの利益と納税者との間の受益・負担関係を切り離し，税は国民（住民）の義務として徴収されると考える。一方，**利益説**は，納税者を公共サービスの受益者ととらえ，税はその利益に対する対価として位置づけられる。いずれの考え方をとるかによって，適正な税負担のあり方も変わってくる。一般に義務説をとる場合には，個人間の税負担配分は担税力（税の負担能力）に応じて行うという**応能原則**につながり，利益説をとる場合には税負担は受益の大きさに応じて配分するという**応益原則**につながる。この課税の根拠と

負担配分は，地方税制度を構築するうえで重要な意味を持っている。

公平性，中立性，最小徴税費。これらは税が備えていなければならない一般原則である。**公平性の原則**とは，「租税の負担配分は，その社会の世論によって最適とみなされる所得分配の型に応じてなされなければならない」というものである。所得分配が不平等であり，不平等度を縮小することが望ましいとされる社会にあっては，累進構造を持った税が必要とされる。

中立性の原則とは，市場経済で達成される資源配分をできるかぎり歪めないようにしなくてはいけないというものである。税が存在するとき，家計や企業といった経済主体は税負担を逃れようとして，その行動を変更する可能性がある。選択肢の一方が課税され，もう一方は非課税であるとき，経済主体の行動には歪みが生じるのである。消費税導入の際に，特定の商品にしか課税されない国税の物品税や地方の個別消費税が廃止されたのも，税が持つ非中立性を取り除こうとする目的があった。

最小徴税費の原則は，納税者の**納税協力費**と徴税者の**徴税費**をできるかぎり抑えなければならないというものである。そのためには税は簡素でなくてはならない。たとえほかの2つの原則が満たされても，膨大な徴税費を必要とする税は望ましくない。

これまでの税制改革が税の一般原則にもとづいて行われてきたことはすでに述べたが，地方税もこの一般原則を無視しては成り立たない。とくに，地方分権の進展と税源の地方への移譲により，地方税の比重が大きくなればなるほど，地方税も一般原則を意識した制度設計が必要となる。しかし，地方税は人口，面積，経済基盤などが異なる地方団体の財政を賄うものであることから，一般原則以外に地方税に固有の原則が必要であったり，どの原則をより重視すべきかについては国税と異なった考えも出てくる。

| 地方税固有の原則 |

地方税の原則としては決まった解答があるわけではないが，おおむね以下のような原則をあげることができる。

(1) 安定性の原則と伸張性の原則

地方税には，かねてより「安定性」と「伸張性」という，相反する2つの原則があるといわれてきた。急激な都市化が行政需要の急増を招くなど，高度経済成長期にわが国の地方財政はその規模を，とくに大都市圏において大きく膨

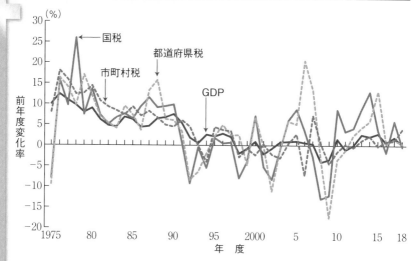

Fig. 8-4 税収の変動

資料) 総務省『地方財政統計年報』より作成。

> 市町村税がコンスタントな伸びを示しているのに対して，法人税（国税），法人事業税（都道府県税）といった変動しやすい法人所得課税に大きく依存した国税と都道府県税の伸びはきわめて不安定であり，とくにバブル経済崩壊後，税収は大きく落ち込んでいる。

張させたが，これを可能にしたのは法人住民税や事業税のような伸張性の大きい税目の存在であった。

　しかし，今日のような成熟した社会における地方団体の支出は，職員給与や福祉サービスなど義務的なものが多くなっている。投資的な支出にしても，それほど伸縮的ではなく，しかも，いったん施設ができあがると運営費などの維持管理にともなう支出が必要となる。したがって成熟社会にあっては，地方税は経済の変動に敏感ではかえって問題があるといえ，むしろ安定的な収入をもたらすような税体系へのシフトや税構造の転換が求められている。

　Fig. 8-4 は GDP，国税，都道府県税，市町村税の動きを対前年度変化率によって示したものである。いずれの税も景気動向に敏感に反応し，経済成長率が高くなると伸びは大きく，経済成長率がマイナスになると税収は減少している。また，変動の程度は GDP よりも大きい。とくに国税と都道府県税において変動が激しく，市町村税は比較的安定している。

第2章で見たように，国家財政の役割の1つは経済安定化である。国税が経済動向に反応して大きく変動するのは，**自動安定化装置（ビルト・イン・スタビライザー）**として景気変動を緩和するものとしてとらえることができる。しかし，主として資源配分機能を受け持つ地方財政を財源面で支える都道府県税は，むしろ安定性を強化すべきなのである。

都道府県税が不安定な原因は**法人事業税**を中心とした法人所得課税に依存した税体系にある。法人事業税は都道府県税収の約4割に達しており，バブル期には，東京都では総税収の50.4％，大阪府では48.9％（1988年度）が法人事業税であった。変動が大きい税目のウェートが大きいほど，税収全体の変動は大きくなるのである。

法人所得課税は，経済が順調に成長しているときには大きく伸びるが，逆に経済成長が鈍化すると，名目値でプラスの経済成長を示したとしても，税収の伸びはマイナスに落ち込むことがある。高度経済成長期のように高い成長率が持続するときには都道府県税は順調に伸びるが，今日のように経済成長率がそれほど高くない水準で変動するような時代にあっては，プラスの伸び率とマイナスの伸び率が打ち消しあって，結局は期待されるほどの伸張性を持たず，不安定さだけが残ってしまうのである。

このように，きわめて不安定な現行の都道府県税をいかに安定的なものに変えていくかは緊急の課題である。

(2)　**普遍性の原則**

国税はどの地域で集められようと，すべてが国庫という1つの財布に集められ，支出される。したがって，地域間で税収が偏在しても問題ではない。ところが地方税の場合は，多数の地方団体のそれぞれが公共サービスの財源調達のために徴収するのであるから，各地方団体の経済力を中心とした格差が地方税収入の格差，ひいては財政力格差に直結する。したがって，地方税としてはできるかぎり，どのような地方団体も十分な税収を確保できる税目が望ましい。これを普遍性の原則と呼ぶ。

Table 8-4 は都道府県税と市町村税について，主要税目の地域間偏在度を，人口1人当たり税額の変動係数および最高団体の額と最低団体の額の倍率によって見たものである。市町村税は府県ごとに集計した値で格差を計算した。変動係数が大きいほど格差は大きい。1995年度はバブル崩壊によって税収が落

Table 8-4 税収の地域偏在度（人口1人当たり税収の格差）

| | 変動係数 | | | 最高・最低倍率 | | | 最高・最低 | | | | | |
	1995年度	2005年度	2018年度	1995年度	2005年度	2018年度	1995年度 最高	最低	2005年度 最高	最低	2018年度 最高	最低
都道府県税総額	0.225	0.223	0.178	3.01	3.16	2.36	東京	沖縄	東京	沖縄	東京	長崎
事業税法人	0.351	0.486	0.385	5.39	7.10	5.69	東京	沖縄	東京	沖縄	東京	奈良
道府県たばこ税	0.122	0.102	0.091	1.77	1.62	1.60	東京	島根	滋賀	奈良	北海道	奈良
自動車税	0.170	0.160	0.178	2.01	1.94	2.33	群馬	長崎	栃木	東京	栃木	東京
地方消費税（清算後）	—	0.109	0.047	—	1.99	1.25	—	—	東京	沖縄	東京	奈良
市町村税総額	0.287	0.241	0.212	3.66	3.29	2.67	東京	沖縄	東京	沖縄	東京	秋田
市町村税個人分所得割	0.332	0.301	0.261	3.46	3.46	2.80	東京	沖縄	東京	沖縄	東京	青森
市町村税法人分法人税割	0.380	0.555	0.407	7.18	8.51	6.25	東京	沖縄	東京	沖縄	東京	青森
固定資産税（土地）	0.432	0.284	0.328	7.37	4.23	4.52	東京	沖縄	東京	沖縄	東京	北海道
固定資産税（家屋）	0.158	0.125	0.116	1.85	1.88	1.90	東京	和歌山	東京	奈良	東京	奈良
固定資産税（償却資産）	0.315	0.265	0.266	4.47	3.66	3.72	福井	沖縄	福井	沖縄	三重	沖縄
県内総生産	0.201	0.200	0.191	2.51	2.82	2.88	東京	沖縄	東京	沖縄	東京	奈良

注）2018年度県内総生産の値は2017年度の値である。
資料）総務省「地方財政統計年報」より作成。

地方税は全国に普遍的に存在しなければならない。しかし、事業税、市町村民税法人税割の地域偏在が目立っている。これに対して、道府県たばこ税や、地方消費税は地域偏在がかなり小さい。

ち込んだ時期, 2005 年度は景気が回復基調を示し, 税収が増加した時期で, 18 年度はリーマン・ショック後に景気が戻りつつある時期である。

　都道府県の事業税, 市町村の**市町村民税法人税割**の偏在度が, とくに景気が回復し税収が増加した 2005 年度において大きい。好景気に地域間格差が大きくなるのは, 事業税の中心である法人事業税が法人所得を課税ベースに, 市町村民税法人税割が法人所得を課税ベースとして算出される国税法人税額を課税ベースとしているからである。固定資産税土地分は, 地価水準が全国で格差があるために偏在度が大きくなっている。とくに 1995 年度に格差が拡大しているのは, バブル期の地価高騰の影響が後年度にずれ込んで現れてくるという, 税額計算のしくみに原因がある。

　1 人当たり県内総生産も格差が存在するが, これよりも格差が小さいのは道府県たばこ税, 自動車税, 地方消費税, 固定資産税（家屋）である。市町村民税個人分所得割の格差が比較的大きいのは税率構造が累進的（所得が上昇するにつれて税率が上昇するしくみ）であることによるが, 税源移譲時に税率がフラット化したため, 偏在度は小さくなる。また, 1998 年度から導入された**地方消費税**も地域偏在が小さい税目である。偏在度が小さいということは, 同時に経済情勢の変化に大きく左右されないことにもなる。

　法人事業税は 2004 年度に外形標準課税が導入されたが, 税収の偏在は依然として大きい。そこで, 法人事業税の一部を地方法人特別税化し, 国が徴収した後に地方法人特別譲与税として人口と従業者数によって地方団体間に配分する制度が導入された。また, 法人住民税法人税割については 2014 年度税制改正で税率を引き下げるとともに, 引下げ分に関して地方法人税を国税として創設し, 税収全額を地方交付税にあてることとされた。さらに, 消費税率が 10 ％に引上げられたことにともない, 地方法人特別税および地方法人特別譲与税の廃止, 法人事業税の所得割の復元, 法人住民税の税率の引下げと地方法人税の税率の引上げが行われることとなった。このように, 地方法人課税が地域的に偏在していることから, さまざまな偏在是正措置が講じられている。しかし, 現行の地方税体系を残したままで税収格差を事後的に是正するという方式は, 限界に来ているといえる。

　今後, 地方税の拡充が必要だとしても, 地域偏在度の大きい税目で拡充したのでは経済力の弱い地方団体は大きな税収増を期待できず, 財政力格差の拡大

に結びついてしまう。したがって，できるかぎり偏在度の小さい税目での拡充が求められる。

(3) 応益性の原則

　税は公共サービスの供給をはじめとした財政の諸機能を果たすための財源調達手段である。第2章で触れたように，所得再分配や経済の安定化は国家財政の機能であり，地方財政は利益の帰属が地域的に限定される地方公共財の供給を中心的な機能としている。とするなら，所得再分配効果や自動安定化装置（ビルト・イン・スタビライザー）効果を発揮するための累進的な構造は国税に任せておけばよいことになる。したがって，地方税は公共サービスの財源を調達するための税を，各納税者にいかに公平に配分するかに神経を集中させるべきなのであり，税の負担配分は**応益原則**を適用するべきであるという考え方が成り立つ。

　この原則からすれば，**固定資産税や都市計画税**，**事業所税**などが公共サービスの受益を反映するものとして望ましいとされる。しかし，厳密な応益原則の適用は，公共サービスの受益が誰にどの程度帰着したかを正確に知ることができないかぎり不可能である。仮に受益が正確に把握できるのであれば，税ではなく使用料や手数料といった**受益者負担**を適用するほうが望ましい。したがって，地方税における応益性の原則は，国税のように担税力を重視するのではなく，公共サービスの受益を反映しやすいと考えられる税目によって，地域住民が広く負担を分かち合うという程度に柔軟に解釈すべきであろう。これが**負担分任の原則**である。所得の大きさにかかわりなく一定額を賦課する住民税の**均等割**，国税の所得税よりも低く設定されている住民税の課税最低限が，負担分任の原則を具体化したものだといわれている。しかし，住民税均等割も**非課税限度額**という制度が存在するため，すべての住民が税を負担しているわけではない。

　応益性の原則からすれば，税負担が行政区域外にスピル・オーバーすることは望ましくない。公共サービスの費用の一部を他地域の住民が負担することになるからである。受益のない他の地方団体の住民に税を負担させることを**租税輸出**（tax export）という。国税である酒税が地方税として導入されたと仮定しよう。製造された酒は全国に出荷され，酒の価格に転嫁された税は全国の消費者が負担するが，税収は酒の産地である地方団体に集まってくる。つまり，酒税は応益性の原則からすれば地方税には不向きなのである。

すべての原則を単一の税で満たすことはできない。したがって，複数の税が互いに補完し合いながら望ましい地方税制度を構築する必要がある。また，たとえ国税と地方税で税源が重複したとしても，重要なことは税率構造をはじめとした税のしくみを地方税としてどのように組み立てていくかなのである。

第**9**章　地方税の改革

1　受益と負担の乖離

課税自主権の日米比較　資源配分において市場がうまく機能するのは，価格が存在するからである。私たちは財やサービスを手に入れることの効用と，手に入れるために支払う対価とを比較して購入するかどうかを判断する。負担がともなわなければ人間の要求は大きくなり，適正な資源配分は実現しない。

地方財政においても同様であり，地方財政支出の規模を適正なものにするためには，受益と負担の連動が不可欠である。わが国の場合，国からの財政トランスファーが大きいために財政力の弱い地方団体からは過大な要求が出されている可能性がある（第1章）。

しかし，受益と負担の連動を断ち切っているのは財政トランスファーだけではない。わが国では，地方の課税権が活かされていないことによって受益と負担の連動が断ち切られている。公共サービスの生産効率が悪ければ必要なコストは増大し，サービス水準が高ければ生産コストは上がる。公共サービスに関するこうしたコスト情報を伝えるのが，**タックス・プライス**（tax price）としての地方税なのである。

Fig. 9-1 は地方税率の決まり方と地域所得の使われ方について，アメリカと日本の違いを示したものである。アメリカの場合，地方税率は各種公共サービスの供給に必要な財源を地域の課税ベースで割ったものとして計算され，高水

179

Fig. 9-1 地方税率と地域所得の使い方

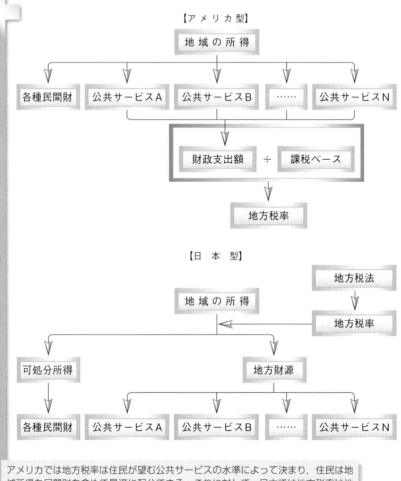

【アメリカ型】

地域の所得

各種民間財　公共サービスA　公共サービスB　……　公共サービスN

財政支出額　÷　課税ベース

地方税率

【日　本　型】

地方税法

地域の所得 ← 地方税率

可処分所得　地方財源

各種民間財　公共サービスA　公共サービスB　……　公共サービスN

アメリカでは地方税率は住民が望む公共サービスの水準によって決まり，住民は地域所得を民間財を含めて最適に配分できる。これに対して，日本では地方税率は地方税法によって全国画一的に決まってしまうために，住民は一定の財政収入を地方公共サービス間に配分する自由しか与えられていない。

準の公共サービスを要求する地域の税率は高くなる。こうして理論上は，アメリカの国民は自分たちの満足を最大にするように民間財と地方公共財との間に地域の所得を配分することができる。このことは，地方財政の規模を税負担との比較において決定できることを意味している。1978 年 6 月 6 日の住民投票において，アメリカ・カリフォルニア州の住民はプロポジション 13（提案第 13

号）を可決し，この提案は同年7月1日から州憲法の一部として成立し，発効された。この**納税者の反乱**は，財政民主主義の象徴的な出来事であった。

　ところが日本の場合，地域住民の意思とは無関係に，国の法律である地方税法によって通常よるべき地方税率が定められている。**制限税率**までは**標準税率**を上回って課税できるものの，個人にかかる税については他の地方団体とほぼ横並びで標準税率で課税されるのが一般的である。つまり，地方税はプライスとしての機能を果たしていないのである。

**大きい法人課税の
ウェート**

　地方財政の最適規模を実現するためには，1つの条件が満たされなければならない。地方税における応益的要素の強化である。投票という形で政治プロセスに参加し，予算編成に影響力を与えるのは個人である。税は納税義務者を基準に個人課税と企業課税に区分できるが，地方税において個人課税のウェートが低いと，個人レベルでの受益と負担の関係が不明確になり，適正な行政需要の誘導が困難になる。

　わが国の地方税収入額（都道府県税，市町村税）を，一次的な負担者が企業であるか個人であるかによって区分したものが **Table 9-1** である。ここでは，納税義務者が企業である法人事業税や法人住民税だけでなく，営業用自動車にかかる自動車税なども（最終的な負担者が誰であれ）企業が一次的に負担すると考えている。

　一方，受益は補助金や地方債などの収入で賄われる部分を除いた一般財源ベースで計算した。公債費については，地方債残高の実績から家計向けと企業向けに区分している。

　受益を個人向けと企業向けに分割するのは容易ではない。公共サービスには個人，企業がともに利用するものも多い。また，たとえば教育支出は企業にも間接的な利益を及ぼすと考えられる。しかし，適正な行政需要の表明において重要なことは，一次的な負担者と一次的な受益者との対応関係であり，最終的な負担者と受益者の関係ではない。ということから，明確に対個人サービス，対企業サービスと考えられるものを抽出し，残りは社会全体が受益すると考えた。なお，農林水産業の受益は企業にカウントした。

　個人と企業の両方が受益する（表では社会全体と表記）割合は，都道府県では28.4％，市町村では29.2％，個人が一次的に受益する割合は，都道府県で

Table 9-1 個人と企業の負担・受益（2012年度）

（単位：10億円，%）

		社会全体	個 人	企 業	合 計
負担	都道府県税		9,238 65.3	4,908 34.7	14,146 100.0
	※		9,238 58.4	6,578 41.6	15,815 100.0
	市町村税		12,820 63.1	7,495 36.9	20,315 100.0
	合 計		22,058 64.0	12,403 36.0	34,461 100.0
	※		22,058 61.0	14,073 39.0	36,131 100.0
受益	都道府県	8,392 28.4	16,967 57.5	2,665 9.0	29,502 100.0
	市 町 村	9,878 29.2	19,600 57.9	3,259 9.6	33,849 100.0
	合 計	18,270 28.8	36,567 57.7	5,924 9.4	63,352 100.0

注）　1．地方消費税は都道府県で計上した。
　　　2．※印は地方法人特別税を含む場合。
　　　3．受益において，社会全体，個人，法人の計が合計値と一致しないのは，ほかに農業があるため。
資料）　総務省『地方財政統計年報』，総務省『産業連関表』等を用いて作成。

> 企業が一次的に負担する税の割合は，市町村税では全体の36.9%，都道府県税では41.6%（地方法人特別税を含む）に上っている。一方，受益に関しては企業が一次的に受け取る割合は都道府県，市町村ともに9%強であり，負担の割合が大きく上回っている。

57.5％，市町村で57.9％，法人の受益割合は都道府県で9.0％，市町村で9.6％である。負担と受益とを突き合わせると，個人の負担シェアは受益のシェアとほぼ釣り合っており，社会全体が受益する公共サービスの財源は企業が負担しているという結果である。このように，現行の地方税が公共サービスの決定に投票という形で参加することのできない法人に大きく依存し，個人は負担を上回る便益を享受していることは，わが国の地方財政システムが**財政錯覚**を発生させやすいものとなっていることを意味している。現在の超過課税が法人関係税に偏っているのも，企業（法人）課税は個人に税負担感を与えないからだと考えられる。

　2018年度において，**超過課税**が実施されているのは，道府県では道府県民税法人税割（46団体），事業税法人分（8団体）である。市町村では総額は3709

億円であって，そのうちの3172億円が市町村民税法人税割である。個人住民税均等割（都道府県分）については36団体が超過課税を行っているものの，水源環境保全などの目的である。

　しかも，法人事業税のように所得を課税標準とする税金は，**税収弾性値**（経済変動に対する税収変動の感応度。税収の変化率÷GDPの変化率で測ることが多い）が大きく，好況時に税収が大きく伸び，財政支出を増加させる。法人所得課税に依存することで好景気のときに膨れ上がった財政支出は，それがとくに個人向けの場合には，景気後退とともに税収が落ち込んでも削減しにくい。そのために歳入欠陥が生じ，税率が引き上げられ，好景気には財政支出をいっそう増大させるという悪循環を招くおそれがある。

| イギリスの経験 |

受益と負担が連動しない税金と課税自主権とが結びついたとき，どのような現象が起こるかは，サッチャー保守党政権時のイギリスでの出来事が教えている。**新自由主義**的考えの持ち主であるサッチャー首相（当時）の経済政策の目標は，**小さな政府**の実現であった。ところが，当時，イギリスにおける唯一の地方税である**レイト**（居住用および事業用不動産の賃貸料にかかる財産税）は次のような問題点をかかえていた。

　つまり，地方税を納めない有権者が多数存在する（低所得者にはレイトが還付されるしくみになっていたため，有権者の57％は非納税者。1984年度）一方で，公共サービスの意思決定に際して投票する権利を持たない企業から，多額のレイトが徴収されていたのである。税率を自由に操作できることを武器に，労働党支配の地方団体は福祉を中心とした財政支出を拡大してきており，レイトは保守党支持の中高所得層と企業をねらい打ちする形となった。その結果，地方の**アカウンタビリティ**（説明責任，財政責任，会計責任などと訳される）は果たされず，行財政運営は非効率になりがちであった。

　こうした保守党対労働党という政治的対立の構図のなかで，保守党は，①事業用不動産にかかるレイトを国が吸い上げたうえで，地方に配分するという譲与税化，②居住用資産に対するレイトを廃止し，成人1人当たり一定の金額を負担させる**人頭税**（poll tax）を新たに導入する，という大改革を強行したのである。そして新税は**コミュニティ・チャージ**という名前がつけられたが，この名前は，地方税は住民が行政に対して支払う「会費」なのだということを示そ

うとするものであった。

　所得や資産といった税負担能力とは無関係に課税する人頭税は，さすがにイ
ギリス国民の猛烈な反発を受け，1993年4月からはカウンシル税が新たに導入
された。だが，イギリスにおける一連の地方税改革は，せっかくの課税自主権
も，地方税制が住民にコスト意識を持たせないような税で成り立っていたなら，
むしろ地方の財政責任を弱め，大きな政府を発生させる可能性があることを教
えている。税率の自主決定権が与えられたとしても，個人課税については税率
の引下げ競争が，企業課税については税率の引上げ競争が起こるというのでは，
課税自主権は財政改革に逆行するものになりかねない。

課税制限は必要か　　アメリカは公共サービス水準に応じて税率を自由に
変更することができるが，実際には，ほとんどの市
町村と半数の州で，税負担と支出額の上限規定が州法によって設けられている。
方式としては税率の上限規定や，対前年度税収の増加率を一定率以下に抑える
といったものがある。

　それではなぜ，アメリカでは税や支出の水準が地域住民が参加する政治プロ
セスで決定されるにもかかわらず，住民は支出や税の上限規定を同じ政治プロ
セスで設けようとするのだろうか。理由の1つとして，政治システムの不完全
さをあげることができる。たとえば，行政府が独占力を発揮することで，予算
を最大化しようとする予算獲得最大化モデル（第5章参照）では，住民の望んで
いる水準と規模の税負担や支出が実現しない。そして，税負担や支出水準の上
限設定は，住民に提示される財政規模の選択肢を自由にコントロールできる行
政府の独占力に対して，一種の競争状態を持ち込もうとする政治的な試みなの
である。

　このような行政府の独占状態を想定するのではなく，多数決投票によって最
初の税負担と支出水準が決定されるとしよう。この場合，中位投票者が望まし
いとする負担と支出水準が選択される（中位投票者モデル）。このような前提を
置いた場合でも，負担・支出の上限規定には意味がある。なぜなら，多数決投
票が必ずしも社会全体で見た最も効率的な負担・支出水準を保証しないからで
ある。**Fig. 9–2**において，異なった大きさの需要を持つA，B，Cの3つの住
民グループが同じ価格（税負担）Ohに直面しているとしよう。このときには，
各グループの望ましい支出水準は，それぞれA^*，B^*，C^*である。そして多数

Fig. 9-2 税率の上限設定

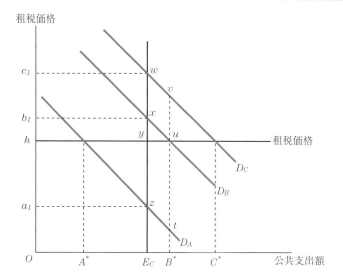

多数決投票の場合，公共支出額はD_Bの需要曲線を持つ中位投票者が望むB^*に決まる。E_Cに支出の上限を設定すると，中位投票者およびD_Cの需要曲線を持つグループの満足度を低下させるが，D_Aの需要曲線を持つグループの満足度は増加する。社会全体で満足度が増加するのであれば上限の設定は望ましいことになる。

決投票では中位の水準B^*が選ばれる。

　ここで，支出をE_Cまで抑える上限規定が導入されたとしよう。E_Cは，B^*で満足していたBグループについてはもちろんであるが，本来ならC^*を希望していたCグループにとっても，多数決で選ばれたB^*よりも支出は小さくなるためさらに不満は大きくなる。しかしAグループにとっては，E_CはB^*よりもA^*に近づくので満足は増加する。もし，Aグループの満足の増加分のほうが，B，Cの満足の減少分よりも大きければ，最初のB^*という公共支出水準は社会的に見て大きすぎたということになる。図では，B，Cにとっての満足の減少分は，B^*のときに得られた消費者余剰（公共支出から得られる追加的な満足からそれを手に入れるために必要な追加的な負担を差し引いたもの）と，上限規定設定後のE_Cのときの消費者余剰との差となり，Bにとってはxyu，Cにとっては$wyuv$となる。一方，Aの満足の増加は支出水準がB^*のときに発生していたマイナスの消費者余剰が（A^*を超える支出については，得られる満足より

も負担のほうが大きい), E_C に支出が抑えられることで $yztu$ だけマイナス分が小さくなる。Aのマイナスの減少分と, B, Cの満足の減少分のいずれが大きいかは, 需要曲線の形状, 租税価格の水準, 支出の上限の水準によって決まる。

つまり, 多数決投票は財政支出に関する複数の選択肢に対する投票者のランクづけのみを考慮しているのであって, 公共支出に対する住民選好の大きさの違いを考えて, 損失を被る住民に補償するようなしくみはできていないために, 社会全体の満足を最大化させないという非効率性が発生するのである。このように多数決投票がとられた場合でも, 政治プロセスの結果, 生じた非効率性を修正するように上限規定を設けることも正当化される場合がある。

2 個人住民税と地方消費税

個人住民税の意義と構造

教育・文化・環境衛生といった行政は, 住民の生活水準を向上させることに目的があり, その利益は大ざっぱにではあるが, 所得や消費で表される生活水準に対応すると考えることができる。都道府県民税の個人分, 市町村民税の個人分は一般に個人住民税と呼ばれ, 都道府県では税収総額の26.2%, 市町村では同じく36.1%と, 重要な役割を果たしている (2018年度)。個人住民税は, 国税の所得税と同じように所得額に応じて課税される所得割と, 納税者に定額で課される均等割に分けられる。しかし, 均等割の標準税率は, 都道府県民税が1500円, 市町村民税が3500円 (2018年度) と低いために, 税収のほとんどが所得割となっている。均等割は所得水準に関係なく一定額を負担するものであることから, 地方税の負担分任の原則を満たす「会費」のようなものだと考えられる。しかし, 実際には非課税限度額 (35万円×世帯人員数+21万円。18年度) を設けることによって所得水準が低い住民の負担は免除される。

また, 所得を課税ベースとする個人住民税所得割の課税最低限は, 夫婦子1人の給与所得者の場合, 前年の給与所得 (給与収入−給与所得控除) が35万円×世帯人員数+32万円であり, それ以下の人は課税されない。なお住民税の所得控除額は国税の所得税よりも低くなっていることから, 課税最低限は所得税よりも低い。かつて, 税率は所得税と同様に累進税率構造であった。しかし,

「国庫補助負担金の廃止・縮減」「税財源の移譲」「地方交付税の一体的な見直し」という三位一体改革の一環として所得税から住民税への３兆円程度の移譲（2006年度税制改正で実施）が行われた際に，10％（都道府県４％，市町村６％）の比例税率となった。

比例所得税の考え方は，すでにアダム・スミスが『国富論』において，「かれらがそれぞれの国家の保護のもとに享受する収入に比例して，政府を維持するために貢納すべきである」と指摘したところであった。その意味では，個人住民税所得割の10％比例税率化により，個人住民税は応益課税の性格を強めたことになる。

住民税の応益性を高めるいま１つの方法は，課税最低限の引下げである。応能的性格を持ち，所得再分配機能も期待されている国税の所得税と異なり，地域社会に参画するための会費あるいは地方公共サービスの対価と考えられる地方税の場合には，生活保護等の社会保障給付を課税対象としたうえで，税負担分は給付に上乗せすればよいのである。このように，同じ個人所得課税でも，国税と地方税は異なった基準で構造を組み立てることが求められるのである。

しかし，「最低生活費には課税しない」という考え方が広く普及しているわが国において，課税最低限の大幅な引下げを実行するにはきわめて大きな困難がともなうことは必至である。とすれば，地方税全体で応益性の性格を高める方向を模索せざるをえない。そこで登場するのが地方消費税である。

地方消費税

1997年度の税制改正において，国税である消費税の税率が導入時の３％から４％に引き上げられ，その際，消費税の税収の25％を地方分とすることが決まった。これが地方消費税である。現在，地方消費税の課税標準は国税の消費税額であり，2019年10月１日に税率（消費税＋地方消費税）が10％に引き上げられたことで，税率は78分の22となった。したがって，標準税率適用の財・サービスについては消費税7.8％，地方消費税2.2％，軽減税率が適用されるものは消費税6.24％，地方税1.76％となる。

10％にフラット化した個人住民税所得割は，課税標準に対しては比例税であるが，課税最低限の存在によって，所得に対する**実効税率**は依然として累進的な構造となる。ただし，どれだけ所得が上昇しても実効税率は10％を上回ることはなく，**Fig. 9–3** の *CD* で表されるように，かぎりなく10％に近づく

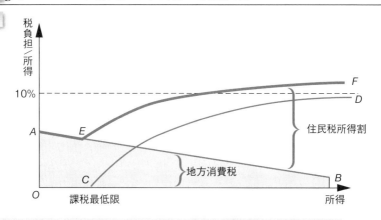

Fig. 9-3 フラット税率化した住民税と地方消費税

税源移譲後，個人住民税は10%の比例税率となったが，課税最低限の存在によって
実効税率（税負担/所得）は CD のように緩やかな累進構造となる。これに，AB とい
う逆進性を持つ地方消費税を積み上げると，AEF とほぼ比例的な負担となる。

という負担構造になる。一方，地方消費税は，所得に占める消費の割合が所得
水準の上昇とともに低下することから，実効税率は所得の上昇とともに低下し，
AB で表されるような逆進的な負担構造となる。この**逆進性**が地方消費税の欠
点として指摘されることも多いのであるが，住民税所得割と組み合わせるなら，
実効税率の合計は *AEF* となり，公共サービスの財源を広く公平に負担すると
いう応益的地方税に適した構造となる。

　応益性をライフタイムでとらえた場合にも，地方消費税は住民税所得割より
も優れている。なぜなら，公共サービスからの便益は生涯を通じて発生すると
考えられるなかで，住民税所得割の負担は勤労期に偏る一方で，消費課税の負
担は生涯にわたって平準化されるからである。超高齢社会における福祉をはじ
めとする幅広い財政需要を賄うものとして，地方消費税の充実をはかることが
適当である。

　アメリカの小売売上税のような単段階の課税であれば，地方が税率を自由に
設定し自ら徴収することができる。しかし，「地方消費税は付加価値税である
ため，地方団体が税率を自由に設定することが困難であり，しかも地方が単独
で徴収することができないのであるから，地方分権時代の地方税としてはふさ
わしくない」という主張もあった。しかし，すべての地方税において税率を自

由に設定できる必要はなく，個人住民税の税率の自主決定権の強化や法定外税の課税によって，その役割は果たすことができる。

　なお，地方消費税の徴収は国が行い，都道府県間には「各都道府県の消費に相当する額」に応じて按分される。こうして都道府県間に配分された地方消費税を清算後の地方消費税という。清算前は本社が集中している東京や大阪の税収が多くなるが，清算後はほぼ消費額に応じた配分となり，前章で見たように偏在が小さくなる。

　地方消費税の従来分（2.2％のうち1.0％分）については2分の1を都道府県の一般財源とし，残りの2分の1は市町村の一般財源として人口と従業者数（1：1）で市町村間に配分される。引上げ分（1.2％分）については地方の社会保障財源として2分の1は都道府県に，2分の1は市町村に人口によって配分される。

 ## 3　地方法人課税の改革

法人事業税の性格　事業税は個人および法人が行う事業に対して，所得（法人利潤），収入金額（生保，損保，電気，ガス供給業）を課税標準として，その事業を行う者に課税される都道府県税である。前身は1878（明治11）年に府県税として創設された**営業税**である。その後，営業税はいったん国税に吸収される（収入額はすべて徴収府県に還付される）が，戦後の1947年に再び府県税となり，翌48年に事業税と改められた。課税標準は上述の一部業種を除けば所得であったが，2004年度から資本金1億円超の法人は外形標準課税制度の対象となり，現在にいたっている。

　2018年度の事業税は4兆4505億円であり，都道府県税収の24.3％を占め，道府県民税，地方消費税に次ぐ税目である。事業税は個人分と法人分に区分されるが，法人分が4兆2431億円と，事業税の95.4％を占めている。都道府県にとってきわめて大きなウェートを占める法人事業税の動向は，財政運営を大きく左右することになる。

　法人事業税は法人税の所得計算において，その税額が必要経費または損金に算入されることになっている。これは，事業税が「所得を実現する過程におけ

る収益活動を通じて負担すべき性格の税」とされていることによる。つまり，「国税である法人税や市町村税である法人住民税が利潤で支払われることが予定されているのに対して，法人事業税は経費のうちから支払われることが予定されており」，「製品原価を構成し，顧客に転嫁することを予想している」とされるのである（自治省編『地方税制の現状とその運営の実態』）。

　つまり，国税の法人税では，法人利潤は株主の所得であり，法人税は株主に対する個人所得税の法人段階での源泉徴収であると考えられる。これに対して法人事業税は，法人が事業活動を行う際に地方団体の公共サービスから受けているさまざまな便益に対する対価と考えられる。法人が民間から購入するサービスのコストを経費に算入するのと同じように，事業税も経費として扱い，その分を上乗せして顧客に転嫁すると考えるのである。もし，公共サービスが存在しなければ，法人は自らサービスを調達しなければならず，その分だけ製品価格が高くなっていたはずであるから，事業税の負担は顧客に転嫁されても公平だというわけである。

法人事業税の問題点　法人事業税はかつて一部の業態（上述）を除けば，所得，つまり利潤に課税されていたために，さまざまな問題が生まれていた。

　第1は，景気の影響を受け，税収が大きく変動することである。**Fig. 9-4**は1965年度以降のGDPと法人事業税収入の対前年度変化率を100としたときに，GDP，法人事業税，都道府県民税個人分がどのように変化したかを示したものである。GDPに比べて法人事業税の変動は大きい。法人事業税は高度経済成長期から1980年代にかけて経済がプラスのときには，変動してはいるが，税収は順調に増加した。しかし，バブル経済が崩壊し日本が停滞しはじめると，対前年度比で減少するなど，税収はきわめて不安定になっている。法人事業税の課税標準である所得は，「売上－（原材料費＋人件費などの経費）」である。景気が悪化すると売上は落ちるが，人件費などの経費は大きく縮減できないために，法人所得は減少する可能性が高い。そのため経済がプラス成長であっても，成長率が低いと法人税収は対前年度比で減少するのである。

　法人事業税は，地方税の原則である**伸張性の原則**を最もうまく実現するものであった。しかし，これは経済成長期の話であり，現在の低成長時代にあっては，むしろ不安定性のみが目立つようになる。住民に密着した公共サービスを

Fig. 9-4 不安定な法人事業税収入（1965 年 = 100）

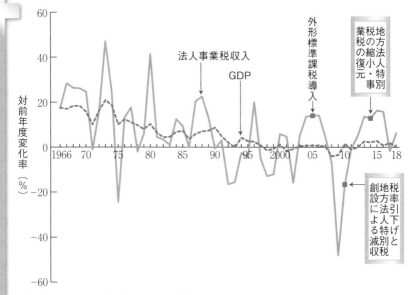

資料）総務省『地方財政白書』より作成。

> 高度経済成長期から 1980 年代にかけて経済がプラスのときには，変動してはいるが，税収は順調に増加した。しかし，バブル経済が崩壊し日本が停滞しはじめると，対前年度比で減少するなど，税収は不安定になっている。

供給する地方財政の場合，収入が減少したからといって容易に歳出を削減することはできず，税収の落ち込みによって歳入欠陥が生じる可能性が大きい。

　税制全体の安定性を決定する弾性値は，各税目の税収弾性値（＝税収の変化率÷GDP の変化率）をその税収ウェートで加重平均したものである（いま，税制が a，b，c の 3 税目からなり，それぞれの税収弾性値を 2，1，0.5，税収ウェートを 50％，30％，20％とすると，「税制全体の税収弾性値＝2×0.5＋1×0.3＋0.5×0.2 ＝1.4」となる）。したがって，地方税の安定性を高めるためには，法人事業税の税収ウェートを小さくするか，法人事業税の税収弾性値を小さくするために課税ベースを変更する必要があった。

　法人事業税の第 2 の問題は，応益性という原則に合わないことであった。事業税は公共サービスからの便益に対する対価として負担することを課税の根拠としている応益税である。ところが，所得を課税標準としていたために，公共

第 **9** 章　地方税の改革　191

サービスの便益を受けているにもかかわらず**赤字法人**は課税されないしくみであった。2004年度において，わが国には275万の普通法人があり，そのうち赤字法人は202万社，約75％に上っていた。バブル経済の崩壊も一因であるが，高い赤字法人比率と，その大部分が小規模法人であるという実態は，わが国では構造的なものとなっている。つまり，応益という性格を持つにもかかわらず，所得を課税標準とするかぎり一部の大企業のみが法人事業税を納めることになる。

第3の問題は，事業税が持つ**資源配分**に与える歪みである。企業は資本・労働・土地という生産要素を用いて生産活動を行っている。資本に対する報酬は利潤（配当），労働に対する報酬は賃金，土地に対する報酬は地代であり，資金を借り入れれば支払利子が発生する。法人事業税が所得のみを課税標準とするなら，生産要素として資本と労働が代替的な関係にある場合には，生産要素の使い方を歪める可能性がある。つまり，資本の報酬である利潤のみに課税されるために，企業は資本よりも労働を使うほうが有利になるからである。生産要素の利用に対して歪みを与えない事業税を実現するためには，あらゆる生産要素（資本・労働・土地）の利用に対し，公平に課税しなければならない。

法人事業税の外形標準化

以上のような法人事業税が持つ問題点を解決する方法として，課税標準に外形標準を用いることが検討された。外形標準としては，従業員数，資本金，売上高，付加価値額など，さまざまな形態が考えられるが，生産要素の利用に対して影響を生じさせない中立的な事業税にするためには，賃金，地代，支払利子，利潤の合計である**付加価値**を課税標準とすることが理想とされる。

付加価値を課税ベースとした場合，赤字企業はもちろんだが，労働集約的な企業の負担が増えるのではないかという反論があった。しかし，この反論は，所得を課税標準とする法人事業税は，資本集約的な企業に対して重い負担を課していることを見逃している。付加価値の採用によって賃金にも税金がかかったとしても，生産要素としての労働と資本の間での非中立的な課税をなくす動きとしてとらえるべきであろう。

法人事業税は設備投資の資金調達のあり方にも影響を与える可能性がある。所得課税の場合，支払利子は損金となり課税ベースから控除される。ところが設備投資を自己資金で賄ったときには支払利子が生じないために，その分だけ

借入れの場合よりも課税標準が大きくなり，事業税の負担は大きくなる。所得を課税ベースとする制度では，設備投資は借入れで行ったほうが有利なのである。所得型付加価値税の場合には支払利子が課税ベースに含まれるために，設備投資の資金調達方法に対して歪みを与えることはない。

　さまざまな議論を経て，2004年4月から外形標準課税が導入された。導入時の制度の概要は以下のとおりである。

① 資本金1億円超の法人が対象
② 4分の1が外形標準課税（付加価値割と資本割を併用），4分の3は所得課税（所得割）
③ 付加価値割と資本割は2：1
④ 税率は，所得割7.2％，付加価値割0.48％，資本割0.2％

　外形標準課税が適用される法人を資本金1億円超としたために，対象法人はわずか3万社にすぎず，また，所得課税の割合が高くなっていた。外形課税の部分導入は応益課税に向けて前進したといえるものの，法人事業税が持つ問題点を解消するには十分ではなかった。

　日本の法人税は国際的に見て高負担であるといわれている。そこで，国税の法人税，地方の法人住民税，法人事業税の所得割を合計した法人実効税率を引き下げることの一環として，2015，16年度税制改正では，法人事業税所得割の税率を引き下げるとともに，外形標準課税適用法人の法人事業税全体の4分の1であった外形標準課税を，2015年度には8分の3に，16年度には8分の5に拡大した。これによって，法人事業税の応益課税化は進んだといえる。

４　固定資産税の改革

固定資産税とは　　固定資産税は固定資産（土地，家屋，償却資産）の価値に着目して課される税であり，納税義務者は固定資産の所有者である。税収は2018年度で9兆832億円，市町村税収の40.5％に達し，市町村民税と並ぶ基幹税となっている。固定資産税の課税標準は，土地に関しては適正な時価，家屋が再建築価格，償却資産は取得価格である。税率は，標準税率が1.4％，制限税率が2.1％である。税収面では，バブル期

の地価高騰によって土地分が家屋分を上回ったが，現在では家屋が最大となっている（家屋 3 兆 8498 億円，土地 3 兆 4478 億円，償却資産 1 兆 6982 億円，2018年度）。

　固定資産税において最も大きな課題をかかえているのが，土地分である。税額は，市長が決定した土地の価格（評価額）をもとに算定した課税標準額に税率（1.4 %）を乗じて求めるが，地価の変動を考慮するため，土地は 3 年ごとに評価の見直しが行われる。これを評価替えという。評価額は，地価公示価格および不動産鑑定士による鑑定評価から求めた価格の 7 割を目途として求めることになっている。さらに，本来なら，固定資産税額は課税標準である地価に税率を乗じて算定されるのであるが，評価額は実際の地価よりも低く，また，一定の住宅用地については，200 平方メートルまでの住宅用地（小規模住宅用地）は評価額の 6 分の 1 に，それを超える部分（一般住宅用地）は評価額の 3分の 1 に圧縮するという軽減措置がとられている。したがって，隣り合った土地で地価が同水準であっても，住宅用地の税負担は商業用地よりも軽くなる。

　固定資産税の負担には税率とともに評価額が大きく影響する。バブル経済期，土地の価格に関して，①市場価格，②国や地方団体が用地を取得する場合などの判断基準になる地価公示価格，③相続税の評価である路線価，④固定資産税評価額の間に大きな差があり，いわゆる一物四価と呼ばれる状態であった。このことが公的土地評価やそれにもとづく税負担に対する国民の不信感を生み出す原因の 1 つともなっていた。そこで，1994 年度の固定資産税の評価替えにおいて，宅地については地価公示価格の 7 割程度を目標に，相続税の土地評価も 92 年から地価公示価格の 8 割とすることが決まった。

　日本では「地価は上がり続ける」という，いわゆる土地神話があったが，バブル崩壊によって地価は長期にわたって下落することになる。しかし評価替えは 3 年ごとであるため，地価の下落を評価に反映させるのにタイム・ラグが生じてしまう。その結果，とくにバブル期の地価高騰の反動で地価の下落幅が大きい大都市部において，固定資産税の評価額が実勢地価を上回るという逆転現象が起こり，納税者の不満は高まっていった。こうした問題を回避するために講じられた対策の結果，土地にかかる固定資産税制度はきわめて複雑なものとなっており，制度の簡素化が必要になっている。

Fig. 9–5 固定資産税と応益性

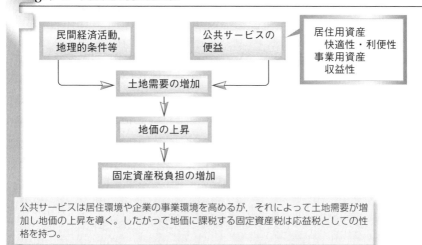

公共サービスは居住環境や企業の事業環境を高めるが，それによって土地需要が増加し地価の上昇を導く。したがって地価に課税する固定資産税は応益税としての性格を持つ。

応益課税としての固定資産税

固定資産税は地方税の**普遍性の原則**，応益性の原則を最もうまく満たす税金だといわれている。

地価は土地に対する需要と供給の関係で決まる。各地点での土地のストックとしての供給量は一定であることから，地価は主として需要要因によって決まってくる。**Fig. 9–5** に示すように，土地というのは，周辺の地域環境の変化にともなって収益性や利便性等の利用価値が変化し，土地需要を変化させることによって地価が変動する。たとえば上下水道，生活道路等の生活関連型社会資本は住民の快適性や利便性を向上させ，居住用資産の利用価値を高め土地需要が増加する。また，幹線道路や港湾といった産業基盤型社会資本の整備は事業用資産の収益性を向上させ，土地需要を増加させる。土地需要の増加は地価を上昇させることになるから，地価に課税する固定資産税が応益税としての性格を持つという考え方は，きわめて説得的である。

公共サービスの便益が完全に応益税によって吸収されるなら，地価の上昇は起こらない。公共サービスによる受益は負担によって相殺されるからである。しかし，現実には固定資産税以外の税目や収入があるため，固定資産税負担が公共サービスの便益を完全に相殺することはなく，便益は地価に反映されると考えられる。

社会資本が土地の利用価値を高めるというのは，一般に理解されやすい。し

かし，教育や福祉なども，それを求める個人や企業の流入によって土地需要の
増加，ひいては地価の上昇を引き起こすと考えられることから，ソフト行政に
関しても応益課税があてはまると考えるべきだろう。

　しかし，地価は都心部からの距離，経済活動の集積状況，自然環境といった，
公共サービス以外の要因にも影響される。とするなら，行政水準が同じであっ
ても地価水準が異なり，固定資産税負担に差が生じることになる。このときに
は地価課税は必ずしも応益原則から見て適当とはいえない。真の応益課税を実
現するためには，公共サービスによる地価増価分を課税標準とすることが必要
となる。それには地価の形成要因を地方団体ごとに分析し，課税標準としてふ
さわしい「適正価格」を導出する科学的な方法を考案する必要がある。あるい
は，アメリカのように，必要な財政支出額を課税標準で除すことで税率を算出
するという方法も考えられる。

公平性・中立性と固定資産税

　「農地，住宅用地，オフィス用地の間には行政から
受ける利益に差があるのだから，用途によって固定
資産税の評価を異ならせるべきである」という，い
わゆる用途別差別課税が一部で主張されている。そしてこの主張は，「農業や
住宅用に土地を利用している者はオフィスとして利用している者に比べて負担
能力が低いのだから，負担を軽減すべきである」という考えとも合致すること
から，一般に受け入れられやすい。

　実際，固定資産税においては住宅用の土地について課税標準を評価額に対し
て軽減するという特例措置が設けられているし，農地についても，1991 年度
に**長期営農継続農地制度**が廃止されるまでは軽減措置が講じられていた。

　しかし，用途によって課税に差をつけることは次のような問題点をかかえて
いる。第 1 は土地利用に与える歪みである。租税原則の 1 つとして**中立性の原
則**がある。土地税制において用途間に評価の違いが存在すれば，それは実効税
率の差を生み，経済主体の土地利用行動に影響を与えることになる。つまり，
評価が低く実効税率が低い用途に土地利用が偏るのである。地価の高い大都市
の市街地に農地が残っているのは，農地の固定資産税が軽かったことに原因が
あった。

　現行の住宅地軽課がどのような効果をもたらすかを **Fig. 9-6** で説明しよう。
一定量の土地が存在し，それが商業と住宅に用いられるとする。商業用途の土

Fig. 9-6 固定資産税・住宅地軽課の効果

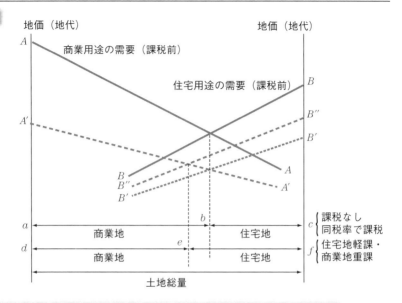

商業地と住宅地に同じ税率で課税されるとき，土地の商業と住宅の配分には税が存在しないときと変わらない。しかし，住宅地が軽課されると，土地は商業地に *de*，住宅地に *ef* と，住宅地への配分が過大になる。

地需要曲線は左から右下がりの *AA*，住宅用途の土地需要曲線は右から左下がりの *BB* である。土地は高い価格をつける用途に利用されるので，課税がない場合には，土地総量は商業用途に *ab*，住宅用途に *bc* が配分される。

　地価は土地の収益を資本価値に還元したものであるから，課税は土地の保有コストを増加させ，土地収益が減少するので，需要曲線は下方にシフトする。問題はシフトの幅である。もし，商業地と住宅地に同じ税率で課税されるなら，商業用途の需要曲線は *A'A'* に，住宅用途の需要曲線は *B'B'* にシフトし，土地総量の商業と住宅の配分は課税前と同じである。土地保有税の課税後も土地の用途に変化が生じない，つまり，資源配分に歪みが生じないことを**土地保有税の中立命題**と呼ぶ。

　ところが，現行の固定資産税のように住宅地を軽課すると，住宅用途の需要曲線は *B''B''* となり，このときには商業用地は *de* に減少し，住宅用地は *ef* に増加することになり，土地の配分に歪みが生じる。都市において住宅地を確保

するという都市政策上の観点から，あえて住宅を軽課することはあるかもしれない。しかし，そうでなければ現行の固定資産税は住宅地を優遇し，市場メカニズムによる都市構造の形成を歪めることになる。

　用途によって課税に差をつける第2の問題は，公平性を損うことである。土地利用規制が緩いわが国においては，仮に現時点で住宅という低収益用途に土地を利用していたとしても，土地取引においては，公共サービスを最大限に利用し，最有効利用を行った場合に成立する価格で売却されることになる。土地利用規制が欧米並みに厳しく，住宅地に指定された土地では住宅以外の建築物の建設が許されないようなしくみが備わっているのであれば，税負担が軽くて売却価格も低いという関係が成立する。しかし，緩い土地利用規制を前提とするかぎりは，現行の固定資産税はたとえ住宅地として利用していたとしても，最有効用途で利用した場合の潜在的収益力をベースとした地価に課税することが公平性の観点から望ましい。

5　地方分権と地方税改革

地方税改革と格差問題

　国税はどの地域で集められようと，すべてが国庫という1つの財布に集められ，支出される。したがって，地域間で税収が偏在しても問題はない。ところが地方税の場合は，地方団体のそれぞれが公共サービスの財源調達のために徴収するのであるから，すべての地方団体に十分な税収を提供できる税制が望ましいことはいうまでもない。

　ところが，地方税が個人所得，法人所得，消費，資産といった経済変数を課税ベースとするかぎり，経済力の地域間格差が税収格差となって現れることは避けられない。こうした地方税収の格差は財政力の格差に結びつき，行政水準の地域間格差を招きかねないため，大都市に税収が偏る地方法人税の配分見直しのように，地方税収格差の是正それ自体を目的とした政策がとられやすい。しかし，格差が生じやすい地方税制をそのまま放置して，事後的に配分のみを変更するという方法は地方分権の流れに逆行する。

　地方分権は地方財政における受益と負担の乖離をなくすことで，地方団体の

Fig. 9-7 地方法人税改革と税収格差

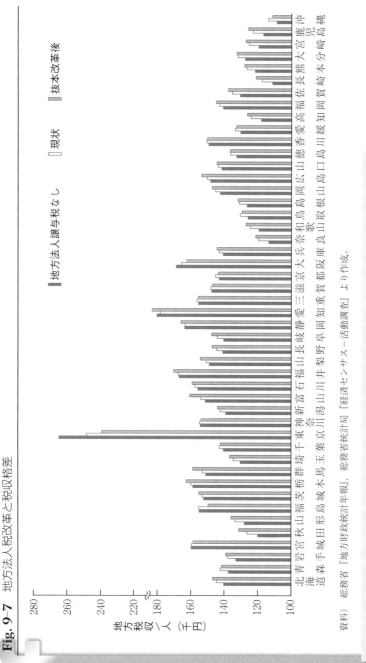

■ 地方法人譲与税なし　　▯ 現状　　▮ 抜本改革後

資料）総務省『地方財政統計年報』，総務省統計局『経済センサス-活動調査』より作成。

偏在是正措置を講じないケースでは，人口1人当たり地方税収入は，最高の東京都が26万4700円と，最低である沖縄県（10万8600円）の約2.4倍になる。しかし，地方法人課税の抜本改革をすると，東京都は23万9200円，最低の沖縄県は11万1200円と，事後的な格差是正をほぼ同じ現状ケースとは同じ偏在是正効果を発揮する。

財政規律を高め，望ましい地方財政規模を実現する目的を持っている。そのためにも地方税を充実強化し，国からの財政トランスファーへの依存を小さくする必要があるが，税収偏在を可能なかぎり小さくする方向を目指さなくてはならない。

　地方財政における受益と負担の連動という観点から，①法人住民税を国税とし，それに等しい額を地方消費税に代替する，②地方法人特別譲与税は廃止し，法人事業税を復元したうえで企業に対する応益課税である法人事業税は外形標準課税を完全実施する，という地方税改革を実施したとき，地域間の税収偏在がどのように変化するかを都道府県について試算したのが，**Fig. 9-7** である（2017年度決算額を利用）。図には，法人事業税の地方法人特別税化がなかったと仮定した場合の地方税収入（偏在是正なしのケース），地方税収に地方法人特別譲与税を加えた収入額（現状ケース），上記①②の改革を実施した仮想の地方税収（抜本改革ケース）が示されている。

　偏在是正措置を講じないケースでは，人口1人当たり地方税収入は，最高の東京都が26万4700円と，最低である沖縄県（10万8600円）の約2.4倍になる。法人事業税の一部を地方譲与税として人口と従業者数によって都道府県に配分する現状ケースでは，東京都は24万8200円と6.2%減少，沖縄県は4.8%増の11万3800円に増加するなど，税収の地域間格差は縮小する。しかし，地方法人課税の抜本改革を行うと，東京都は23万9200円，最低の沖縄県は11万1200円と，現状ケースとほぼ同じ偏在是正効果を発揮する。地方税体系を現状のままにして事後的に是正措置を講じるのではなく，地方法人課税の抜本改革によって偏在是正を行うことで，より簡素な地方税制度と，国からの財政トランスファーへの依存を減じることができる。

> **地方の特性に応じた税制の確立**

人口規模，地理的条件等々，地方団体は多様である。人口規模は同じでも，地域の中心都市として昼間流入人口が多い都市と，ベッドタウンの役割を果たしている都市とでは行政需要は異なるだろう。こうした地方団体の多様性に，地方税制度は対応できているのだろうか。それを検証する手がかりを得るために，行政権限の異なる政令市，中核市，その他の市（ここでは一般市とする）に都市を分類し，その権限の相違が地方税にどのように反映されているかを見てみよう。

Fig. 9-8 行政需要に応じた税制の必要性（2018年度）

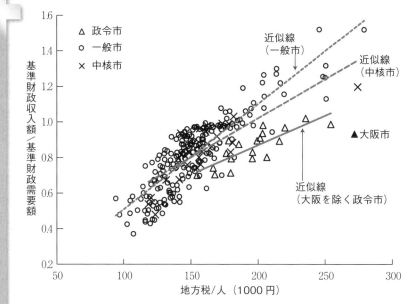

資料）　総務省『市町村決算状況調』。

> 人口1人当たり地方税収が大きいほど財政力は強い。しかし，大都市の場合，経済力が強く1人当たり税収が多くても，大都市特有の行政需要があるため，財政力は中核市や一般市に比べて弱くなっている。都市グループによって行政需要は異なることを踏まえた地方税制が必要である。

　Fig. 9-8 は「人口1人当たり地方税収入」と「基準財政収入額÷基準財政需要額」（単年度財政力指数）との関係を2018年度決算額によって見たものである。あわせて都市グループごとの近似線を示した。政令市は20市，中核市は48市である。それ以外の市については，人口規模が小さいことによる財政需要増の影響を避けるために，人口10万人以上の197市を用いた。

　人口1人当たり地方税収入が大きくなるほど，単年度財政力指数は大きくなっている。ところが，政令市，中核市，一般市は，それぞれ異なったグループを形成していることがわかる。たとえば政令市は，1人当たり地方税収入が大きい（基準財政収入額が大きい）にもかかわらず，大都市行政需要をかかえているために財政力は弱くなり，それ以外の都市グループよりも下に位置している。毎日，約100万人の昼間流入人口がある大阪市は，さらに他の大都市グルー

プとは別の位置にある。

　中核市についても，一般市に比べて行政事務が多いために，財政力は小さくなっている。

　大都市において財政力が弱くなっている原因の1つは，現行の住民税が，所得が発生した勤務地に納税する**源泉地主義**（source principle）ではなく，住民票を提出している地方団体に納税する**居住地主義**（residence principle）を拠りどころに課税されているためである。ここから，「昼間流入人口は，費用負担をほとんど負うことなしに東京都や大阪市が提供する公共サービスを利用している」という批判が大都市関係者から生まれてくる。中心都市と郊外との間のこうした財政関係は，**郊外による中心都市の搾取問題**と呼ばれ，これを根拠に中心都市の財政当局は，公共サービスに対して郊外居住者は税を負担すべきだと主張する。この主張に対して周辺地方団体からは，「大都市で生産活動を行う労働者に対して教育や福祉サービスを提供しているのは自分たちであり，もっぱら大都市の収入になる法人関係税の一部を周辺地方団体に回すべきだ」という反論が出てくる。

　いずれにしても，地域における中枢性，人口規模など，きわめて多様な属性を持つ地方団体に，ほぼ全国画一的な地方税制度を適用していることに問題がある。「地域が自らの権限と責任で，主体的に地域づくりを行う」という地方分権時代にあっては，広域自治体である都道府県と基礎自治体である市町村との間の権限配分や税源配分は，地方団体の規模や行財政能力に応じて弾力的に定めるべきである。そのことが，公共サービスにおける受益と負担の連動を強化する。

　大都市圏において発生する受益と負担の不一致を解決する1つの方法は，**地方消費税**を強化することである。これは生活行動圏内で行われた消費活動に課税するものであり，受益に応じた負担を多少なりとも実現することになるであろう。だが問題は残されている。中心都市における公共サービスの供給に関する意思決定は居住者が行うのであり，昼間流入者がそれに参加するシステムは存在しない。負担はするが，サービスに関して投票する権利を持たないのでは，財源が昼間流入者のために使われるという保証はなくなってしまう。つまり，大都市圏における財政問題を解消するためには，地方税制改革とともに，行政区域の広域化といった対策が同時に必要なのである。

税源移譲と地方の税務行政

地方への税源移譲は税務行政の移譲とセットで考えられることが多い。地方団体が努力して税を徴収するからこそ，支出面において責任と規律が生まれ，効率的な行財政運営が実現すると考えられるからである。また，税務行政の地方移譲によって，税務事務の企画・立案から執行に至るまでを地方が自己決定できるようになることから，地域の実情に応じた税務行政を他の行政分野と調整を図りながら実施できるというメリットがある。

しかし一方で，地方団体間の税務執行能力の格差によって税負担の地域間不均衡が生じる可能性も大きくなる。税率等，納税者の目に見える形での税制の多様化は，地方分権の目的である地方の課税自主権を強化することに結びつくものの，納税者間の税の公平性を確保するという点からは，税の執行過程で生じる格差は存在してはならない。

ここで，地方の税務行政の実態を見てみよう。**Fig. 9-9** は市町村税の徴収率の推移を示したものである。徴収率は 1970 年代から 2000 年にかけて低下していたが，その後は改善傾向にある。しかし，滞納繰越分の徴収率は低下したままである。「地方自治は民主主義の学校」といわれるが，低い徴税率から生じる住民の不公平感が，社会のソフト・インフラとしての税制の信頼感を危うくするなら，それは成り立たない。たとえ地方税が公平性や中立性といった原則を確保できるように制度設計されていたとしても，適正な執行がなければ原則は満たされない。

滞納整理には，それを実施する職員の冷静な判断および強い意志と同時に，その裏づけとなる高度で専門的な知識と経験が必要とされる。しかし，地方団体の場合は国と異なり，税務専門職員として職員を採用しているわけではなく，他の業務に属していた職員が税務担当を命ぜられることが一般的である。他の分野にも携わることで，総合行政体としての地方団体において職員の資質を高め，税務行政に活かすというメリットもあろう。しかし，国税に比べて，税の専門家としての技量・専門知識において低位にあることは否めない。

地方税についても国が細部にわたって決定し，地方は執行事務を行っていればよい時代には，これでも問題はなかった。しかし，地方分権が進み，地方税の果たすべき役割が大きくなると，地方の税務担当部局は執行と同時に政策立案機関としての役割を同時に果たさなければならなくなる。

Fig. 9-9　市町村税徴収実績の推移

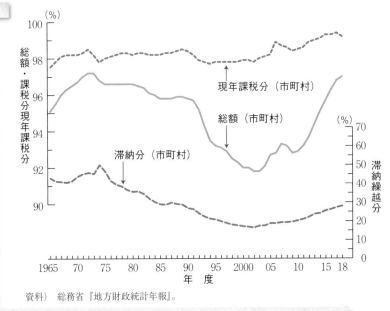

資料）　総務省『地方財政統計年報』。

徴税率は1970年代後半以降低下し続けた。2000年代に入って徴税率は改善傾向にあるが，滞納繰越分の徴税率は低いままである。

　地方税源の充実が進むほど，適正かつ公平な負担を求めるための税務行政の重要性が増すことを考えるなら，「分権時代には税の賦課・徴収は各自治体が独立して行うべきだ」という定型的な主張を繰り返すのではなく，国や都道府県（市町村の場合）あるいは他団体への委託や税務行政の広域化など，より効率的で強固な税務執行のしくみを構築することも検討すべきである。

第**10**章
国庫支出金と地方財政

1 国庫支出金の構造

国庫支出金の制度分
類

　国から地方に交付される補助金は，①使途が特定さ
れているかどうか，②地方の支出額と関連づけて交
付されるか，で分類することができる。使途が特定
されない補助金を**一般補助金**（general grants），特定の支出に対して交付される
ものを**特定補助金**（specific grants あるいは categorical grants）という。地方の支
出額に関連づけて，その一定割合として交付されるものを**定率補助金**（matching
grants），地方の支出額と無関係に一定額が交付されるものを**定額補助金**（lump-
sum grants）と呼ぶ。本章で取り上げる国庫支出金のほとんどは定率・特定補
助金であり，次章で取り上げる**地方交付税**は定額・一般補助金に分類できる。

　第3章で見たように，①地方が実施する特定の事務に対して国と地方の負担
区分にもとづいて負担するもの，②国の事務を地方に委託する際に支払われる
もの，③地方の事務の奨励や財政援助を目的に交付されるもの，がある。この
うち，義務教育職員給与費負担金，生活保護費負担金，公共事業に対する負担
金をはじめとする①に属する国庫支出金が大きな比重を占めている。

　国庫支出金において①が主要な地位を占めるに至った歴史的背景は，近代国
家の建設と欧米列強へのキャッチ・アップを目的として，教育をはじめ国の地
方への委任事務が急増した明治時代にまでさかのぼることができる。委任事務
の増大は地方財政を圧迫し，国と地方が共同責任で経費を負担し合うという国

205

庫負担の考え方がこのとき生まれたのである。これは 1918（大正 7）年に義務
教育費の国庫負担制度の創設につながっていく。その他の行政については運用
上の措置として国が負担するしくみとなっていたが，戦後の 1948 年に**地方財
政法**が制定され，国と地方の負担区分がはじめて統一的に法律に明示された。

1952 年に地方財政法が改正されると，それまで，国と地方の利害の程度に
応じるとしていた国費と地方費の負担区分の基準は改められ，地方団体やその
機関が行っている事務に要する経費は，全額地方団体が負担するという原則が
打ち立てられた。その点では，地方財政の一般理論に沿った原則が立てられて
いるといえる。しかしながら現実には，事務によっては，例外としてその経費
の全部または一部を国が負担するとされている。

国と地方の経費負担区分については，**国庫負担金**の対象となる経費の種類，
算定基準，国と地方の負担割合は法律または政令で定められなければならない
とされている。このような規制が加えられているのは，国と地方の財政秩序を
確立するとともに，国が国庫支出金の交付を通じて地方団体の行政に不当な干
渉を加えたり，地方団体の側も安易に補助金に依存するといった弊害を除去し
ようとしたからである。しかし，現実にはこうした弊害がさまざまなところで
表面化している。

法律補助と予算補助　　国の補助金は，その根拠が法律にもとづいているも
のと，そうでないものとに区分され，前者は**法律補
助**，後者は**予算補助**と呼ばれている。法律補助はさらに，各種法律によって補
助することが義務づけられているものと，補助できることが規定されているも
のとに区分できる。これら 3 種類の補助金について，補助根拠の趣旨から補助
対象事業の公共性の大小を判断すると，公共性の大きいものから，交付が義務
づけられた法律補助，義務づけのない法律補助，予算補助の順になると一般に
考えられている。

地方団体向けの補助金は法律にもとづいて交付されるものが多く，法律補助
は公共性が大きいことを表すとともに，地方団体が国の財政事情の変化や恣意
的な政策変更の要因に左右されない一定の財源を確保し，比較的安定した公共
サービスの供給を可能にしていると解釈することもできる。しかし，現実には
補助率の一律カットが 1980 年代後半に行われたように，補助金が安定的に交
付されるわけではない。

しかも，法律が存在するために，補助金や事務事業それ自体が固定化し，抜本的な制度改革が進まない原因になっているとも考えられる。とくに創設年度の古い補助金や補助対象となっている事務事業については，創設当初は公共性が大きかったかもしれないが，社会経済情勢の変化にもかかわらず制度が固定化し，時代に合わないものとなっている可能性も否定できない。対地方団体補助金において法律補助が大きい比重を占めるということは，事務事業の見直しを含めて法律改正にまで踏み込んだ改革が必要であることを示している。

国庫支出金の実態　地方税，地方交付税と並んで地方の大きな財源となっている国庫支出金であるが，国および地方財政においてどのような役割を果たしているのだろうか。**Table 10–1** は，国および地方の財政支出において国庫支出金がどの程度のウェートを占めているかを見たものである。国から地方への支出には国庫支出金以外のものも含まれている可能性があるが，ほぼ国庫支出金であると見てもかまわない。以下のような，いくつかの重要なファクトを指摘できる。

①　国庫支出金はとくに災害復旧，社会保障，教育，国土保全や開発といった公共事業分野において地方財政に組み込まれている。別途，計算したところでは，地方の支出のうち国庫支出金で賄われる比率が5割を超える分野は，以下のようになっている。生活保護費：70.0％，災害復旧費（公共土木施設）：65.8％，災害救助費：56.4％。生活保護は所得再分配として国の役割であり，5割を大きく超えている。その一方で，資源配分機能に属すると考えられる支出についても国庫支出金のウェートは大きい。

②　外交，防衛といった国家的公共財や，一般行政，徴税といったその便益が地方に限定される地方公共財を除けば，国の財政においても国庫支出金は財政負担になっており，国の財政再建においてその縮減は大きな課題である。

③　1985年度と2018年度を比較すると，地方財政支出は約1.7倍に増加しているのに対して，国庫支出金は約1.4倍の増加であり，地方歳出ほどには増加していない。国庫支出金の役割は相対的に減少している。

④　だが依然として，ほとんど全支出項目にわたって国庫支出金が財源面で重要な役割を果たしていることは，国庫支出金の削減方法がどのような形で行われてきたのかが問われることになる。

Table 10-1　国庫支出金の割合

（単位：億円、％）

	1985年度					2018年度				
	国の歳出純計 (a)	国から地方への支出 (b)	地方の歳出 (c)	(b)／(a)	(b)／(c)	国の歳出純計 (d)	国から地方への支出 (e)	地方の歳出 (f)	(e)／(d)	(e)／(f)
機関費	25,587	1,715	86,332	6.7	2.0	48,079	3,954	156,877	8.2	2.5
一般行政費	7,402	1,073	50,568	14.5	2.1	14,961	3,016	94,396	20.2	3.2
司法警察消防費	9,020	642	29,670	7.1	2.2	16,293	938	52,977	5.8	1.8
外交費	4,494	—	—	—	—	8,785	—	—	—	—
徴税費	—	—	6,094	—	—	7,893	—	9,504	—	—
貨幣製造費	4,671	—	—	—	—	148	—	—	—	—
防衛費	32,023	251	—	0.8	—	54,881	355	—	0.6	—
国土保全及び開発費	72,496	35,575	134,351	49.1	26.5	78,133	31,385	138,687	40.2	22.6
国土保全費	14,000	6,994	21,844	50.0	32.0	12,650	5,616	19,469	44.4	28.8
国土開発費	52,977	24,678	106,567	46.6	23.2	59,168	22,309	108,824	37.7	20.5
災害復旧費	4,816	3,903	5,940	81.0	65.7	4,426	3,460	10,394	78.2	33.3
その他	703	—	—	—	—	1,889	—	—	—	—
産業経済費	36,046	5,135	36,079	14.2	14.2	48,412	3,866	60,230	8.0	6.4
農林水産業費	25,959	4,283	13,644	16.5	31.4	18,649	2,871	12,697	15.4	22.6
商工費	10,087	852	22,435	8.4	3.8	29,763	996	47,534	3.3	2.1
教育費	49,134	31,320	131,551	63.7	23.8	54,968	24,149	168,733	43.9	14.3
学校教育費	44,648	28,005	106,464	62.7	26.3	40,162	20,244	129,750	50.4	15.6
社会教育費	816	358	8,460	43.9	4.2	1,649	563	12,629	34.1	4.5
その他	3,670	2,957	16,627	80.6	17.8	13,157	3,342	26,354	25.4	12.7
社会保障関係費	111,997	30,863	114,906	27.6	26.9	335,690	85,092	331,917	25.3	25.6
国民生活費	94,045	22,964	65,175	24.4	35.2	304,916	77,199	259,078	25.3	29.8
衛生費	6,680	3,561	34,231	53.3	10.4	6,515	5,663	62,367	86.9	9.1
住宅費	9,385	3,614	13,668	38.5	26.4	1,541	1,207	10,403	78.3	11.6
その他	1,887	724	1,832	38.4	39.5	22,718	1,023	69	4.5	1,482.6
恩給費	18,682	—	1,946	—	—	2,406	—	86	—	—
公債費	101,805	—	57,545	—	—	225,706	50	123,674	0.0	0.0
その他	622	—	—	—	—	13,583	—	—	—	—
合　計	448,392	104,859	562,710	23.4	18.6	861,858	148,852	980,203	17.3	15.2

資料）総務省『地方財政白書』。

国庫支出金は、公共事業、教育、社会保障において大きな比重を占め、地方財政運営に大きな影響を与えている。同時に国庫支出金は国家財政にとっても大きな負担になっていることから、国庫支出金の改革は国と地方の財政にとってきわめて重要な課題である。

⑤　同じ産業経済であっても，商工業に比べて農林水産業において国庫支出金の役割が大きくなっている。このことは，経済活性化という視点からの政策のあり方への疑問を投げかける。

⑥　公共事業に多くの国庫支出金が充当されていることは，分権時代における地域づくりにふさわしいかどうかという課題を提示する。

なお，市町村には国庫支出金（9兆1768億円，2018年度）だけでなく**都道府県支出金**（3兆9133億円，同）も存在する。都道府県支出金は都道府県に交付された国庫支出金に都道府県の財源を加えて市町村に交付されるもの（2兆4003億円）と，都道府県財源のみのもの（1兆5130億円）がある。

公共事業補助金の実態

2018年度の国庫支出金のうち，11.9％（約1兆7680億円，都道府県分1兆1544億円，市町村分6136億円）は普通建設事業に対するものである。後述する社会資本整備総合交付金が2010年度から導入されたこともあり，2005年度の28.1％と比べて減少しているが，それでも普通建設事業費の占める割合は，18.5％の生活保護費負担金に次いで2番目となっている。ここで，都道府県に対して交付される公共事業補助金の実態を見てみよう。**Fig. 10–1**は2018年度の普通建設事業費総額（国庫支出金の対象となる補助事業費と，対象にはならない単独事業費の合計）に対する国庫支出金の割合（以下では国庫補助比率とする）を分野別に見たものである。農林水産業費の国庫補助比率が50.6％と最高の値を示している。次いで土木費が33.3％，衛生費32.0％，労働費24.8％，商工費14.4％，民生費13.2％，警察費12.8％であり，それ以外はすべて10％未満である。ところで，

$$\frac{\text{国庫支出金}}{\text{普通建設事業費総額}} = \frac{\text{国庫支出金}}{\text{補助事業費}} \times \frac{\text{補助事業費}}{\text{普通建設事業費総額}}$$
$$\text{（国庫補助比率）} \qquad \text{（補助率）} \qquad \text{（補助事業率）}$$

であるから，図には「国庫支出金/補助事業費」（補助率とする）と，「補助事業費/普通建設事業費総額」（補助事業率とする）に区分したグラフをあわせて示した。

農林水産業費における国庫補助比率の高さは，補助事業率が86.4％と他の費目に比べて圧倒的に高いことに原因がある。他の費目が多額の地方単独事業費を投入して行われているのに対して，農林水産業関連の公共事業は，その大

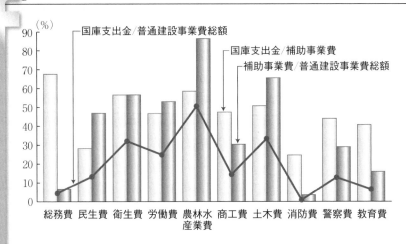

Fig. 10-1 目的別国庫補助比率（普通建設事業補助金）の分解（2018年度）

資料）　総務省『地方財政統計年報』から作成。

普通建設事業費総額のうち国庫支出金で賄われる比率は，事業費総額のうちで補助対象となる部分の比率と補助対象事業のうち国庫支出金で賄われる比率に分解できる。事業費総額のうち国庫支出金で賄われる比率は農林水産業費において高くなっているが，これは補助対象事業の比率が他の費目に比べて高いからである。

部分が補助金の対象となり，しかも補助率が58.5％と高いのである。農林水産業とは対照的に，商工費の国庫補助比率は14.4％にすぎないが，これは補助事業率が30.3％と低いことに主要な原因がある。このように手厚い農林水産業補助金は，公共事業補助金の地域配分にも大きな影響をもたらすことになる。

古いものが多い法律補助

国庫支出金創設後の年度経過によって，補助目的の達成度や社会経済情勢の変化への適合度を評価することができる。国庫支出金がはじめて国の予算に計上された年度を創設年度とし，2017年度一般会計予算に計上された対地方団体補助金のうち，厚生労働省と文部科学省が所管する国庫支出金を創設年度別に分類したものが **Fig. 10-2** である。件数では全体の46.0％，金額では41.2％が1979年度までに創設されている。

1950年代に創設されたものが29件，4兆1945億円となっているが，これは国民健康保険助成費の療養給付費負担金が52年に，義務教育教職員への給

Fig. 10-2　対地方団体法律補助金の創設年度

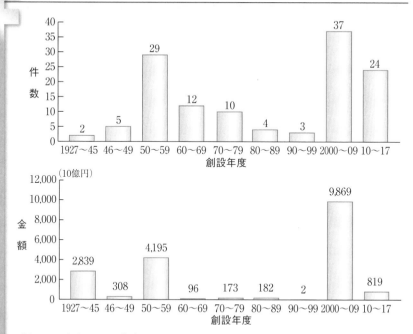

注）　2017 年度，国の予算計上分。

2017 年度予算に計上された対地方団体補助金で厚生労働省と文部科学省が所管する
補助金のうち，件数ベースでは 46.0％，金額ベースでは 41.2％が 1979 年度までに
創設されている。創設後少なくとも約 40 年以上が経過した補助金が，その後の社会
経済情勢の変化に対応できているか，見直してみる必要がある。

与である義務教育費国庫負担金が 53 年に創設されたことが大きく影響してい
る。1960 年代〜80 年代に創設された国庫支出金については金額自体は少ない
ものの，現在でも交付されているものが多い。なお，戦前の 1930 年代に創設
されているのは，生活保護費の国庫負担金である。

　このように，4 割以上の国庫支出金が 40 年近く前に創設されている。もち
ろん，細部の変更は行われているであろうが，創設の後，高度経済成長期，オ
イル・ショック後の安定成長期，財政再建期などの大きな環境変化を経て今日
に至った国庫支出金や，その対象となっている事務・事業の存在意義，事務・
事業の運営方式が今日の時代に合わなくなっているとしても不思議ではない。
とくに古い法律補助は，法律が存在するために，国庫支出金やその対象となっ

ている事務・事業それ自体が固定化し、抜本的な制度改革が進まない原因になっているとも考えられる。

このように創設後かなりの時期を経過した国庫支出金がある一方で、財政再建期の1980年度以降に創設された国庫支出金が、件数で54.0％（68件）にも上っている。またバブル崩壊後の1990年度以降に創設された補助金も64件に上るなど、財政状況が悪化した後にも国庫支出金は新設されている。

②　国庫支出金の経済分析

国庫支出金はなぜ必要か

都道府県や市町村の行政区域は歴史的に決まっている場合が多く、公共サービスの種類によっては、その便益が他の地方団体にスピル・オーバーすることは十分に考えられる（第2章を参照）。このような場合、公共サービスの供給主体である地方団体に補助金を交付しなければ、公共サービスの供給は社会的に見て過小になることが知られている。

Fig. 10-3において、縦軸には地方公共サービスの価格と限界費用が、横軸には地方公共サービスの供給量がとられている。限界費用とは公共サービスを1単位追加するときに必要となる費用の追加分であるが、ここでは簡略化のために一定（横軸に水平）と仮定する。地方公共サービスの供給を行っている地方団体の需要曲線は D_a で表されており、これは地元住民が受ける便益を反映している。

ところが、公共サービスの便益が行政区域を越えてスピル・オーバーするとき、他の地方団体の住民も公共サービスに対して D_s の需要曲線を持つ。地方公共サービスに対する社会全体の需要曲線は、D_a と D_s を垂直に足し合わせた $D_a + D_s$ である。一方、地方公共サービスを供給するための限界費用を MC とすると、サービスの社会的に見た最適供給量は Q_1 となる。サービスの供給量がこれを超えると、需要曲線の下の部分で表される便益よりも追加的な費用のほうが大きく、社会的に見てロスが発生するからである。

しかし、地方団体が公共サービスの限界費用 MC に等しい価格を負担しなければならないとすれば、サービスの供給量は Q_2 の水準となり、LMN の厚生ロ

Fig. 10-3 国庫支出金の役割と中央政府の失敗

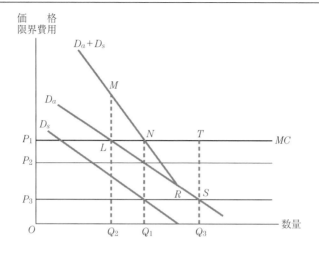

ある地方団体の公共サービスの便益が，行政区域を越えてスピル・オーバーするとき，社会的に見た最適量 Q_1 を実現するためには公共サービスを供給する地方団体に，サービス1単位当たり P_1P_2 に等しい補助金を交付しなければならない。

スが発生する。したがって，地方団体によるサービスの供給量を Q_1 にまで増やすためには，サービス1単位当たり P_1P_2 に等しい補助金をこの地方団体に交付し，価格を P_2 まで引き下げなければならない。この場合，国庫補助率は P_1P_2/OP_1 となる。このように，便益がスピル・オーバーする公共サービスの供給量を社会的に見た最適な水準にまでもっていくためには，補助金による財源補塡が必要なのであり，これが国庫支出金の経済学的な意味づけである。

中央政府の失敗　ところが，このような最適な供給量を実現するためには，地方団体が直面する補助金交付後の価格が適正なものでなければならない。国が補助率を誤って，P_1P_3/OP_1 に設定してしまったとしよう。このとき地方公共サービスの供給量は Q_3 となり，最適供給量 Q_1 を上回ってしまう。その結果，$NRST$ に等しい厚生ロスが発生する。もし，$NRST > LMN$ であるとするなら，地方団体に補助金を交付しないで，地方に単独事業としてサービスの供給を任せてしまったほうが資源配分上は望ましいことになる。つまり，最適な補助率の設定が困難な場合には，「中央政府の失敗」が生じる可能性が存在するのである。

このように，国庫支出金によって最適な資源配分を達成しようとするのであれば，スピル・オーバーの程度に応じて補助率を設定しなければならない。となると，同じ公共サービスであっても，それを供給する地方団体が置かれている地理的条件などによってスピル・オーバーする便益の大きさは異なるであろう。たとえば大都市圏のように交通網の発達した地方団体と，過疎の地方団体とでは，スピル・オーバーの程度は当然違ってくる。したがって，補助率は全国画一的に設定しては適切でないのである。

国庫支出金の効果 使途が特定されている国庫支出金は，国の政策目的を実現しようとするものであるが，資源の効率的な利用という点からは使途の特定されない一般補助金が望ましい。それは私たちが図書カードをもらうよりも，現金をもらうほうがうれしいのと同じである。同じ金額であれば，現金のほうが受取り手の満足を高めることができるし，同じ満足を与えるのであれば現金の場合には少ない資金で済む。もちろん，これは受け取る側からの論理であり，国の側からすればパターナリズムによって図書カードに当たる使途限定つきの補助金のほうが望ましいことになる。しかし，地方分権とは，受け取る側の地方住民の満足を最大にしようとするものだということを忘れるべきではない。

補助金形態の違いが地方の財政支出や厚生水準に及ぼす効果について，**Fig. 10-4** を用いて説明しよう。いま，地方団体は X と Y という2種類の公共サービスを供給しているとする。図で AB は補助金交付前の地方団体の予算線である。全予算額を X につぎ込んだときに供給できる X の量は OA，全額を Y につぎ込んだときに供給できる Y の量は OB である。そして，AB の間の線上は X と Y に予算を振り分けたときの両サービスの組合せを表している。

この予算線上で地方団体は住民の満足を最大にするように予算を X と Y に配分しなければならない。ここで，地域が公共サービス X と Y の組合せに対して W で表されるような選好を持っているとしよう。これを地域的無差別曲線と呼ぶ。無差別曲線は，同一線上の公共サービスの組合せは地域に同じ厚生水準をもたらし，無差別曲線が右上にあるほど厚生水準は高くなるという性質がある。このとき，地域住民の厚生を最大にする公共サービスの組合せは，W_1 と AB とが接する点 E_1 であり，公共サービス X は OP，Y は OQ だけ供給される。

Fig. 10-4 国庫支出金の一般補助金化

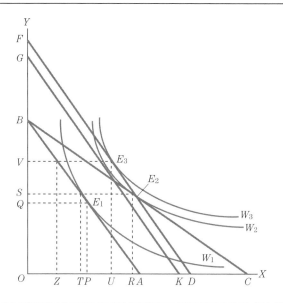

使途が特定された国庫支出金を，これと同額の使途が自由な一般補助金に変えることによって社会の満足は W_2 から W_3 に増加する。また，国庫支出金が交付されるときと同じ満足を一般補助金で実現しようとすれば，補助金額は KD 分だけ節約できる。

　ここで公共サービス X に対して補助率 $1/2$ の定率補助金が交付されるとしよう。半額補助であるから，地方団体は公共サービス X だけに予算を投入すれば，補助金交付前の供給量 OA の 2 倍の OC に等しい X を供給することができるようになる。CB が補助金交付後の新しい予算線である。交付前の予算線に比べて傾きが緩やか（$1/2$）になっているのは，X が 2 分の 1 補助されるために，地方団体が支払わなければならない 1 単位当たりの X の費用が半分に低下したからである。地方団体は住民の満足を最大にするよう行動するという最適化行動を仮定しているから，定率補助金交付後の X と Y の組合せは点 E_2 となり，公共サービス X は OR，Y は OS だけ供給される。補助対象である X の供給量は増加するが，同時に Y の供給量も増加している。

　補助金交付前の予算では，公共サービス Y を OS だけ供給すれば，X の供給量は OT であった。ところが補助金の交付によって X は OR の供給が可能になるのであるから，このときの補助金額は TR（公共サービス X の量で測っている）

となる。

国庫支出金の一般補
助金化

次に，TR と同じ金額を，使途を特定しない一般補
助金として交付する場合を考えよう。一般補助金は
X，Y のいずれにも利用できるし，特定補助金の場
合のように X の1単位当たり費用が低くなるわけではないので，地方団体の
予算線は AB に平行で，E_2 点を通る（これは補助金額を特定補助金と同額にする
ため）DF となる。このとき地方団体は X と Y の組合せを E_3 で決定する。X
は OU，Y は OV である。補助金交付前には公共サービス Y を OV 供給すれば，
X の供給量は OZ のはずであったから，補助金額は ZU である。この金額は特
定補助金の場合の TR に等しい。

ここで，地域住民の厚生水準に与える効果を特定補助金と一般補助金とにつ
いて比較してみよう。特定補助金の場合の地域の厚生水準は W_2 であるのに対
して，一般補助金の場合は W_3 である。つまり，同額の補助金であるにもかか
わらず，地域住民の厚生は一般補助金のほうが高まるのである。また，一般補
助金であれば AK の財源で特定補助金と同じ厚生水準を地域住民に与えること
ができる（これは，W_2 と接し，AB に平行な予算線 KG を引けばよい）。わが国で
地方に対して交付されている国庫支出金は原則的には定率の特定補助金であり，
理論的にはこれを一般財源化することで，地域住民の厚生水準は上がる。分権
時代の財源は一般財源であるべきだとする理由はここにある。

補助金獲得最大化行
動

これまで，地方団体は地域住民の厚生を最大化する
ように行動していると仮定してきた。つまり，特定
補助金である国庫支出金であれ，使途が特定されな
い一般補助金であれ，交付後の予算線の範囲内で住民の満足を最大にするよう
に（Fig. 10-4 でいえば，予算線と地域の無差別曲線が接するところで），公共サー
ビスの組合せを選ぶと考えたのである。

ところが，地方団体が補助金の獲得額を最大化するよう予算編成を行ったと
すれば，事業規模を拡大できたとしても，そのための地元資金の投入額（これ
を補助裏という）も大きくなり，他の公共サービスの供給量を減らさなければ
ならない。その結果，地域住民の厚生水準は補助金を受けないときよりも低下
する可能性がある。**Fig. 10-5** において，補助金交付前の予算線は AB であり，
このときの地域の厚生水準は W_1 であった。ここで公共サービス X に対して補

Fig. 10-5 補助金獲得最大化行動と地域の厚生水準

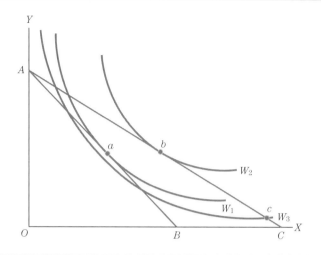

公共サービスXに定率補助金が交付される場合，地方団体が補助金獲得額を最大化しようとして点cという予算を編成すれば，社会の満足はW_3となり，補助金が交付されないときの満足W_1よりも小さくなる。

助率BC/OCの国庫支出金が交付されると，予算線はACとなる。地方団体が最適化行動を行っているとすれば，均衡点はb，地域の厚生水準はW_2となる。上で見たように，この水準は同額の一般補助金が交付された場合より低いとしても，特定補助金が交付される前に比べて確実に増加する。ここで，地方団体が補助金をできるかぎり多く獲得しようとし，c点で表される公共サービスXとYの組合せを選択したとしよう。このときには，地域住民の厚生水準はW_3となり，補助金交付前よりも低くなってしまう。このような現象は，とくに奨励的な補助金の場合に発生しやすく，実際に，当初の事業計画が補助金の存在によって膨れ上がるという事態が生じている。

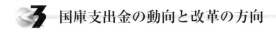

3 国庫支出金の動向と改革の方向

これまでの国庫支出金改革

国庫支出金の削減をめぐる議論は 1980 年度を元年とする国の財政再建の取組みのなかで展開され，85 年度に補助金の縮減が本格化した。たとえば，**生活保護費補助金，児童保護費補助金，老人保護費補助金**は，1984 年度の 10 分の 8 が 10 分の 7 に，街路事業費補助金は 3 分の 2 から 10 分の 6 に，一般国道改修費補助金は同じく 3 分の 2 から 10 分の 6 に引き下げられた。しかし，補助率カットは地方財政に多大の影響を及ぼすことになるため，①地方負担の増加分に対しては地方交付税の増額や**建設地方債**の増発による財源措置を行う，②引下げは単年度かぎりの暫定措置とすることが，その条件として確認された。

その後，補助金問題検討会が設置され，同会は 1985 年 12 月に，①生活保護費補助金の補助率は 3 分の 2 とする意見と従来どおり 10 分の 8 とする意見の両論併記，②社会資本の計画的整備の推進や内需拡大の要請に応えるため，公共事業費確保の見地から補助率の見直しもやむをえない，③補助率引下げは国・地方の財源配分の抜本的見直しに至るまでの暫定措置とする，などを内容とした報告書を補助金問題関係閣僚会議に提出した。

1986 年度予算編成では，生活保護費にかかる補助金の補助率を 88 年度までの 3 年間の暫定措置として 10 分の 7 とすることをはじめとして，補助率引下げの対象となった補助金は社会保障関係から公共事業に至るまで 248 件を数えた（地方団体以外への補助金を含む）。そしてその際，「88 年度までの 3 年間は国・地方の財政関係を基本的に変更する措置はとらない」との覚書が旧大蔵・旧自治両省間でかわされた。

しかし，1987 年度にはさらに補助率の引下げが予算編成の焦点となる。こうした補助率の引下げに対しては，旧自治省をはじめ地方制度調査会（首相の諮問機関），地方財政制度審議会（自治大臣の諮問機関）などが反対を表明したが，結局，公共事業補助金の補助率を引き下げ，地方の負担増については地方が資金調達のために発行する建設地方債約 2300 億円の元利払いを 1988 年度以降，全額国が引き受ける，という形で決着を見たのである。

以上のような経緯のなかで財政再建への取組みが始まった 1980 年度以降，国庫支出金の対地方歳入比率は低下し，77 年度に 22.9％であったものが，91 年度には 13.2％と，約 10 ポイントも落ち込んだ。補助金の整理合理化はかねてよりの懸案事項であった。たとえば，**第 2 次臨時行政調査会**（いわゆる第 2 臨調）の基本答申（1982 年 7 月 30 日）は，「補助金は，ややもすると行政の簡素合理化を阻害し，また，タテ割行政の弊害，財政資金の非効率的な使用等を招きやすい。したがって，地方団体に対する補助金等については，その機能を生かしつつ，行財政の簡素化及び地方の自主性，自立性の尊重の観点から見直すべきである」としているし，地方の側からも国庫支出金のあり方に関してさまざまな提言が行われてきた。

　しかし，1980 年代後半に入ってからの国庫支出金の削減措置は，1 つの行政手段としての補助金の効率化の延長線上に位置づけられる補助金改革とはいえず，国の財政再建（一般会計の収支バランスの改善）の手段として行われたことに注意しなければならない。それは補助率の一律カットという点に如実に現れていた。

　税源移譲，国庫補助負担金改革，地方交付税の見直しからなる**三位一体の改革**において，税源移譲財源を捻出するためにどの補助負担金を削減するかが議論となった。結果は，税源移譲に結びつく国庫補助負担金の削減額は 3 兆 1176 億円，主なものとしては，義務教育費国庫負担金（小中学校を通じた国庫負担率を 2 分の 1 から 3 分の 1 に引下げ）1 兆 2858 億円，国民健康保険国庫負担金 6862 億円，児童扶養手当給付費負担金（国庫負担率引下げ 4 分の 3 → 3 分の 1）1805 億円，児童手当国庫負担金（国庫負担率引下げ 3 分の 2 → 3 分の 1）1578 億円などであった。

　義務教育に関しては，教職員の加配や少人数学級の編成が可能になる総額裁量制が導入されたものの，上記のとおり国庫補助率の引下げや地方独自の工夫の余地のない国庫補助負担金の削減も多く（税源移譲された国庫補助負担金全体の 8 割近くを占める），地方から「国から地方への負担の付け替えでしかない」との批判が出された。一方，2010 年度予算から社会資本総合整備計画に位置づけられた事業の範囲で，国費を自由に使用できる社会資本整備総合交付金が導入されている。

国庫支出金改革の方向

地方団体の財政運営が国の国庫支出金に大きく左右されることは，容易に想像できる。つまり，補助事業は事業担当部局と中央の所管省庁との間でタテ割りで話が決まるのが一般的であり，予算編成を担当する財政担当部局は，事業担当部局の要求を受けて，補助金のウラ負担分の財源をいかにしてひねり出すかに精力を注ぎ込むことになる。このような状況であるから，地方団体が1つの経営体として地域の進むべき方向性を定め，その方向に沿って政策形成を行うことは困難になっている。そして地方議会も，補助事業を中心とした予算編成に関しては，大幅な修正を求めることはできないという意味で，ほとんど無力であるといってもよい。

このように，国庫支出金は公共サービスの供給における配分の効率性（第5章を参照）を損なうのである。

国庫支出金の交付を通じた各省庁の関与は，厳しい補助条件によって細部に及び，生産の効率性をも損なうことにもなる。第6章のFig. 6-2に示したように，地域住民の厚生水準を決定するのはインプットによって生み出されるアウトカムである。学校教育を例にとると，教員（インプット）によって授業（アウトプット）が生み出され，それによって学力の向上（アウトカム）が実現する。

ところが，国庫支出金の対象となっているのは公共サービスにかかる財政支出であり，しかも，補助条件においてインプットの価格および量を定めている。もちろん，実支出額ではなく，このようにインプットの価格と量を定めることで，地方団体のモラル・ハザードを未然に防止するという効果があるものの，それはあくまでも支出額に制約を設けるためであり，アウトカムを最大にするものではない。

1949年のシャウプ税制使節団は，法律にもとづいて交付される国庫負担金について，①国と地方の責任を混乱させる，②中央政府の統制が強まる，③負担率が独断的に定められる，④行政責任の帰属が不明確になる，⑤財政力の異なる団体への補助率が同率である，といった弊害を指摘し，**奨励的補助金**，公共事業補助金以外の国庫負担制度を廃止すべきだとした。これにともなって必要となる財源は，地方行政事務の再配分，地方税，**地方財政平衡交付金**（現在の地方交付税に相当するもの）によって補えると考えたのである。

国庫支出金改革は，国の財政再建を目的とした数字合わせの整理合理化であ

ってはならない。これまでにとられた負担率の引下げという削減策は，国と地方のゼロサム・ゲームでしかない。重要なことは，地方財政法に見られる「国と地方団体相互の利害関係にある事務」というあいまいな規定ではなく，負担金の対象となっている事務事業の責任の所在を国と地方に明確に配分することである。

　たとえば，最低限度の生活を保障する生活保護は国の責任において実施されるべきであり，財源は国が負担すべきである。これまでにもたびたび出現した生活保護費負担金の負担率の引下げによる削減は，国庫支出金改革としては望ましくない。

　「地方の自由度を奪う」という理由で，「奨励的補助金をまず削減すべき」という主張もあるが，これは誤りである。奨励的補助金は国の財政状況と奨励効果を勘案して国が主体的に判断すべきなのであり，仮に存続したとしても，「補助金は不要だ」と考える地方団体が受取りを拒否できる状況を作り出せばよいのである。そして，国の政策にしたがって当該公共サービスを充実しようと考える地方団体は，補助金を受ければよい。住民が望まないにもかかわらず，補助金獲得最大化を目的として予算編成を行う地方団体があったとしても，それは当該地方団体の自己責任というべきであろう。

第11章 地方交付税と財政調整

1 財政調整と財源保障

財源保障機能　国による所得再分配の重要な目的の1つは，すべての国民に最低限度の物的生活条件を保障することである。租税－移転支出（社会保障給付）を通じた社会政策としての所得再分配は，すべての人に最低限の私的消費を保障しようとするものである。この**絶対的公平**（categorical equity）と呼ばれる所得分配の基準は，単に衣食住にかかわる私的消費についてだけでなく，公的消費の充足にも適用されるべきである。

とりわけ国民の基本的人権に関する支配的理念が，生存のために必要な最低限の所得を受けるという生存権から，健康で文化的な最低限度の生活を営むという生活権へと移行した今日，個人の生活が成り立つためには，パンやミルクが不可欠であるばかりでなく，生命・財産の保護，基礎的な生活環境の維持，健康の保持などを目的とした基礎的公共サービスが必要とされるのである。このように，公共サービスのなかには，全国民にその居住地のいかんにかかわらず，最低限度の水準を保障すべきものがある。これが**ナショナル・ミニマム**である。

財政システムが国という単一の政府だけで成り立っている場合には，再分配は個人を対象に行うだけでよい。国のレベルであれば，地域の経済力に関係なく全国民に公共サービスを等しく供給することができるからである。ところが，公共サービスが国と地方の双方によって供給されるという多段階の財政システ

ムにおいては，各地方団体の財政力格差の存在が国による地域間再分配の必要性を生み出す。つまり，財政力が弱い地方団体は地方税だけでナショナル・ミニマムを達成できない可能性がある。国から地方への財政トランスファーは，このようにすべての地方団体が最低限の公共サービスを供給できるようにするための財源保障機能を持つ。

財政調整機能　　　地方税が行政区域内の所得額，資産額，経済取引額などの経済力を課税ベースとして課税されるかぎり，地方団体間の経済力格差によって公共サービスの供給能力に差が生じることは避けられない。さらに，地理的条件，賃金や物価水準という経済的条件の差によって公共サービスの単位費用に差が存在したり，たとえば老齢人口比率，犯罪発生率などによって示される公共サービスに対する地域ニーズに差が存在する場合には，たとえ水準が同じであっても，人口1人当たりで見た公共サービスの供給コストは地方団体間で異なるだろう。このような税収獲得能力や財政需要の格差は地方団体間の財政力格差となって現れ，同じ水準の公共サービスを享受しているにもかかわらず地方税負担に格差が生じたり，同じ税負担であっても公共サービス水準に差が生じる。

　財政調整制度の根拠を **Table 11-1** を用いて説明しよう。(a) の1行目は公共サービス供給の単位費用（人口1人当たり費用）の指標であり，すべての公共サービスの供給コストを加重平均したものと考えればよい。2行目は公共サービスに対する単位当たりニーズの指標であり，これもすべての公共サービスの平均値である。3行目は人口1人当たり課税ベース（たとえば所得）である。数値例では，単位費用，ニーズはA，B間に差はないが，課税ベースがAは1000であるのに対して，Bでは800である。4行目の税率はA，Bともに5％であるとすると，5行目の1人当たり税収はAが50，Bが40となる。このとき，6行目の公共サービス水準についての地方団体Aと地方団体Bの比率は1対 0.8（=50/(1.0×1.0) 対 40/(1.0×1.0)）となり，同じ課税ベースを持っている地方団体Aの住民aは，地方団体Bの住民bよりも高いサービス水準を享受できる。

　このような財政上の不公平は，単位費用やニーズが地方団体間で異なる場合にも発生する。Table 11-1 の (b) のように，単位費用の指標が地方団体Aでは 1.0 であるのに対して，地方団体Bでは 1.25 であるとする。このときには

Table 11-1　財政調整制度の根拠

		(a) 地方団体A	(a) 地方団体B	(b) 地方団体A	(b) 地方団体B
単位費用（指標）	c	1.0	1.0	1.0	1.25
単位当たりニーズ（指標）	N	1.0	1.0	1.0	1.0
課税ベース/人（円）	TB	1,000	800	1,000	1,000
税率（％）	t	5	5	5	5
税収/人（円）	tTB	50	40	50	50
サービス水準（指標）	tTB/cN	1.0	0.8	1.0	0.8

単位費用や課税ベースの地方団体間格差は財政力格差を発生させ，同じ税率で課税しているにもかかわらず公共サービス水準に差をもたらす。財政調整制度は財政力の弱い地方団体に補助金を交付することで，こうした不公平を解消しようとするものである。

公共サービス水準についての地方団体Aと地方団体Bの比率は，やはり1対0.8（$=50/(1.0\times1.0)$ 対 $50/(1.25\times1.0)$）となり，財政上の不公平が生じている。

　このような不公平を解消するためには，地方団体Bに財政調整の補助金 G を交付することによって，地方団体Bの $(tTB+G)/(cN)$ が地方団体Aの $(tTB)/(cN)$ に等しくなるようにすればよい。数値例では地方団体Aのサービス水準を基準に調整することを考えているが，公共サービスのどの水準でA，B間の不公平を解消するかは問題ではない。地域的な財政上の不公平を是正し，どの地方団体に住もうと，経済的に等しい状態にある人びと（所得額，資産額，扶養家族数などが等しく，担税力が等しい人びと）はすべて財政的に等しく取り扱われるという，個人レベルで見た**水平的公平**を達成しさえすれば，財政調整機能は果たされるのである。

　財政上の不公平を放置していると，より有利な地方団体に住民が移動する可能性がある。労働生産性が高い地域では賃金が高くなり，人びとは高賃金を求めて移動する。高度経済成長期に起こった地方から大都市への国民大移動は，こうした市場メカニズムによるものであった。つまり，人口の地域間配分は基本的には市場で決定されるのであり，財政上の有利・不利が人口移動に影響を及ぼしてはならない。財政調整制度は地方団体間に存在する財政上の不公平を

取り除くことで，効率的な資源配分を達成するものと考えることもできる。

財政調整制度不要論 地域的な財政上の不公平を解消するという目標は，財政調整のための補助金が存在しなくても達成されるかもしれない。ティボー（C. M. Tiebout）が想定したように，各地方団体内での公共サービスの便益がすべての住民に等しく帰着し，地方税が応益税としての定額税のみからなっている世界では，**足による投票**のメカニズムによって住民は自分の選好に合った負担＝受益のメニューを提示してくれる地方団体に移動する。この場合の人口移動は，住民の厚生水準を引き上げるという効率的な資源配分を達成する過程なのであって，財政上の不公平を原因とするものではないことに注意する必要がある。こうして居住地が決定されると，いったん達成された人口分布は，住民の公共サービスに対する選好に変化がないかぎり安定的となる。このようなティボー的均衡が達成されるような世界では，財政調整制度は不必要である。

　しかし現実の世界では，公共サービスが純粋公共財であることはまれであるし，公共サービスの財源は受益とは無関係に，所得，資産，消費などを課税ベースとする税金によって調達されている。このような場合には，住民は自分にとってより有利な地方団体に住居を移すことが考えられる。

　ところがこれに対して，財政上の有利，不利が土地の価格に完全に**資本還元**（capitalization）されるなら，財政調整の必要性はないという反論がある。つまり，財政上の有利さから他の地方団体の住民が集まってくる地方団体では，住宅需要が増大する一方で，財政上不利なために住民が逃げる地方団体では住宅供給が過剰になる。このことが地価や家賃を変化させ，その結果，地方団体間を移動しても何ら有利にはならない。つまり，総合的な判断で住民は移動するであろうから，財政調整制度は不要だというのである。

　しかし，財政上の不利な状況が反映された安い地価や家賃を享受できるのは，新たに転入しようとする人である。すでに持ち家に住んでいた住民は，地方税が地価に連動して決まる固定資産税であれば負担軽減につながるが，そうでなければ地価の下落によって**キャピタル・ロス**（値下がりによる損失）を被るだけで負担軽減にはならない。また，財政上の有利さが住宅地の地価を上昇させたとしても，それに誘発されて同一地方団体内の農地などからの用途転換が起こり，住宅地の供給が増加すれば地価の上昇は抑えられることになるだろう。こ

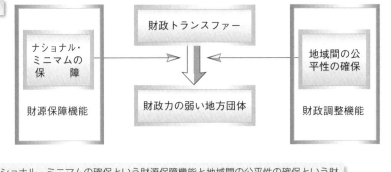

Fig. 11-1 財源保障機能と財政調整機能

財政トランスファー

ナショナル・ミニマムの保障

地域間の公平性の確保

財政力の弱い地方団体

財源保障機能

財政調整機能

ナショナル・ミニマムの確保という財源保障機能と地域間の公平性の確保という財政調整機能は、いずれも財政トランスファーによって実現できる。地方交付税はこの2つの機能を兼ね備えている。

うして財政上の有利さが必ずしも地価の上昇につながらない可能性がある。以上のように、財政上の不公平が地価に反映されることから財政調整は不要だとする主張には、いくつかの問題がある。

財政調整制度の課題 Fig. 11-1 に示すように、財源保障機能と財政調整機能はいずれも財政力の弱い地方団体に対して財政トランスファーを行うことで実現する。しかし、財源保障がナショナル・ミニマムの確保という「絶対的」な問題を対象とするのに対して、財政調整はあくまでも地域間の公平性の確保という「相対的」な問題を対象とする。つまり、財政調整機能は公共サービスのどの水準で地方団体間の調整を行うかは問題ではなく、同じ税負担の住民はどの地域に住もうと同じ公共サービス水準が享受できさえすればよい。

しかしこのことは、地方団体が自由に税率を設定できる分権的な社会において、次のような現象を引き起こす。いま、財政力の強い地方団体A、Bと、財政力の弱い地方団体C、Dがあるとする。ここで、地方団体AとCが低税率・低い公共サービス水準の組合せを選択し、地方団体BとDが高税率・高サービス水準を選択したとしよう。財政調整による公平性は、財政力の弱い地方団体CとDに財政トランスファーを行うことで達成される。この場合、地方団体Dがナショナル・ミニマムを超える公共サービスを供給していたとしても、

地方団体Bにおける住民との公平性を確保するためには、財政調整の対象としなければならないのである。

　このように、財源保障と財政調整は他の一方の機能と切り離した形でも成立しうる。しかし、以下で取り上げるわが国の地方交付税制度は、財政調整機能にナショナル・ミニマムの確保という財源保障機能を同時に持たせている。したがって、財政調整は財源保障の対象とすべき公共サービス水準を基準に行われることになり、もし税率の自主決定権が地方団体に与えられた場合には、地方団体間の完全な公平性は実現しないことになる。

　財源保障機能と財政調整機能を兼ね備えた制度のいま1つの課題は、公共サービスのどの水準を基準にして保障と調整を行うかである。地方税収が一定であれば、保障の水準を高く設定すればするほど財源保障に必要な額は大きくなり、同時に財政調整の程度も大きくなる。適正な財源保障と財政調整は、国がナショナル・ミニマムをどの水準に設定するかにかかっている。

❷ 地方交付税のしくみ

地方交付税の前身　昭和の初頭、わが国では資本主義の発展とともに人口や産業が都市に集中し、都市と農村の経済格差は拡大していき、とくに1930（昭和5）年から31年に起こった経済恐慌は農山漁村経済の深刻さに追い打ちをかけた。他方、地方団体の事務・事業量は増加の一途をたどったために、財政が逼迫（ひっぱく）した農村部の地方団体は財源不足を増税で賄おうとし、住民は重い税負担を強いられることになった。このことを背景として、農村財政の窮状を救うために財政調整制度の必要性が叫ばれはじめるが、実現は1936年の臨時町村財政補給金の創設まで待たなければならなかった。ただし、この制度は、財政が窮迫している町村住民の税負担を軽減することを目的とした応急措置であり、上で述べたような地方団体間の財政力格差による不公平を解消することを目的とした本格的な財政調整制度ではなかった。

　恒久的・本格的な財政調整制度の歴史は、1940年の地方分与税制度の創設によって始まることになる。地方分与税は、一定の税を国が国税として徴収し、これを地方団体に交付するもので、還付税と配付税とからなっていた。このう

ち，**還付税**は課税技術の便宜上，一部の地方税を国税として徴収したうえで，全額を徴収地にそのまま還付するものであり，財政調整制度ではなかった。**配付税**は所得税，法人税などの国税の一定割合を総額とし，都道府県分と市町村分に分けたうえで，それぞれの1/2を課税力に逆比例，残りの1/2を財政需要に正比例して交付するという財政調整制度であった。その後，還付税は廃止され，それにともなって，配付税は地方分与税に名称が改められた。地方分与税は1948年に**地方配付税**に改称され，地方における財政需要の増大とともに算定方式は精緻化され複雑になっていった。

　1949年に**シャウプ税制使節団**が来日し，地方財政調整制度としての地方配付税について，次のような問題点を指摘した（自治省財政局編『地方財政のしくみとその運営の実態』1980年を参照）。

① 配付税総額が国税の一定割合とされていることは，地方財源の所要額を必ずしも保障することにはならないし，その配付率も国家財政の都合でしばしば変動して地方予算の安定を著しく損なっている。また，配付率を一定に保ったとしても，配付税総額の決定に用いられる所得税や法人税は経済状態の変動にきわめて敏感であるため，地方団体が受ける配付額は大幅な変動を免れない。

② 配付税方式は各地方団体の需要と財政力とを，ある程度，考慮してはいるものの，その考慮は不十分であり，各団体の実際の財政力や財政需要を必ずしも的確に反映しえない独断的な面がある。

　また，前章でも触れたように，シャウプ勧告は国庫負担金制度の大幅な縮減を勧告しており（第1次勧告，1949年），この代替財源の確保と地方配付税の改善を目的として，新たに**地方財政平衡交付金制度**の採用を勧告した（第2次，50年）。これを受けた政府は1950年に地方配付税制度を廃止し，地方財政平衡交付金制度を導入した。地方配付税においては，国税にリンクして決定された総額が各地方団体の財政力を勘案して比例按分的に配分されていたのに対して，新制度では法律上，財政収入額が財政需要額に不足する分を国が積み上げて補填するという財源保障機能が強化される方式になった。ただし，当時は積上げ方式による総額の決定が技術的に困難であったため，地方財政全体の収支の不足額を，地方財政平衡交付金の総額とする方法がとられた。

　しかし，実際の制度運営にあっては，収支の不足額にあたる総額が計上され

ず，毎年のように，国と地方の間で総額決定をめぐっての紛争が起こった。ま
た，地方団体は財政運営の失敗の原因を，地方財政平衡交付金が十分に交付さ
れないことに求めるという風潮が生まれた。このような問題点を背景に，政府
は1953年の地方制度改革の一環として，地方全体の収支の不足額を地方財政
平衡交付金の総額とする方式から，総額が所得税，法人税，酒税の国税にリン
クする方式とし，名称を地方交付税と改め，ここに現在の制度ができあがった
のである。

地方交付税額の算定　地方交付税は，各地域の財政力の格差を是正するた
めに特定の国税の一定割合を地方団体に配分するも
のである。交付税の財源となる対象税目は，1954年度の創設当初は所得税，
法人税，酒税の3税であり，これらの税から交付税財源にあてられる比率（**交
付税率**）は所得税と法人税の19.874％，酒税の20％であった。翌1955年度に
は3税とも22％に引き上げられた。その後も主として国税の減収にともなう
補填のために交付税率は順次引き上げられ，1966年度以降は国税3税の32％
が交付税財源にあてられるようになった。

　1989年度の税制改正によって所得税および法人税の減税，消費税の導入が
実施されたことにともない，国税3税の32％のほかに，消費税（譲与税分を除
く）の24％，たばこ税の25％が新たな交付税財源として加わった。そして，
1998年度から消費譲与税に代わって地方消費税が，また2014年度から地方法
人税が，それぞれ導入されたことにともない，20年度現在，所得税および法
人税の33.1％，酒税の50％，消費税の19.5％，そして地方法人税の全額が交
付税財源となっている。これらの交付税財源については，総務省や地方団体は
「地方固有の財源」と位置づけ，国の予算においても地方財政関係費として，
国が自由に使える**一般歳出**から除かれている。

　このように決定された交付税総額は，94％が普通交付税に，6％が特別交付
税にあてられる。地方交付税の算定においては作為の介入があってはならず，
各地方団体への配分は客観的な基準で一定の定式にもとづいて行われなければ
ならない。したがって，普遍的に利用できる公表された資料にもとづいて画一
的かつ機械的に算定される。そのため，交付税の算定期日後に生じた災害など
に配慮することができない。このような特別な事情によって発生した財政需要
の増加や財政収入の減少に対して交付されるものが，**特別交付税**である。

Fig. 11-2 地方交付税の算定

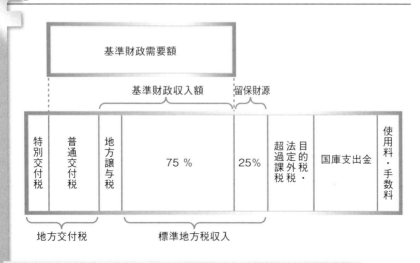

基準財政需要額が標準地方税収入額の75%と地方譲与税の合計である基準財政収入額を上回る地方団体には，その差額（財源不足額）が普通地方交付税として交付される。

　各地方団体に交付される**普通交付税**の額は，原則として，「合理的かつ妥当な水準において行政を行う場合または標準的な施設を維持する場合に必要な一般財源（総経費から国庫支出金，地方債，使用料・手数料などの特定財源を差し引いたもの）」を表す**基準財政需要額**と，各地方団体の財政力を合理的な方法で測定した**基準財政収入額**との差額（**財源不足額**）として算定される。

　　　普通交付税額≒基準財政需要額−基準財政収入額＝財源不足額

　このしくみを示したのが **Fig. 11-2** である。ただし，基準財政収入額が基準財政需要額よりも大きい地方団体は地方交付税の不交付団体になるだけで，超過額を国が吸い上げることはない。

基準財政需要額　　基準財政需要額は，財政需要を各行政費目ごとに経常経費と投資的経費に区分して算定した額の合計額であり，この経費は，

　　　単位費用×測定単位の数値×補正係数

の算式から求められる。

　測定単位とは，たとえば小学校費は教職員数，社会福祉費は人口といったよ

うに，各行政項目ごとにその量を測定する単位であり，その数値は各項目の行政に要する経費と高い相関を示し，かつ国勢調査などの信頼のおける統計によって数値を得ることができるものが選択されている。

　単位費用とは，都道府県または市町村の各行政項目ごとに，標準的条件（人口であれば，都道府県 170 万人，市町村 10 万人）を備えた地方団体を想定し，その団体が標準的な行政を実施するうえで必要な一般財源額を，標準団体のそれぞれの測定単位の数値で割って算定される。前掲した『地方財政のしくみとその運営の実態』によると，「行政の質，量は，その時代，その国における社会的，経済的条件を前提にしてはじめて考えられるものであり，『合理的かつ妥当な水準』も『標準的な施設』もともに現在の日本の経済的，社会的，文化的水準を前提とした規模のものであるといわなければならない。したがってそれは決して，最終的，理想的状態におけるそれではなく，現在のわが国の財政力，経済力を前提としたより現実的なものであるべきである」とされ，単位費用は時代とともに変化しうるものだと考えられている。このことは，経済成長によって国力が増した場合には，地方交付税で財源を保障すべき標準的な行政水準は上昇し，単位費用も増加することを意味しているし，国の財政事情によって単位費用が影響される可能性も示唆している。

　人口規模や人口密度が小さいと公共サービスの供給コストが割高についたり，地方団体が地域の中核的な役割を果たすのか，そうでないのかによって同じ行政項目でも費用が多くかかったりする。単位費用は標準的条件を備えた団体のものであるから，このような地方団体ごとの特性を考慮する必要が出てくる。この役割を果たすのが**補正係数**である。補正係数には，種別補正，段階補正，密度補正，態容補正，寒冷補正，数値急増（急減）補正，合併補正，財政力補正があり，きめ細かな対応を行っているが，このことが同時に，基準財政需要額の算定を複雑かつ不透明なものにしているといわれている。

基準財政収入額
　基準財政収入額は，都道府県，市町村ともに，原則として**標準税率**で課税した場合の収入見込額（標準地方税収）の 75％の額に，地方譲与税の総額を加えたものである。したがって，普通税の 25％，**法定外普通税**，**目的税**および税外収入の全額は基準財政収入額に含まれない。これを**留保財源**と呼ぶ。

　留保財源は次のような目的を持っている。第 1 に，基準財政需要額はすべ

ての地方団体のあるべき財政需要を完全には捕捉しえないであろうから，このために一般財源にある程度の余裕を残しておく必要がある。

　第2に，税収の100％を基準財政収入額に算入すると，財源計算上，地方団体が使用しうる一般財源の総額は基準財政需要額によって決定され，かえって地方財政の自主性を損なうおそれがある。

　地方団体の一般財源は，

$$一般財源総額＝地方税＋地方交付税額$$
$$＝地方税＋（基準財政需要額－基準財政収入額）$$
$$＝地方税＋基準財政需要額－地方税×0.75$$
$$＝地方税×0.25＋基準財政需要額 \qquad (1)$$

となる。ここで，もし，地方税の100％が基準財政収入額に算入されるなら，

$$一般財源総額＝地方税＋基準財政需要額－地方税×1$$
$$＝基準財政需要額 \qquad (2)$$

となってしまうのである。

　第3は，留保財源を認めることによって，税源培養に対する地方団体のインセンティブを強めることである。地方交付税は基準財政需要額と基準財政収入額の差額であるから，地方税収の100％が基準財政収入額に算入されるなら，企業誘致などによって税収が増えたとしても，地方税が増加した分だけ地方交付税が減少し，一般財源はまったく増加しない。現行制度のように，地方税の一定割合を留保財源として残しておくことで，地方税の25％だけ，一般財源が増加することは(1)式から明らかである。

　このように，交付税算定の基礎となる基準財政需要額と基準財政収入額とはそれぞれ別個に算定されるものであるため，交付税財源の総額が両者の差である財源不足額の全地方団体の合計額につねに一致するという保証はない。そこで，この調整のために次のような措置が講じられる。まず，国税から決定される普通交付税総額が地方団体の財源不足額の総計を上回る場合には，その上回る額が総額に加算して配分される。逆に，普通交付税総額が財源不足額の総計を下回る場合には，財源が不足する各地方団体の基準財政需要額の規模に応じて普通交付税額が減額される。

3 地方交付税の財政調整効果

公平性と効率性のトレード・オフ

わが国の財政調整制度である地方交付税は，以上のように世界に例を見ないほど精緻に組み立てられている。しかし，現行の地方交付税も，財政力格差を完全には解消することはできない。その原因は，①留保財源が存在すること，②基準財政収入額が基準財政需要額を上回っても，財源超過額を国が吸い上げるという逆交付税の要素を取り入れていないこと，にある。

Fig. 11-3 はこの点を明らかにするために，地方交付税のしくみを略図化したものである。横軸には人口1人当たり課税ベースが，縦軸には人口1人当たり基準財政需要額，基準財政収入額，地方税がとられている。OA は標準税率で課税したときの地方税収入を表すが，基準財政収入額は標準税収の75％であり，OB で表される。単純化のために基準財政需要額は CD のように一定であるとすると，CD と OB の縦の距離が各課税ベースに対応した地方交付税額となる。

留保財源は OA と OB の縦の距離で表され，これを CD に積み上げることによって各地方団体の一般財源が得られる。現行制度では，Y を超える課税ベースを持つ地方団体は不交付団体となるだけであり，逆交付税が存在しないために，地方税収がそのままその地方団体の一般財源となる。つまり EA である。こうして地方団体の一般財源は CEA で表される。標準的な水準で行政を実施するために必要な一般財源は CD であるから，課税ベースが大きい地方団体ほど，標準税率で課税しても高い水準の公共サービスを供給できるようになっている。

このように，現行の地方交付税は財政上の不公平を完全に解消することはできない。しかし，留保財源は上で述べたように税源培養のインセンティブを与えるなどの役割を果たしている。地方交付税の存在が地方団体の税源培養努力を妨げているのではないかという批判があるが，税源培養のインセンティブをいま以上に強化するためには留保財源の率25％を高める必要がある。しかし，このような措置を講じると，地方交付税の財政調整機能は弱まることになる。

Fig. 11-3 地方交付税と公平性

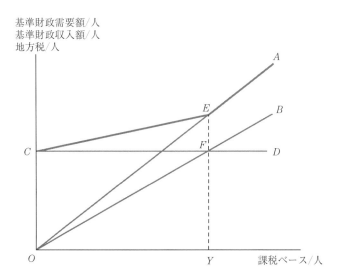

基準財政需要額/人
基準財政収入額/人
地方税/人

A

E

B

C　　　　　　　　　*F*　　　　*D*

O　　　　　　　　*Y*　　　　課税ベース/人

地方交付税交付後の人口1人当たり一般財源は *CEA* となり，課税ベースが大きい地方団体ほど金額は大きくなる。これは留保財源が存在すること，基準財政収入額が基準財政需要よりも大きい地方団体から，その超過額を国が徴収するという逆交付税が存在しないためである。

このように，公平性の確保と効率性の確保との間にはトレード・オフの関係が存在するのである。

　また，地方税が基準財政需要額を上回る分である超過財源を逆交付税として吸い上げないことによる不公平についても，基準財政需要額があるべき財政需要を完全に捕捉しえないとすれば，超過財源は必ずしも余裕財源とはいえないかもしれない。

**地方交付税の地域間
再分配効果**

　地方税と地方譲与税の地域間格差が地方交付税によってどの程度解消されているのかを，都道府県分について **Fig. 11-4** で見てみよう。図では「(地方税＋地方譲与税)/人」の大きいところから順に都道府県を並べてある。2018 年度において，都道府県レベルでの「人口1人当たり地方税＋地方譲与税」は愛知県の 18 万 4843 円が最高であり，最も低い沖縄県の 12 万 1685 円と大きな差がある。

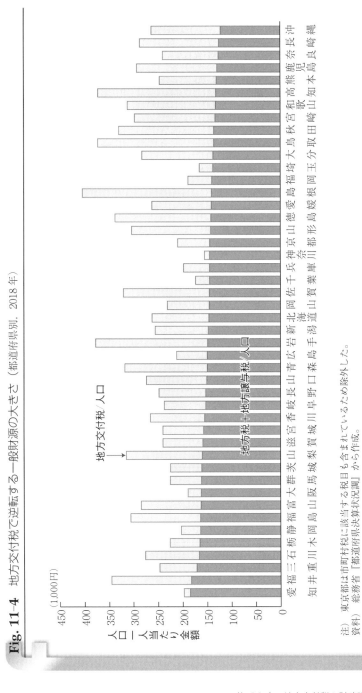

Fig. 11-4 地方交付税で逆転する一般財源の大きさ（都道府県別，2018年）

注）東京都は市町村税に該当する税目も含まれているため除外した。

資料）総務省『都道府県決算状況調』から作成。

地方税に地方交付税を加えた一般財源には，地方税の小さな地方団体ほど大きくなるという逆転現象が見られることから，地方交付税は大きな再分配効果を発揮しているといえる。ただし，現行の交付税制度による再分配効果の妥当性は，基準財政需要額が合理的かつ妥当な水準で算定されているかどうかにかかっている。

しかし，「地方税＋地方譲与税」に地方交付税を加えた一般財源ベースでは，最大は島根県の40万3769円，最低は神奈川県の15万4903円となり，順位は大きく変動し，むしろ「地方税＋地方譲与税」の小さな地方団体ほど大きくなるという，逆転現象が生じている。このように，地方交付税は地方財政収入においてきわめて大きな再分配効果を発揮しているといえる。また，地方交付税の財源の多くは国税の所得税や法人税に依存しているので，財源負担と受益の両面を考慮するなら，再分配効果はさらに大きくなる。

地方交付税の役割が経済力格差による地方税収入の格差を是正するだけであれば，「人口1人当たり地方税＋地方譲与税」に地方交付税を加えた一般財源は全地方団体で等しくなる。しかし，一般財源ベースで見たこのような逆転現象は，地方交付税が地方税の格差を埋めたうえで，さらに財政需要の地方団体間格差を調整していることを表している。そして，ここで重要な効果を発揮しているのが基準財政需要額の算定方式である。つまり，人口1人当たり基準財政需要額は経済力の弱い地方団体において大きくなっているのである。

このように，地方交付税はその構造上，完全には財政上の不公平を解消するようにはなっていないものの，財政需要における地方団体間格差の解消という機能によってきわめて大きな再分配効果を発揮しているといえる。

4 地方交付税の改革

変動が激しい基準財政需要額

それでは，基準財政需要額はどのような動きを示したのだろうか。**Fig. 11-5** は，人口1人当たり基準財政需要額の推移を都道府県分と市町村分のそれぞれについて示したものである。あわせて人口1人当たり GDP の伸びと，公的需要デフレーター，GDP デフレーターによって物価上昇を示した。数値はいずれも 1970 年度の水準を 100 として指数化したものを用いている。この期間中に基準財政需要額は公共サービスの物価上昇を上回って伸びているばかりか，GDP の伸びを大きく上回って増加している。基準財政需要額を標準的な行政水準を達成するのに必要な一般財源の額とするなら，標準行政が経済を上回る速度で伸びてきたことをこの図は示している。とくに 1970 年代の福祉国家の

Fig. 11-5 基準財政需要額の伸び

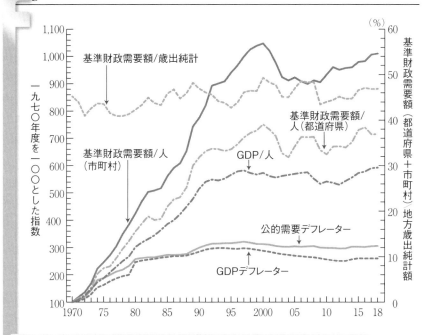

人口1人当たり基準財政需要額は公共サービスの物価上昇である公的需要デフレーターはもちろん，人口1人当たりGDPよりも大きく伸びており，このことは，ナショナル・ミニマムが経済成長を上回る勢いで引き上げられてきたことを示している。

建設期に，基準財政需要額は大きく伸びているのである。

　基準財政需要額の動きの特徴は，国の財政動向に左右されていることである。1980年代に入って国の財政が悪化すると基準財政需要額の伸びは鈍化し，80年代の後半からのバブル経済による税収増加などの要因によって国の財政状況が好転すると，基準財政需要額は再び増勢に転じている。2000年代に入って，国の財政悪化と，地方交付税が地方の歳出膨張の原因になっているのではないかとの批判を受けて，基準財政需要額が圧縮されたが，近年は再び増加傾向にある。

　また，地方財政全体で見た場合，基準財政需要額の歳出総額に対する比率は変動しており，標準的な行政水準を保障するはずの地方交付税が不安定になっていることを示している。

地方交付税改革の第1のポイントは，保障すべき行政水準をナショナル・ミニマムに限定することである。2018年度，1718市町村のうち普通交付税の不交付団体は77にすぎず，全体の95.5％が交付団体である。都道府県にいたっては不交付は東京都のみである。このことは，地方交付税が保障しようとする標準行政が高い水準に設定されているか，あるいは，その水準が適正だとして，基準財政収入額の基準になる地方税が少ないために，地方自らの財源で標準行政を賄えない構造ができあがっているかのいずれかである。いずれにせよ，税源が豊富な地方団体が賄うことのできる行政水準を合理的で妥当なものとしてとらえ，この水準の公共サービスを地域で負担することなく達成できている現状は，地方団体における**モラル・ハザード**を発生させ，財政拡大の要因となってきた可能性がある。地方交付税が保障すべき行政はナショナル・ミニマムでなくてはならない。

　地域間の経済力に格差がある以上，厳密な意味でのナショナル・ミニマムの達成のためにも地域間再分配の必要性が完全になくなるとは考えにくく，したがって財政調整制度の必要性はなくならないだろう。しかしながら，極端にいえば地方全体を丸がかえするような現在の地方交付税制度は，経済が拡大の一途をたどるという背景があってはじめて可能であったしくみである。その意味では，地方分権や行政改革という大きな課題をかかえる今日，地方交付税の枠組みを決定する基準財政需要額のあり方の検討は早急に行わなければならない。

　真の地方分権は，これまでのように国が地方に対して発揮してきたパターナリズムを放棄することで実現する。そのためには，①地方の事務・事業に対する国の義務づけを緩和することによって，地方交付税が財源保障すべき水準を真のナショナル・ミニマムに限定する，②ナショナル・ミニマムを上回る分は地方が民意に従って実施するかどうかを選択し，実施する場合にはその財源は地方税で賄う，というしくみの構築が必要である。

地方交付税改革の第2のポイントは，地方交付税を国の政策手段として利用しないことである。1970年代に基準財政需要額は著しく膨張している。これは福祉国家の建設を目指して行政の守備範囲を大きく拡大させたためである。また，「国土の均衡ある発展」という国土政策を地方交付税が側面援護したこ

とも膨張の一因となっている。1990年代後半に見られる基準財政需要の膨張は，景気対策を地方単独事業に委ね，単独公共事業債の元利償還を地方交付税で補填したことが原因である。本来，国が果たすべき経済安定機能を地方交付税という財源措置を使って地方に行わせたことは誤りであった。

第3のポイントは，効率的な行政運営を前提としたミニマム・コストをベースに基準財政需要額を算定することである。市町村合併が進んだことには，地方交付税改革が大きく影響している。小規模地方団体のメリットは住民ニーズに合ったきめ細かな行政ができることだが，一方でコストが割高になるというデメリットがある。地方交付税は小規模であるがゆえのコスト高を補正することでデメリットを消滅させ，住民はメリットだけを享受するしくみを作り上げてきた。これでは合併が進むはずはない。

しかし，小規模地方団体にあっても，職員の兼務や外部委託等により合理的・効率的に行財政運営を行っているところもある。こうした実態を反映した見直しを行うために，市町村について2002年度から補正を弱め，割増しの程度が抑えられた。これによって小規模地方団体の基準財政需要額は減少し，地方交付税が減少したため，合併が後押しされたと考えられる。

基準財政需要額は合併等の効率的な行政が実施されていることを前提とした低コストを基準に算定し，狭域的な供給によって発生するコスト増は，地方交付税ではなく住民自らが税で負担すべきである。この自己負担はきめ細かな行政を享受できることに対する一種の「グリーン料金」であり，住民は狭域的供給によるメリットと，そのための負担増を比較しながら，合併の是非を判断することになる。

新型交付税　近年，基準財政需要額の算定の見直しが行われており，その1つが新型交付税の導入である。地方交付税の基準財政需要額は，河川費は河川の延長，高等学校費は生徒数，社会福祉費は人口，農業行政費は耕地面積といったように，行政の種類ごとに算定基準が異なり，人口規模，寒冷地，過疎地といった地域の特性に応じて補正をかけるという方式で計算されてきた。こうした算定方式に対して，複雑でわかりにくく，交付税の予見可能性が損なわれているとともに，算定に恣意性が入り込むのではないか，という批判がかねてより出されていた。

こうした批判を受け，総務省は2007年度から，人口と面積に応じて配分す

る「新型交付税」を導入することとした。その概要は以下のとおりである。

① 「国の基準づけがない，あるいは弱い行政分野」(基準財政需要額の1割程度) の算定について導入。

② 人口規模や宅地，田畑等土地の利用形態による行政コスト差を反映。

③ 算定項目の統合により「個別算定経費（従来型)」の項目数を3割削減。

④ 離島，過疎など真に配慮が必要な地方公共団体に対応するしくみを確保（「地域振興費」の創設）。

2007年度の算定額は都道府県約1兆3053億円，市町村約2兆3583億円であり，基準財政需要額（公債費除く）の約1割にあたる。

新型交付税の導入によって，交付額に増減が生じることは避けられない。そのため，新制度導入後も変動額が小さくなるように，人口規模の違いや土地利用形態の違いによる行政コストの差に配慮するために人口，面積を補正することになった。さらに，へき地・離島，寒冷地といった条件不利地域に配慮しつつ，歳出削減，歳入確保，地域振興等の経営努力に対応するようなインセンティブを与える要素を加味する，という複雑なものとなってしまった。したがって新型交付税は，上で示した地方交付税改革とは大きく異なっている。

トップランナー方式 もう1つの算定見直しが，2016年度から導入されたトップランナー方式である。この方式は効率的な地方団体をモデルとして，基準財政需要額と基準財政収入額を算定する方式であり，各団体に効率的な行財政運営を促す目的で導入された。まず需要額に関しては，民間委託等を実施して低コストで業務を実施している団体の経費に基づいて算出した単位費用を，算定の際に用いる方式に見直された。単位費用の見直しはおおむね3〜5年かけて段階的に減額され，その減額に応じて需要額は減少する。一方，収入額の算定は，これまで「全国平均的な徴収率」を用いてきたが，5年間にわたって段階的に「上位3分の1の地方団体の徴収率」を利用する方式に変更された。実際の徴収率が上位3分の1の徴収率に満たない団体は，交付税を算定する際の収入額が現行方式の収入額よりも多くなるため，その差額だけ交付税は減少する。したがってトップランナー方式は，割高な経費で行政サービスを供給している団体や徴収率が低い団体に，外部委託を通じたコスト削減や徴収率の引上げを促すしくみといえる。

一方，トップランナー方式を推進する際に「財源保障機能を適切に働かせ，

住民生活の安心安全を確保することを前提として取り組む」とも言及されている。実際，基準需要額の算定において，人口3万人未満の団体は，単位費用減額の影響が理論上ゼロとなるように，段階補正の見直しが行われ，3万〜10万人の団体については人口が少ない団体ほど単位費用の減少額を低減させるしくみとなっている。この点は狭域的な供給によるメリットを享受できるようにしたまま財源保障していると解釈できるため，その妥当性については改めて検討する必要があるだろう。

第12章
地方債の発行と国の関与

1 地方債のしくみ

国債と地方債　地方債とは，地方団体が資金調達のために負担する債務であり，その返済が一会計年度を超えて行われるものをいう。また，地方債を発行することを**起債**という。

国債と地方債は同じ公共部門の借金であるが，その特徴は大きく異なっている。第2章で触れたように経済安定化機能は国家財政が担うものであり，各地方団体が単独でその地域のために景気対策を行ったとしても効果は小さい。したがって，国が国債を発行して景気対策を行う意味はあるが，地方債は景気対策としての役割よりは，むしろ恒常的な財源の一部として考えられている。

このことは，国家財政においては戦後，税収と財政支出とが等しい**均衡財政**が維持され，国債が発行されだしたのが1965年度に入ってからであったのに対して，地方財政の場合には，戦前から主要な財源の1つとして地方債が発行され，戦後においても地方団体の財政需要の増大とともに発行額が増加し，今日にいたっていることを見れば明らかである。

このように，地方債が地方税，国庫支出金，地方交付税と並ぶ重要な財源となっている理由としては次の点があげられる。第1に，多くの地方団体は財政規模も小さく，経常収入も少ないために，大規模な建設事業をその年度の収入だけで賄うことができず，負担を将来の利用者である住民から求めざるをえない。第2に，地方財源が不足しているため，国の計画に従って実施される公共

事業の地方負担に対して，財源補填として地方債を充当する必要があった。第3に，**地方公営企業**はもともと自己資本を持たない企業であるため，資本は地方債を通じて調達するよりほかに方法がなかった。

　公債の負担についても，国債と地方債とでは異なる。新正統派の考え方によれば，**内国債**は，経済が完全雇用状態にあるなら国民全体の利用可能な資源を増加させることはないため，発行時点では民間部門で利用可能な資源を公共部門に振り向けるにすぎず，租税と同じ現在世代の負担となる。そして内国債の償還時においては，償還を目的として課税された納税者と償還を受ける公債保有者とは同じ世代の国民であるから，公債償還は同一世代内での所得再分配にすぎない。しかし**外国債**の場合には，発行時点では外国から資源が流入することで，現在世代は負担を負うことなく利用できる資源が増加する。これに対して将来世代には海外の公債保有者に対する償還のための負担だけが残る。このように，外国債については，現在世代から将来世代への負担の転嫁が起こるのである。

　地方債の場合，その引受け手の多くは行政区域を越えたところに居住すると考えられ，国が外国債を発行するのと同じように，現在世代から将来世代への負担の転嫁が生じる。これを避けるためには，地方債によって賄われる公共サービスは将来世代にも利益をもたらすものでなければならない。

地方債を財源とすることができる経費

　国が財政法で規定されているのと同様，地方財政法は，「地方公共団体の歳出は，地方債以外の歳入をもって，その財源としなければならない」（第5条第1項）と定めている。しかし，地方財政法第5条は，次に掲げる経費の財源とする場合には地方債の発行を認めている。

① 　公営企業に要する経費の財源とする場合。現在，この対象となっている事業には，水道事業，公共下水道事業，工業用水道事業，交通事業，ガス事業，病院事業，港湾整備事業などがある。

② 　出資金および貸付金の財源とする場合。

③ 　地方債の借換えのために要する経費の財源とする場合。

④ 　災害応急事業費，災害復旧事業費，災害救助事業費の財源とする場合。

⑤ 　学校その他の文教施設，保育所その他の厚生施設，消防施設，道路，河川，港湾その他の土木施設等の公共施設または公用施設の建設事業費，お

よび公共用あるいは公用に供する土地またはその代替地としてあらかじめ取得する土地の購入費の財源とする場合。

このほか，特別な立法により例外的に起債が認められる場合もある。地方団体全般の財源不足対策として発行される**財源対策債**，地方税の収入が落ち込んだ場合に，その減収を補うために発行される**減収補てん債**，税制改正による地方税の減収を補塡するために発行される**減税補てん債**などである。

特定の地方団体に認められる地方債には，地方団体の地域特性や特別な行政需要の存在を理由に，その団体の事業を奨励・促進するためのものもある。辺地対策事業債，過疎対策事業債などであり，これらについてはとくに高い起債充当率が適用されたり，返済負担を緩和するために元利償還分を地方交付税に上乗せするなどの措置が行われることが一般的である。

建設地方債と負担の公平性

地方財政法が地方団体の起債を公共施設の建設などに限定して認めているのは，なぜなのだろうか。人件費のように，便益が一時的にしか発生しない公共サービスの費用を地方債で賄ったとしよう。利益を受けるのは公共サービスが供給された時点の住民であるにもかかわらず，地方債の償還のための負担は将来の住民にもかかってくる。地方団体においては住民移動が行政区域を越えて行われるため，転入してきた住民は公共サービスの利益を受けることなく負担だけを負い，他方，転出していく住民は利益を受けるだけで負担を免れる。このように，経常的な経費を地方債で賄うと，受益と負担の連動が断ちきられてしまい，住民間で不公平が発生する。

これに対して道路や学校のように，便益が長期にわたって発生するような公共施設の費用を全額税で賄うと，転出する住民は過大な負担を負い，転入してくる住民は負担することなく公共施設の利益を受けるという不公平が生じる。そこで，地方債を発行し，便益が発生する期間にわたって償還することで公平性が確保されるのである。**Fig. 12-1** の簡単な数値例を使って，建設地方債の役割を説明しよう。

総建設費が 900 の公共施設を建設したとする。この施設の耐用年数は 3 期であり，各期に等しい便益を発生させる。ここでは建設費をどのように配分すればよいかが問題なのであって，便益の大きさを問う必要はない。重要な点は便益が発生する期間と，各期の便益が等しいということである。公共施設の建

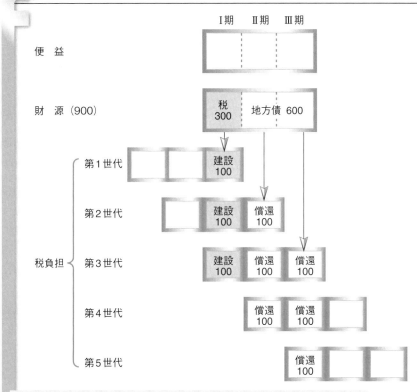

Fig. 12-1 建設地方債による便益と負担の世代間の公平

便益が3期にわたって発生する建設事業の財源900は，300を税で残りの600を地方債で賄い，地方債は第Ⅱ期と第Ⅲ期に受益者である世代から徴収した税で償還することによって，世代間の公平性を確保することができる。

設費用を各期の利用者に分担させるためには，公共施設が利用できる3期にわたって，毎期300ずつ建設費の負担を住民に課することが必要になる。したがって，まず建設時には300を，その時点での受益者である第1から第3世代の住民から100ずつ税で徴収し，残りの600を地方債で賄うことが必要となる。これによって，第Ⅱ期，第Ⅲ期には受益することができない第1世代は，第Ⅰ期の受益分だけ負担すればよいことになる。第Ⅱ期以降においては，各期の受益者から300の税を徴収し，地方債を償還すればよい。つまり，第Ⅱ期には第2から第4世代の住民が，第Ⅲ期には第3から第5世代の住民が，それぞれ100ずつの負担を負うのである。

こうすることで，利用するときに負担するという**利用時払いの原則**（pay as you use principle）が確保され，等しい便益を受ける住民は，等しい税負担を行うという公平性の原則が満たされるのである。

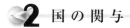 ２ 国 の 関 与

発行の自由度拡大 かつて地方団体が地方債を発行する場合，都道府県と政令指定都市は総務大臣の許可，市町村は都道府県知事の許可が必要とされていた。

このように起債に関して許可制度が置かれていたのは，

① 地方財政の健全性を保持するために，将来の元利償還の負担が地方財政を圧迫しないよう，個々の地方団体が適正な地方債の発行を保持すること，

② 地方団体間に存在する財政力格差による不公平な資金配分の発生を防ぎ，財政力の弱い地方団体にも必要な資金の確保を保障すること，

③ 国，地方団体，民間を含めた経済全体の効率的な資金配分を確保すること，

などの理由からであった。

地方債の許可制度については，地方団体から財政運営の自主性を奪うものだという批判があった。そこで 1999 年に成立した地方分権一括法により，地方財政法等の法律を改正し，許可制は協議制に改められることになり，財政構造改革との関係等から 2006 年に施行されることになった。地方債を発行する場合には，都道府県・指定都市にあっては総務大臣，市町村・特別区等にあっては都道府県知事に協議しなければならない。協議の結果，同意が得られた地方債については公的資金（都道府県，市町村が共同で設立した地方公共団体金融機構が市場で債券を発行して調達したものなど）を借り入れることができる。そして，同意された地方債の元利償還金は地方財政計画に算入される。また，同意がなかったとしても地方債の発行は可能となったが，この場合には発行する旨を事前に地方議会に報告する必要がある。

なお，地方債の元利償還金の地方交付税措置については，「地方団体の負担意識を薄めるしくみを縮小」すべきと指摘されたことなどから，廃止・縮減が

行われた。現在は，防災・減災など国民の生命・安全にかかわるものや，全国的に見て財政需要が大きく偏在しているものなどに限定して基準財政需要額への算入が行われている。

そして，2012年度より地方団体の自主性・自立性を高める観点から，一定の要件を満たす地方団体が民間等資金債（銀行等からの借入れや債券発行市場において公募によって借り入れるもの）を発行する場合は，原則として協議を不要とし，事前届出のみで発行できることとされた。また，2016年度から協議不要基準の緩和など，地方債制度の抜本的見直しが行われた。現在の要件は，実質公債費比率が18％未満であること，実質赤字額がゼロであることなどである。なお，実質公債費比率とは，借入金（地方債）の返済額およびこれに準じる額の大きさを指標化し，資金繰りの程度を示すものであり，地方団体の借入金（地方債）の返済額（公債費）の大きさを，その地方団体の財政規模に対する割合で表したものである。

| 起債が制限される地方団体 |

本来，地方財政の運営は各地方団体の自己責任のもとで行われるべきものである。しかし日本の場合，①地方財政の役割がきわめて大きく，財政破綻は市民生活に多大の影響を与えること，②地方団体が国から独立した形で行政を行っているのではなく，国が支出と財源調達の両面で地方に大きく関与していることから，地方債の発行に関して，財政状況を勘案して一定の制限が設けられている。

具体的には以下のようなケースは許可が必要となる。

① 実質収支の赤字が一定以上である場合。普通会計の**実質収支**（歳入額から歳出額および翌年度に繰り越すべき財源を差し引いた額を実質収支とよび，これがプラスの場合は黒字団体，マイナスの場合は赤字団体である）の赤字比率（実質収支が各地方団体の一般財源の標準規模を示す**標準財政規模**に対してどの程度の比率になるかが実質収支比率である）が都道府県，大都市，標準財政規模が500億円以上の市で2.5％，200億円規模で5％，50億円未満で10％以上の場合には許可団体に移行する。

② 実質公債費比率が18％以上25％未満の団体は，公債費負担適正化計画の策定を前提に一般的な許可基準により許可される。なお，25％以上35％未満の団体は，一般単独事業債等，35％以上の団体は一般公共事業（災

害関連事業を除いた事業），教育・福祉施設等整備事業等にかかる地方債を
発行することができない。

③　標準税率未満の団体。

　なお，過去においては標準税率未満で課税する地方団体は地方債の発行は認
められていなかった。したがって事実上，標準税率を下回って課税することは
できなかったが，現行制度では総務大臣または都道府県知事の許可を得れば起
債が可能であり，軽減税率での課税も理論上は可能となった。

地方債の資金

　　　　　　　　　　　　かつての地方債許可制度のもとでは，地方債計画，
　　　　　　　　　　　地方債許可方針等は運用上策定されたものであり，
国会審議の対象となるものではなく，またその策定が法令に規定されていたわ
けではない。2006 年度から協議制に移行したことにともない，同意・許可の
質的基準である同意等基準，量的基準である**地方債計画**は法定化された。地方
債計画は地方債の発行予定計画であり，1948 年度以降，毎年，作成されてい
る。内容は，同意の対象となる事業別所要額の計画と発行の裏づけとなる資金
調達計画からなっている。

　地方債の資金は，1951 年度までは全額政府資金であったが，翌 52 年度以降，
民間資金が導入された。**Table 12-1** は地方債資金内訳の推移を示したもので
ある。地方債資金の中心を占めてきた政府資金は，地方債の引受け余力が減退
したことや財政投融資制度改革によってそのシェアを大きく低下させ，代わっ
て民間資金（市中銀行等の引受けと市場公募債）が大きな受け皿となっている。
また，2007 年の郵政民営化によって，これまで巨額の地方債を引き受けてい
た郵貯・簡保が政府資金から姿を消すことになるため，民間資金の役割はさら
に大きくなった。

　公営企業金融公庫は地方公営企業の運営に必要な資金を低利で安定的に供給
することを目的として 1957 年に設立され，資本金や公営企業債を原資として
水道事業，交通事業などに対して貸付けを行ってきた。この業務は 2008 年
10 月から**地方公営企業等金融機構**に引き継がれ，2009 年度に地方公共団体金
融機構に改組され，一般会計債にも貸付け対象を拡大した。

　政府資金を中心としたかつての地方債制度は地域間再分配的な色合いを持た
せることで，財政力の弱い地方団体にも資金を提供できるという特徴を持つ反
面，市場を通ずる資金の効率的な地域配分を損なうというデメリットがあった。

Table 12-1　地方債の資金内訳

(単位：億円，%)

資金区分	1985 金額	1985 構成比	1995 金額	1995 構成比	2005 金額	2005 構成比	2015 金額	2015 構成比
政 府 資 金	26,636	59.2	63,460	37.4	34,394	33.1	22,524	21.4
公営企業金融公庫（地方公共団体金融機構資金）	3,500	7.8	8,510	5.0	2,928	2.8	10,072	9.6
民間等資金	13,397	29.8	93,954	55.3	65,709	63.3	71,106	67.7
市 場 公 募	3,934	8.7	12,915	7.6	29,250	28.2	28,535	27.2
市 中 銀 行 等	8,273	18.4	78,808	46.4	35,034	33.8	41,065	39.1
共 済 等	1,190	2.6	2,231	1.3	1,425	1.4	1,505	1.4
そ の 他	1,462	3.2	3,860	2.3	731	0.7	1,382	1.3
合 計	44,995	100.0	169,784	100.0	103,762	99.9	105,084	100.0

注)　1. 2005 年度までは公営企業金融公庫資金，2018 年度はそれに相当する地方公共団体
　　　　金融機構資金である。
　　　2. 2004 年度時点で政府資金である郵政公社資金（郵便貯金資金，簡易生命保険資金）
　　　　が民営化により，ゆうちょ銀行，かんぽ生命保険になったため，2018 年度では市中
　　　　銀行等の項目に入れている。
資料)　総務省『地方財政白書』。

> 地方債の資金の中心は，資金運用部と簡保資金からなる政府資金であったが，近年，
> 民間資金の比重が増している。市場公募債と市中銀行の引受けのウェートが大きい。

また，市場によるチェックが行われないために，地方団体が自発的に行財政運営を改善するというインセンティブが損なわれるという問題も指摘されていた。

現在，地方債における市場化が本格的に進んでいる。また，許可制から協議制への移行は，財政規律に対する地方の自己責任が強化されたことを意味している。財政状況の悪い地方団体は，資金の貸し手に対してリスク・プレミアムを上乗せした金利を支払う必要が生じたり，場合によっては地方債の引受けを拒否されたりする可能性すらある。こうした「市場による規律」を高めるためには，①資金の供給者に対する財政情報の的確な開示，②「最少の経費で最大の効果」を上げる行財政運営の実行が不可欠である。

ただ，第 1 章で見たように，多様な地方団体に市場によるテストを一律に適用することは現実的とはいえない。金利補助など分権時代にふさわしい政策的対応の必要性は残るだろう。その際，重要なのは，財政規律を損なうような支援策であってはならないということである。

3 地方財政と地方債

増加する発行額と内容の変化

地方税，国庫支出金，地方交付税と並んで地方財政の大きな収入源となっているのが地方債である。

Fig. 12–2 は地方歳入（都道府県と市町村の歳入の単純合計）に占める地方債のウェートの推移を示している。1960 年度には 4.6％にすぎなかった地方債のウェートはその後しだいに大きくなり，70 年代に入ると 10％前後で推移している。しかし，バブル経済の崩壊によって景気が悪化する 1990 年代に入ると，そのウェートはきわめて大きくなっている。

地方債の対象となる公共事業の財源は，事業費から国庫支出金を差し引いて地方負担分が求められ，その一定割合として地方債の額が決まり，残額が一般財源（地方税＋地方交付税）で賄われる。したがって，地方債の額は国庫支出金に影響を与える国家財政の動向，地方税や地方交付税を左右する景気の動きに左右される。

Table 12–2 は，2018 年度における発行額と現在高を内容別に見たものである。大きな割合を占める地方債の 1 つに**一般単独事業債**があり，発行総額の 23.8％に上っている。1960 年度から 65 年度の平均では，一般単独事業債は全体の 17.3％にすぎなかったことを考えると，大きく増加していることがわかる。地方の普通建設事業費は補助事業費と単独事業費に区分される。両者の規模を比較すると，1988 年度に単独事業費が補助事業費の規模を上回り，96 年度には単独事業費は 16 兆 7375 億円と，補助事業費 11 兆 9151 億円の 1.4 倍の規模に達した。このことは，社会経済の成熟化とともに地方団体がナショナル・ミニマムを超える行政を実施したり，地域独自の施策を展開していくという時代の流れを反映したものと考えられる。しかし，単独事業債急増の理由をこれだけで説明することはできない。

1990 年代の前半，バブル崩壊後の経済を立て直すため，数次に及ぶ経済対策の役割を地方の単独事業が担った。地域総合整備事業債をはじめとする一般単独事業債は **Fig. 12–3** に見るように，1991 年度に 2 兆 7770 億円であったものが，翌 92 年度には 5 兆 140 億円に，96 年度には 7 兆 490 億円に達したので

Fig. 12-2　地方債のウェート

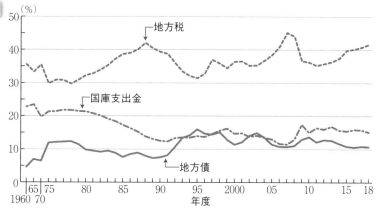

資料）　総務省『地方財政統計年報』。

1960 年度に 4.6％にすぎなかった地方債のウェートは 70 年代には 10％以上に上昇
した。バブル経済の崩壊による税収の落込みと経済対策による大量発行によって，
90 年代後半以降，地方債の比率はさらに高くなっている。

Table 12-2　地方債の発行状況

（単位：100 万円，％）

	2018 年度発行額		2018 年度現在高	
	金　額	構成比	金　額	構成比
一般公共事業債	1,345,260	12.8	18,773,264	13.1
一般単独事業債	2,502,113	23.8	35,081,629	24.4
公営住宅建設事業債	184,460	1.8	2,842,905	2.0
教育・福祉施設等整備事業債	724,663	6.9	7,039,214	4.9
公共用地先行取得事業債	31,242	0.3	338,480	0.2
厚生福祉施設整備事業債	—	—	40,159	0.0
過疎対策事業債	364,234	3.5	2,359,952	1.6
減税補てん債	—	—	1,867,229	1.3
臨時財政対策債	3,939,469	37.5	53,979,250	37.6
そ　の　他	1,416,983	13.5	21,332,857	14.9
合　　計	10,508,424	100	143,654,939	100
うち財源対策債等	602,398	5.7	10,963,201	7.6

資料）　総務省『地方財政白書』。

地方財政の悪化を反映して，財政対策目的の地方債が大量に発行されている。また，
発行額，残高ともに公共事業観点の地方債が約 40 ％を占めており，とくに一般単独
事業債のウェートが大きくなっている。

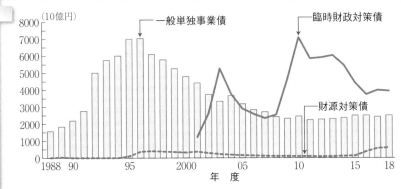

Fig. 12-3 各地方債発行額の推移

資料) 総務省『地方財政統計年報』より作成。

> 一般単独事業債は1990年代前半に急増している。この背景には，バブル崩壊後の経済を立て直すため，数次に及ぶ経済対策の役割を地方の単独事業が担ったこと，地方債の元利償還に対して地方交付税措置が行われたことがある。

ある。

　地域総合整備事業債は，まちづくり特別事業，ふるさとづくり特別対策事業，リーディング・プロジェクト事業などの大型の単独事業にあてられ，財源は地方交付税で措置されることになっていた。1つは，当該事業年度に事業費の一定割合を事業費補正で増額するとともに，元利償還に要する経費について，後年度に財政力に応じてその30〜50％が基準財政需要額に算入されるのである。補助金がつかない単独事業ではあるものの，事業費の6割以上が交付税として交付されるというしくみになっていた。この地域総合整備事業債は2001年度かぎりとされたが，各地にハコモノを残し，またその負担が地方財政を圧迫している。

地方財源の不足と地方債による財源措置

一般単独事業債は1996年度をピークに減少傾向である一方で，地方の財源不足によって，財源・財政対策向けの起債が多くなっている。その1つが地方財政計画上，地方団体の一般財源（地方税，地方交付税等）に極度の不足が見込まれる場合，臨時的な財源対策として増発される財源対策債である。近年は安定していたが，2015年から再び増加し，18年度現在では10兆9600億円に上っている。

ある地方団体が10億円のプロジェクトを行うとしよう。国庫支出金の補助率が50％の場合，地方団体は5億円の財源を用意することになるが，その全額が地方債で賄われるわけではない。そのうちの30％が通常の地方債（通常債）の発行で賄われるとすると，プロジェクトを実行するためには3億5000万円の一般財源が必要となる。地方債によって調達される割合を**起債充当率**というが，財源対策債はこうした通常債の充当率の引上げ，あるいは地方債発行の対象となる事業（**適債事業**）の範囲を拡大することに対して措置されるものである。財源対策債は，石油ショックによる景気の落込みにより多額の地方財源不足が見込まれた1976年度の地方財政対策においてはじめて登場した。

　さらに財源・財政対策向けの起債のなかで増加傾向にあるのは，2001年度に導入された**臨時財政対策債**である。臨時財政対策債とは，地方の財源不足を補うために投資的事業以外のものにもあてることができ，地方財政法第5条の特例として発行される地方債を示す。Table 12-2で見たように一般単独事業債よりも大きな割合を占めており，発行残高は53兆9700億円に上る。そのほかにも，先述した，恒久的減税の実施や2003年度の先行減税の実施にともなう地方税減収の一部に対処するため発行された減税補てん債，1985年度から92年度の間の国庫補助負担金の補助負担率の引下げ（たとえば公立学校施設整備費は，従来の2/3であった負担率が85年度には6/10に，86年度には5.5/10に引き下げられ，治山事業費補助金の補助率は，従来の2/3が85年度に6/10に，86年度には5.5/10に，87年度には5.25/10に引き下げられた）にともなう減額分を補填するための**臨時財政特例債**，先述した，地方税の収入額が標準税収入額を下回る場合にその減収を補うために発行する減収補てん債など，数多くの地方債が財源・財政対策の目的で発行されている。

　これらは，地方の財源不足を地方債の発行でしのぎ，後年度に地方交付税で措置するという構図であり，負担の先送りという性格のものである。発行は臨時的なものとはいえ，その負担は後世代が負うことになる。財政のスリム化や増税という改革がなければ，こうした構図がなくなることはない。

4 地方債は過剰発行となるか

地方債の最適水準　財政支出を地方債で賄うと，地方財政支出や地方債の発行額が最適な水準を超えてしまうのではないかという議論がある。ここで，起債の制限がない場合，地方債の発行額がどのように決定されるかをワグナー（R. E. Wagner）の理論によって考えてみよう。この理論では，地方団体の行財政運営が代表的な住民の意思決定に従って行われるとし，地方債の発行は，この住民が自らの効用水準を最大にするように，金融機関から借金をして公共サービスを手に入れる行為と考えられている。

Fig. 12-4 において，横軸には第 1 期の支出が，縦軸には第 2 期の支出がとられている。住民が第 1 期に Y_1，第 2 期に Y_2 の所得を稼ぐとしよう。利子率を i とすると，第 2 期の所得 Y_2 は第 1 期においては $Y_2/1+i$ に等しい。したがって，住民が Y_2 全額を借金の返済にあて，第 1 期に第 2 期分の所得を使い切ってしまうとしたとき，支出は OA となる。他方，現在の所得をすべて貯蓄して第 2 期の支出にあてると，第 2 期の支出額は $Y_2+(1+i)Y_1$ となり，支出額は OB となる。こうして，金融機関からの借入れと貯蓄を考慮した場合の，住民の第 1 期と第 2 期の支出可能線は AB となる。

いま，住民が第 1 期と第 2 期の支出に関する選好が $I_0 I_0$ という無差別曲線で表されているとすると，E_0 において住民は自らの効用を最大にすることができる。このとき，第 1 期の支出は OA'，第 2 期の支出は OB' となる。OA' が OY_1 よりも大きい場合には借金を（地方債を発行）して第 1 期の支出を増やすことを意味する。図では $OA'-OY_1$ が借金額であり，OY_2-OB' が返済のための課税額である。このように，住民が将来の返済を考慮し，自分の選好に従って意思決定するのであれば，公債発行額は最適な水準となり，起債を制限する必要はない。

住民移動を考慮した場合　ところが，第 1 期の住民が第 2 期にも同じ地方団体に住み続けるとはかぎらない。第 1 期に起債によって公共サービスの利益を受け，第 2 期に他の地方団体に転出すれば，その住民は地方債の元利償還のための課税から逃れること

Fig. 12-4 地方債の最適水準

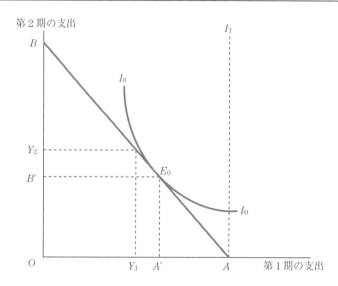

第1期と第2期の最適な支出配分はE_0であり，地方債の最適発行額は$OA'-OY_1$である。しかし，住民が第2期に他の地方団体に転出する確率が高くなるほど，地方債の発行額が最適水準を超える可能性が大きくなり，地方債の発行額を制限する根拠がここに生まれてくる。

ができる。となると，起債による公共サービスの購入に対するコスト意識が薄れ，公債発行額が最適な水準を超える可能性がある。起債発行がどのように変化するかは，住民が第2期にどの程度の確率で他の地方団体に転出するかにかかっている。AB は第1期と第2期の支出可能線であるから，転出の可能性を考慮したとしても変わることはない。転出の可能性は住民の無差別曲線を変化させるのである。いま，住民が第2期に転出することが確実であり，したがって第2期の課税を確実に免れるなら，無差別曲線は I_1A のように垂直の線で表され，第1期の支出は OA と最大になる。このとき公債発行額は $OA-OY_1$ となり，最大の起債額が選択される。このように，住民が第2期においてわずかでも転出の可能性を自覚している場合には，最適な水準に比べて公債発行額は過剰になるのである。

　以上の議論は，住民が他の地方団体に転出することで負担を逃れることができるという想定であった。これに対して，公債の償還が資産にかかる税で行わ

れる場合には，第1期の住民はたとえ他の地方団体に転出しても負担を免れることはできない可能性がある。土地のような資産の価値は，通常，その将来収益の割引現在価値に等しくなる。したがって，公債償還のために第2期に確実に税負担が増加するなら，それは税負担分だけ第1期の地価を下落させる。これを税の**資本化**と呼ぶ。こうして，第1期の住民が土地所有者であれば，第2期に他の地方団体に転出したとしても，転出の際の土地の売却収入が減少するという形で負担をすることになる。

　しかし，第1期の住民が借地人であれば，転出することで負担を免れることができる。また，実際には公債償還の全額が資産税で賄われるわけではない。つまり，他の地方団体に転出する可能性がある住民は過剰な公債発行を望むと考えるほうが適当である。

　以上の議論は，公債発行で賄われる公共サービスの便益が第1期においてのみ発生するケースであり，赤字公債の発行にあてはまる。地方債が第2期においても便益を発生させる建設事業のために発行されるのなら，他の地方団体に転出する住民は第2期には便益を享受できないのであるから，償還の負担を免れることを動機とする公債の過剰発行は生じない。

第 **2** 部

実 践 編
──地域を考え，政策をつくる

第**13**章

地方行政改革について考えてみよう
—社会教育事業の改善策の検討—

第13章の概念図

> **トピック：地方行政改革の推進**
> どのようにして公共支出の効率性の向上を通して地方行政改革を進めてい
> くのか。

> **1. 生産性の効率性の向上**
> ・与えられた資源を用いてアウト
> 　プットの量を最大にする。
> ・アウトプットを生み出すのに必要
> 　な費用を最少にする。

> **2. 配分の効率性の向上**
> ・生産の効率性を満たしたうえで,
> 　住民の厚生を最も高くする公共
> 　サービスの組合せ（予算配分）を
> 　決定する。

> **本章の枠組み**
> 社会教育事業を例にして,回帰分析
> を用いた決定要因分析を行い,具体
> 的に生産の効率性を向上させる方策
> を検討する。

イントロダクション

　地方団体は,限られた財源を用いて住民の満足を最大化しなければなら
ない。第5章では,そのためには「生産の効率性」と「配分の効率性」を
向上させることが,本来の意味での地方行政改革の目指すべきものである
ことを明らかにした。本章では,第5章で学んだ内容をベースとして,近年,
その重要性が大きくなっている社会教育事業を事例に,生産の効率性を改善
するための取組みを検討していく。読者の皆さんも地方団体の行革担当者に
なったつもりで,社会教育事業における改善策を検討してもらいたい。

1 社会教育事業の現状と課題

社会教育事業に対する支出

社会教育事業は，国や地方団体が実施する保育（幼稚園，保育所，こども園），小・中学校，高校，専修学校，大学などの学校教育以外の教育活動であり，社会教育法を根拠法としている。具体的には，図書館，博物館，公民館，体育館，集会施設などの公共施設で開催される講座，講習会，講演会，展示会などによって社会教育事業が実施されているが，そのほとんどは地方団体が行い，住民のニーズに応じて多種多様な社会教育プログラムを主として青少年や成人に供給している。

2018年度の社会教育費は，都道府県が1934億円，市区町村（区は東京都の特別区である。以降，特別区の表記を区とする）が1兆836億円であり，都道府県よりも市区町村が中心となって事業を実施していることがわかる（総務省『地方財政統計年報』，『市町村決算状況調』）。また，市区町村の社会教育費の財源内訳は，一般財源が8210億円（75.8％），地方債が1089億円（10.0％），国庫支出金が414億円（3.8％），使用料・手数料が248億円（2.3％），都道府県支出金が188億円（1.7％），その他が686億円（6.4％）であり（総務省『地方財政状況調査個別データ』），国からの補助金は少なく，主に地方団体の財源によって事業が実施されている。

第1章では，国からの補助金獲得行動によって事業実施に関する地方団体の裁量の余地が小さくなると，公共サービスの非効率的な供給に結びつく可能性があることを指摘した。社会教育事業は国からの関与が小さいことから，地方団体の裁量の余地が大きく，地方団体の取組み次第では，効率的な事業を実施できる可能性がある。

人口1人当たりで見た社会教育費

人口規模にかかわりなくすべての人に等しく便益を与える純粋公共財は別として，ほとんどの公共サービスに対する支出総額は人口規模が大きければ多くなる。そこで，公共支出を地方団体間で比較する場合には，人口（受益者）1人当たりで観察することが多い。

Table 13-1 団体規模別人口1人当たり社会教育費（2018年度）

団体区分	団体数	平均人口(人)	1人当たり事業費の平均値(千円/人)	最大(千円/人)	最小(千円/人)	変動係数	最大/最小
政 令 市	20	1,374,427	7.03	11.77	3.30	0.30	3.6
中 核 市	54	383,700	7.32	17.15	2.28	0.39	7.5
施行時特例市	31	251,750	7.01	15.05	2.56	0.35	5.9
特 別 区	23	412,462	8.63	23.86	3.83	0.48	6.2
市	687	74,307	10.71	102.05	2.03	0.77	50.3
町	741	13,662	16.33	169.30	0.83	1.01	204.8
村	182	4,145	21.39	165.38	2.22	0.98	74.4
全 国	1,738	73,317	13.99	169.30	0.83	1.02	2204.8

注）2018年度の市区町村は1741団体あるが，そのうち3団体（2つの町と1つの村）は，社会教育費が資料に掲載されていなかったので対象から除外している。また，施行時特例市は，2015年度をもって廃止された特例市のことである。特例市は中核市のように県が行う事務事業の権限の一部が移譲された都市であった。

資料）総務省『市町村別決算状況調』より作成。

> 1人当たり社会教育費（事業費）は，政令市が7.03（千円/人），村が21.39（千円/人）であり，人口が多い団体ほど少なくなる傾向がある。一方，政令市，中核市，施行時特例市間の差は小さく，町村間の差は大きい。このことは1人当たり社会教育費（事業費）の差が生じる原因が，人口の多寡以外にあると考えることができる。

　Table 13-1 は，総務省『市町村別決算状況調』にある市区町村別の人口と社会教育費のデータを使って，地方団体の人口規模別に1人当たり社会教育費を示している。なお，変動係数は格差を示す指標の1つであり，標準偏差÷平均で求めることができる。格差が小さいほど変動係数は小さくなり，値が0の場合は格差が存在しないことを示している。

　表を見ると，市の「最大/最小」値は50.3倍，政令市は3.6倍であり，市の変動係数は0.77，政令市は0.30であるように，人口が多い団体ほど1人当たり事業費が小さくなるとともに，「最大/最小」値や変動係数は小さくなる傾向にあり，差が生じている。人口1人当たりで観察した結果，差が生じるのは人口の多寡以外に問題があると考えることができる。このような差を確かめることによって，社会教育事業のあり方が見えてくるのである。

　■■ **あなたの住んでいるまちの人口1人当たり事業費を確認してみよう** ■■

皆さんの関心のある事業を選び（たとえば，土木費や消防費など），皆さ

んが住んでいるまちの人口1人当たり事業費を調べ，隣接するまちと比較してみよう。【データ】総務省HP「地方財政状況調査関係資料」➡『市町村別決算状況調』➡「概況」（人口のデータ），「目的別歳出内訳」（事業費のデータ）。

1人当たり社会教育費の分解

1人当たり社会教育費の差が生じる理由として，行政マネジメントがあげられる。第6章では，公共サービスというアウトプットは職員や施設といったインプットによって作り出され，それがアウトカム（成果）を生むことを説明した。そして，財政支出はインプットに対する支出額であり，インプットの単位価格（人件費や建設費）×インプットの量で表される。このように公共サービス供給の過程を分解することによって，行政マネジメントのどこに問題があるのかを見つけるヒントが手に入る。

いま，社会教育事業の支出額（社会教育費）をE，地方団体の人口をP，インプット量をI，インプット価格をp，社会教育事業のアウトプット量をOとする。まず，$E = p \times I$であることを覚えておいていただきたい。上で観察した人口1人当たり社会教育費（E/P）は，

$$\frac{E}{P} = \frac{E}{O} \times \frac{O}{P} = \frac{p \times I}{O} \times \frac{O}{P} = p \times \frac{I}{O} \times \frac{O}{P}$$

となる。つまり，1人当たり社会教育費は，

① インプット価格（p）が高いほど，

② 物的生産性が低いほど，つまり，（I/O）が大きいほど，

③ 人口1人当たりアウトプット量（O/P）が多いほど，

高くなる。③はサービス水準であるから，これが高ければ1人当たり社会教育費が高くなることは納得がいく。これに対して，①②は地方団体の行政効率が悪いことを意味しており，これらを改善することで1人当たり社会教育費を抑えることは可能である。

しかし，第1章，第7章で説明したように，公共サービスには**規模の経済**が働く可能性がある。つまり，アウトプットの量が大きいほど（I/O）は小さくなり，1人当たり社会教育費は小さくなる。社会教育事業も規模の経済が働くとすれば，人口の少ない地方団体では社会教育費は割高になるので，生産性の

評価においては注意が必要である。

　このように，1人当たり社会教育費が多いからといって必ずしもサービス水準が高いとはいえないのであり，地方行政においては公共サービスに関する生産性の改善が重要な課題なのである。第6章では大阪府下の都市について，清掃，戸籍・住民基本台帳，徴税，保健衛生というサービスのコスト生産性（アウトプット量÷投入コスト）を比較し，地方団体の裁量の及ばない要因を取り除いた後にも地方団体間には大きな生産性格差が存在することを示した。次節では，社会教育事業について，地方団体間に生産性格差が存在するかどうか，存在するとすれば生産性格差はどのような要因によって発生しているのかを検証し，生産性改善のための方策を考える。

　なお，①インプット価格（p），②物的生産性（I/O）を分離した情報は入手できないため，第6章と同様，コスト生産性を用いて検証する。ただ，コスト生産性をより正確に把握するためにいくつかの工夫を凝らしている。

2 社会教育費のコスト生産性

社会教育事業におけるアウトプットのとらえ方

　生産の効率性の向上は，地方団体の行政効率を改善するうえで欠かせない。ここでは第6章で説明したコスト生産性（＝アウトプット量÷投入コスト）を生産の効率性として定義するが，社会教育事業のコスト生産性を求めるためには，そのアウトプット量と投入コストをどのように定義するかを考えなければならない。第6章のTable 6-1を参考にすれば，社会教育事業のアウトプット量として，社会教育プログラム件数，プログラム実施時間数，地方団体が実施する社会教育プログラム参加人数が考えられるだろう。ここでは，社会教育プログラム参加人数をアウトプット量とする。

　コスト生産性は地方団体ごとに差があるが，たとえば人口規模が生産性に影響を与えるといったように，その背景には地方団体に共通した要因が存在する可能性がある。この要因を探すのが決定要因分析であり，後述する回帰分析という統計手法が用いた分析を行う。この分析を行うためには，多くの地方団体についてのアウトプット量や投入コスト等の情報が必要となる。

Fig. 13-1 e-Stat のトップページ

資料）独立行政法人統計センター「e-Stat」(https://www.e-stat.go.jp/)。

> e-Stat は政府統計のポータルサイトであり，全国，都道府県，市町村レベルでさまざまなデータを掲載している。e-Stat を使うと，効率的に地域の社会経済の現状確認や分析のためのデータを収集することができる。

　ほとんどの地方団体は，社会教育プログラム参加人数を自治体ウェブサイトなどで公表していない。また，多数の地方団体に未公表の社会教育プログラム参加人数を問い合せることは困難であるため，文部科学省『社会教育調査』に記載されている教育委員会，都道府県・市町村首長部局，公民館，図書館，博物館，体育施設，青少年教育施設，女性教育施設，劇場・音楽堂等，生涯学習センターで開催される学級講座の受講者数と諸集会参加者数の合計人数を社会教育プログラム参加人数とした。『社会教育調査』は3年ごとに調査実施されており，そのデータは「e-Stat」で入手できる。ここでは，2018（平成30）年度のデータを使用したが，データの調査期間は2017年であり，2017年度分のデータとして分析に用いた。なお，e-Stat は人口，経済，社会等，膨大な数のデータが収められている「政府統計ポータル・サイト」である。「政府統計の総合窓口」あるいは「e-Stat」で検索し，**Fig. 13-1** の画面で「分野」をクリックすると，『社会教育調査』にたどり着ける。

　『社会教育調査』で公表されている社会教育プログラムの参加人数は，市区町村別ではなく，都道府県別に政令市，市区，町村にまとめられて記載されている。そのため，**Fig. 13-2** の①〜④に示した按分基準に従い，市区町村ごと

Fig. 13-2 活動人口（アウトプット量）の測定方法

		合　計	施設等別学級講座 受講者数	施設等別諸集会 参加者数
北海道	札幌市	1,221,141	735,909	485,232
	市	2,102,055	764,242	1,337,813
	町・村	1,154,856	348,754	806,102
青森県	市	⋮	⋮	⋮
	町・村	⋮	⋮	⋮

① 『社会教育調査』より得られる政令市，市，町村別の施設別学級講座受講者数と施設別諸集会参加者数の合計人数を社会教育事業のアウトプット量とする。なお，施設別学級講座のうち博物館・博物館類似施設の受講者数は都道府県ごとにしか記載されていないので，その他の施設別学級講座受講者数の割合で，政令市，市，町村別に按分する。

		10～14歳人口	…	75～84歳人口
北海道	札幌市	76,342	…	163,941
	網走市	1,460	…	3,657
	⋮	⋮	…	⋮
	愛別町	94	…	468
	赤井川村	52	…	122
	⋮	⋮	…	⋮
	年齢階級別行動者率	49.7%		22.2%

② e-Stat から『住民基本台帳に基づく人口，人口動態及び世帯数調査』にある 2018 年 1 月 1 日時点の市町村の年齢階級別人口のデータを入手する。また，e-Stat から 2016 年の『社会生活基本調査』の「年齢，学習・自己啓発・訓練の種類別行動者率」にある年齢階級別の行動者率のデータも入手する。

		10～14歳人口	…	75～84歳	計
北海道	札幌市	37,942	…	36,395	646,823
	網走市	726	…	812	11,775
	⋮	⋮	…	⋮	⋮
	市　計	48,350	…	58,635	777,407
	愛別町	47	…	104	845
	⋮	⋮	…	⋮	⋮
	町　計	19,071	…	25,591	296,369
	赤井川村	26	…	27	419
	⋮	⋮	…	⋮	⋮
	村　計	600	…	735	9,395

③ ②の年齢階級別人口に年齢階級別行動者率を乗じて，左表のようにして計算する市町村別の推計行動者数を按分基準とする。

札幌市 10～14 歳の推計行動者数
76,342×49.7％ ≒ 37,942
愛別町 10～14 歳の推計行動者数
94×49.7％ ≒ 47

		10～14歳人口	…	75～84歳	計
北海道	札幌市	71,631	…	68,710	1,221,141
	網走市	1,963	…	2,196	31,840
	⋮	⋮	…	⋮	⋮
	愛別町	178	…	393	3,193
	⋮	⋮	…	⋮	⋮
	赤井川村	98	…	102	1,582
	⋮	⋮	…	⋮	⋮

④ ①のアウトプット量を③で計算した按分基準を使って市町村ごとに配分する。

札幌市 10～14 歳
（37,942÷646,823）
　　×1,221,141 ≒ 71,631
愛別町 10～14 歳
（47÷（296,369＋9,395））
　　×1,154,856 ≒ 178

の社会教育プログラム参加人数を測定する方法を採用した。按分基準には10歳から84歳までの人口を使用しているが，これは社会教育プログラムに自ら参加できると考えられる年齢を想定したからである。なお，『住民基本台帳に基づく人口，人口動態及び世帯数調査』は2018年1月1日時点であるので，17年の人口を表していると考えた。『社会生活基本調査』は2017年のデータがないため，16年のデータを使用している。また，市町村に配分した社会教育プログラム参加人数は，延べ人数であることに注意してほしい。

■■ 事業のアウトプット量を考えてみよう ■■

　第6章の Table 6-1 を参考にして，皆さんが住んでいるまちで，関心のある事業のアウトプット量を考え，そのデータを調べてみよう。たとえば，ゴミ収集事業においてゴミ回収量をアウトプットとしてとらえる場合は，以下のような手順になる。【データ】e-Stat ➡ キーワード検索「ゴミ」を選択 ➡『一般廃棄物処理事業実態調査』➡ 年度を選択 ➡「処理状況」にある「各都道府県別データ」➡ あなたの住んでいる都道府県を選択 ➡ 集計結果（ごみ処理状況）を選択 ➡ エクセルファイルから，あなたの住んでいるまちの「ごみ総排出量（計画収集量＋直接搬入量＋集団回収量)」を調べる。

社会教育事業における投入コストのとらえ方

　一方，投入コストは総務省『地方財政状況調査個別データ』（総務省「地方財政状況調査関係資料」〔https://www.soumu.go.jp/iken/jokyo_chousa_shiryo.html〕で検索すると，入手できる。なお，「地方財政状況調査関係資料」ではほかにも『地方財政白書』『地方財政統計年報』等の地方行財政関係の資料を入手できる）から得られる社会教育費とする。

　ただし，社会教育費は，社会教育プログラムを提供するための人件費などの経常的な経費と，公共施設を建設するための投資的な経費の合計である。公共施設を建設すればその後数十年間は使用するため，建設費は毎年支出されるわけではない。Table 13-1 の社会教育費は，建設費が含まれているために，当該年度に公共施設を建設した団体は，そうでない団体と比べて金額が大きくなっている可能性がある。公共施設建設のための費用は，社会教育事業にとって必要ではあるが，事業運営の費用としては一過性のものであるため，コスト生産

Table 13-2 社会教育事業におけるコスト生産性格差（2017年度）

団体区分	団体数	平均人口（人）	コスト生産性の平均値（人/千円）	最大（人/千円）	最小（人/千円）	変動係数	最大/最小
政 令 市	20	1,372,289	0.143	0.308	0.051	1.04	6.0
中 核 市	48	394,294	0.266	2.519	0.059	1.53	42.8
施行時特例市	36	260,574	0.284	2.065	0.982	1.34	25.2
特 別 区	23	408,548	0.189	0.407	0.047	0.38	8.7
市	687	74,977	0.154	1.716	0.030	0.88	57.5
町	742	13,853	0.126	1.696	0.012	0.91	137.1
村	182	4,188	0.102	0.472	0.011	0.81	41.9
全 国	1,738	73,475	0.143	2.519	0.011	1.05	223.7

注）2017年度の市区町村は1741団体あるが，そのうち3団体は，社会教育費が資料に掲載されていなかったので対象から除外している。

> 社会教育事業のコスト生産性は，政令市が0.143（千円/人）であるが，政令市よりも人口が少ない中核市は0.266（千円/人），施行時特例市は0.284（千円/人）であり，人口が多い団体ほどコスト生産性が高いわけではない。このことは，コスト生産性に影響する要因が規模の経済性だけではなく，他の要因も存在することを示唆している。

性の比較においては建設費を取り除く必要がある。また，社会教育プログラムは施設を用いた講座が中心であるので，社会教育事業の生産の効率性を検討するのであれば，経常的な経費部分のみを投入コストとしてとらえるべきである。『地方財政状況調査個別データ』には第3章で説明した地方団体ごとの歳出の目的別・性質的分類のデータが掲載されているので，社会教育費として計上されている普通建設事業費，災害復旧事業費，失業対策事業費以外の費用である経常的経費を投入コストとした。

アウトプット量と投入コストからコスト生産性を計算したが，『社会教育調査』には施設で実施したプログラム参加人数が記載されているので，社会教育事業以外の参加人数も含まれている。また，公共施設の管理費などは，社会教育費だけではなく総務費に含まれるものがある。しかし，これらのうち，社会教育事業のアウトプット量，投入コストに含まれないものを分離することはデータの制約上困難であり，ここでは分離を行わないことにしている。

Table 13-2 には，アウトプット量と投入コストから求めた社会教育事業におけるコスト生産性を団体別に示している。以下の分析は2017年度の数値を

用いている。Table 13-1 では人口規模によって大きな差が存在したが，社会教育費の経常的経費だけを取り出してコスト生産性を比較すると，「最大/最小」値や変動係数は団体間で格差が存在する。しかし，人口規模（団体の種類）とコスト生産性との間に明確な関係が見られないことから，規模の経済性以外の要因がコスト生産性に影響していると考えられる。その背後にサービス水準の差が存在するかもしれない。

コスト生産性とサービス水準

コスト生産性とサービス水準の関係について見てみよう。経常的経費部分の社会教育費を E_O とし，地方団体の人口を P，社会教育事業のアウトプット量を O とすると，1人当たり社会教育費（E_O/P）は，コスト生産性（O/E_O）と人口1人当たりアウトプット，すなわちサービス水準（O/P）とに分解できる。

$$\frac{E_O}{P} = \frac{E_O}{O} \times \frac{O}{P} = \frac{1}{(P/E_O)} \times \frac{O}{P}$$

Fig. 13-3 は，縦軸にサービスの水準を，横軸にコスト生産性をとり，市区町村 1738 団体のサービス水準とコスト生産性をプロットしている。図では，コスト生産性の平均値 0.14 とサービス水準の平均値 1.09 を原点とし，1人当たり社会教育事業の全国平均値と等しくなるサービス水準とコスト生産性の組合せを斜線で表している。斜線の左下の部分はコスト生産性が低いが，サービス水準も低いために1人当たり社会教育費は全国平均値と等しくなっている。斜線の右上の部分は，サービス水準が高いことによる費用の増加を高い生産性でカバーすることで全国平均値にとどまっている。斜線より右側に位置する地方団体は1人当たり社会教育費が全国平均値よりも低く，左側の地方団体は高いことを意味している。

　サービス水準が高くても，コスト生産性がよいために1人当たり社会教育費が全国平均よりも低く抑えられている地方団体もあれば，サービス水準が低いにもかかわらず，コスト生産性が悪いために1人当たり社会教育費が全国平均よりも高くなっている地方団体もあることがわかる。したがって，コスト生産性を高めることによって，サービス水準を変えることなく人口1人当たりの社会教育費を削減したり，あるいは社会教育事業のサービス水準を高めたりすることが可能になる。

　しかし，コスト生産性は地方団体の取組みによって左右される事業の効率性

Fig. 13-3 サービス水準とコスト生産性

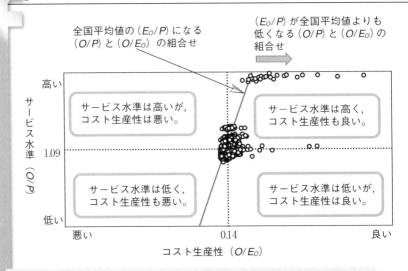

人口 1 人当たりの社会教育事業費（E_0/P）の全国平均値になるコスト生産性（O/E_0）と
サービス水準（O/P）の組合せを示した斜線よりも左側の領域にある団体は，（E_0/P）
が全国平均値よりも高い。このような団体はコスト生産性を高めることで，（E_0/P）を
全国平均値よりも低くすることが期待できる。

だけでなく，地理的要因や地方団体の人口規模，年齢構成等，さまざまな要因
が影響する可能性がある。そこで，次節ではコスト生産性の決定要因を分析し，
社会教育事業の効率性の改善が可能なのかどうか，可能だとすればどのような
方策をとればよいかを検証する。

■■ サービス水準とコスト生産性の関係を確認してみよう ■■

　皆さんの関心のある事業を選び，皆さんが住んでいる都道府県にある市
町村の「事業のサービス水準（人口 1 人当たり事業費）」と「コスト生産性
（アウトプット量÷投入コスト）」を調べて，皆さんの住んでいるまちと同じ
都道府県下のまちと比較してみよう。また，比較の際には，Fig. 13-3 の
ような散布図を描き，皆さんが住んでいるまちが散布図のなかで，都道府
県平均値からどの位置にあるのか確認しよう。ただし，投入コストは本文
のように経常的経費ではなく，総事業費でもよい。

3 社会教育事業のコスト生産性の決定要因分析

決定要因分析　前述したように，社会教育事業のコスト生産性は，社会教育プログラム参加人数（延べ人数）をアウトプット量とし，社会教育費のうち普通建設事業費，災害復旧事業費，失業対策事業費を除いた経常的経費を投入コストとして，「アウトプット量÷投入コスト」で算出した。もし，コスト生産性を高める要因を明らかにして，その要因から方策を考え出すことができれば，サービス水準を低めることなく社会教育費を削減したり，社会教育費を削減することなくサービス水準を高くしたりすることができるのである。

　しかし，コスト生産性は，地方団体の事業効率への取組みだけではなく，人口や地理的条件等のさまざまな要因に影響を受けている可能性がある。そこで，どのような要因がコスト生産性を高めることに強く影響しているのかを明らかにする分析が必要になる。このような分析に用いられるのが**決定要因分析**である。

　決定要因分析の手順は，まず，経済事象を取り巻くさまざまな要因のうち，経済事象と因果関係にあると考えられる要因を理論的に推測する。次に，推測した要因が，経済事象に本当に影響すると言いきれるのかを統計的な手法で確かめる。最もよく使われる統計的手法は，後述する回帰分析であり，本章でもそれを使用する。最後に，確かめた要因は，政策的に対応できる裁量的なものと，そうでない非裁量的なものがあるので，それらを区別し，地方団体が経済事象の改善を資する方策を検討するのである。

コスト生産性に影響を与える要因分析　1人当たり社会教育費の分析と同じように，社会教育事業のコスト生産性を要因に分解し，影響する要因の手がかりを見つける。社会教育事業のコスト生産性はアウトプット量と経常的経費から構成されているが，両者に密接に関連するのは，社会教育プログラムが実施される公民館や図書館，体育館などの公共施設であり，まずそのことに着目する。社会教育費のうち経常的経費部分を E_O，社会教育事業のアウトプット量を O，社会教育プログラムに使用する公

民館や図書館，体育館などの施設を F とすると，コスト生産性は以下の式のように「施設当たりのアウトプット量」(O/F) と「経常的経費当たりの施設数」(F/E_0) に分解できる。そして，分解した (O/F) と (F/E_0) に影響するものを考え，そこからコスト生産性に影響する要因を見つけ出すのである。

$$\frac{O}{E_0} = \frac{O}{F} \times \frac{F}{E_0}$$

(O/F) に影響するのは，アウトプット量である社会教育プログラムの延べ参加者数である。そして，これに影響するものとして，プログラムが実施される施設へのアクセスのよさが考えられる。施設へのアクセスのよさは，自家用車の利用やバスなどの公共交通機関の充実などもあるが，施設への距離が近いほどアクセスがよくなると考え，「可住地面積当たりの施設数」で表す。この値が大きくなるほど，施設利用の利便性が高まり，アウトプット量が増えることで，コスト生産性は高まると予想できる。

(F/E_0) に影響するのは，施設運営や維持にかかわる事業の効率性，事業サービスの規模の経済性，施設数であると考えられる。第 6 章では，指定管理者制度による民間委託の活用が，施設運営費などのコスト節減を通じて事業の効率性を高めることを説明した。そのため，民間委託の活用が事業の効率性を高める要因であるととらえ，社会事業に関連した公共施設数のうち指定管理者制度を導入している施設数の割合である「指定管理者導入割合」で表す。導入割合が高いほどコスト生産性は高まると予想できる。

また，規模の経済が働けば，アウトプット量が多くなるほどコストが小さくなり，コスト生産性が高まる。そのため，規模の経済性をアウトプット量とアウトプット量の 2 乗とで表し，コスト生産性に影響する要因に加える。ただし，地方団体間でアウトプット量は大きな隔たりがあるため，自然対数をとった「ln アウトプット量」と「ln アウトプット量の 2 乗」とする。

人口規模に対する施設数の多寡は，施設の利用効率を高めたり低めたりする。施設数が多ければアウトプット量を増やしやすいが，維持管理などのコストも増えるため，利用効率の水準が高まるかどうかはわからない。また，施設数だけではなく人口規模も利用効率の水準に関係するだろう。そこで，施設の利用効率を確かめるために「人口当たりの施設数」を要因に加えて，コスト生産性への影響を確かめる。

回帰分析の手順と結果

コスト生産性に影響を与える要因を選択した。次の段階は，選択した要因がコスト生産性に影響するのかどうか，統計的に確かめることである。

本章で使用する統計的な分析方法は**回帰分析**である。回帰分析は，ある経済事象のバラツキについて，どのような要因が，どの程度，経済事象のバラツキに影響しているのかを確率的に推計する分析手法である。影響を与える要因のことを**説明変数**（独立変数）といい，影響を受ける経済事象のことを**被説明変数**（従属変数）という。説明変数は，被説明変数との関係が理論的に明らかであり，かつ重要な影響を被説明変数に与えていると考えられるものから選択する。ここでは，前述した「可住地面積当たりの施設数」「指定管理者導入割合」「ln アウトプット量」「ln アウトプット量の 2 乗」「人口当たりの施設数」を説明変数とする。

また，被説明変数のデータには，他のデータとは大きく外れたものが含まれることがある。これは，外れ値あるいは異常値と呼ばれている。外れ値になる原因は，データの入力ミスやアンケート調査での回答者の錯誤などがあるが，原因がよくわからないものもある。外れ値の対処方法は，データを回帰分析から取り除く方法，ダミー変数を使う方法があるが，どの方法にするのかは，分析者が外れ値の原因をどのように考えるのかによる。

2017 年度の『社会教育調査』によると，兵庫県の市町村にある体育施設の諸集会（スポーツ教室など）の参加者数が他の都道府県と比較して際だって多く，外れ値になっていた。同資料の前回調査（2014 年度）の参加者数が外れ値というほどではなかったので，2017 年度だけの傾向であるかもしれない。さらに調べてみると，2017 年に兵庫県で「日本スポーツマスターズ 2017 兵庫大会」という大規模なスポーツ・イベントが開催されていた。公益財団法人日本体育協会の資料によると，同イベントは，競技以外にスポーツ教室等も開催しており，このことが，兵庫県の市町村における体育施設の諸集会の参加者数が多かった理由の 1 つかもしれない。以上のことにより，外れ値の原因は明らかではないが，スポーツ・イベントによる影響があったことは捨てきれないため，兵庫県の市町村は 1，それ以外の市区町村は 0 とするダミー変数として説明変数に加え，変数名を「イベントダミー」とした。このように，0 と 1 の 2 値からなる変数をダミー変数という。

Table 13-3 説明変数

	変 数	単 位	出 所
被説明変数	コスト生産性	人/千円	・文部科学省『社会教育調査』(2018 年度) ・総務省『社会生活基本調査』(2016 年度) ・総務省統計局『都道府県・市区町村のすがた(社会・人口統計体系)』(2017 年度) ・総務省『地方財政状況調査個別データ』(2017 年度)
説明変数	可住地面積当たりの施設数	施設数/㎢	・総務省『公共施設状況調経年比較表』(2017 年度)[1] ・総務省統計局『都道府県・市区町村のすがた(社会・人口統計体系)』(2018 年度)
	指定管理者導入割合	割 合	・総務省『地方行政サービス改革の取組状況等に関する調査等』(2018 年)[2]
	ln アウトプット量 ln アウトプット量の 2 乗	—	・文部科学省『社会教育調査』(2018 年度) ※2017 年度の実績値 ・総務省『社会生活基本調査』(2016 年度) ・総務省統計局『都道府県・市区町村のすがた(社会・人口統計体系)』(2017 年度)
	人口当たりの施設数	施設数/千人	・総務省『公共施設状況調経年比較表』(2017 年度) ・総務省統計局『都道府県・市区町村のすがた(社会・人口統計体系)』(2017 年度)
	イベントダミー	ダミー変数	兵庫県下の市町村は 1,それ以外の市区町村は 0 としている。

注) 1. 総務省『公共施設状況調経年比較表』より,体育館,陸上競技場,プール,図書館,博物館など,公会堂,市民会館,公民館,青年の家,自然の家を対象としている。
2. 総務省『地方行政サービス改革の取組状況等に関する調査等』より,体育館,競技場(野球場,テニスコート等),プール,図書館,博物館,美術館,科学館,公民館,市民会館,文化会館,合宿所,研修所の施設を対象としている。

回帰分析を行ううえで,説明変数は理論的に被説明変数に影響する要因を選択し,さらにその要因を表すデータを探し出すことが重要である。

回帰分析に用いる説明変数のデータ出所や単位を **Table 13-3** にまとめている。また,回帰分析は専門の統計ソフトを使用しなくても,Excel で行うことができる。本章でも,Excel を使用して回帰分析を行うが,その手順については第 15 章にあるコラムを参考にしてほしい。**Table 13-4** には,C 列には被説明変数であるコスト生産性を,D 列から I 列は説明変数を入力している。

なお,政令市,特別区,町村は人口規模や施設数に大きな隔たりがあるため,それらを除いた 771 市のデータを用いたことに注意してほしい。

Table 13-4 に入力したデータを使って Excel に装備されている回帰分析を行

Table 13-4 Excel へのデータ入力

	A	B	C	D	E	F	G	H	I
1	県　名	団体名	コスト生産性	可住地面積当たりの施設数	指定管理者導入割合	ln アウトプット量	ln アウトプット量の 2 乗	人口当たりの施設数	イベントダミー
2	北海道	函館市	0.16	0.22	0.82	12.33	152.08	0.10	0
3	北海道	小樽市	0.25	0.14	0.23	11.51	132.59	0.09	0
⋮	⋮	⋮	⋮	⋮	⋮	⋮	⋮	⋮	⋮
519	兵庫県	姫路市	1.16	0.61	0.32	14.95	223.54	0.26	1
⋮	⋮	⋮	⋮	⋮	⋮	⋮	⋮	⋮	⋮
771	沖縄県	宮古島市	0.06	0.22	0.07	10.55	111.21	0.70	0
772	沖縄県	南城市	0.17	0.49	0.15	10.35	107.14	0.46	0

マイクロソフト社の表計算ソフト Excel で回帰分析を行う場合，1 行目に変数の名前を記入して，2 行目からデータを入力する。なお，説明変数は列に隙間を空けず，列を隣接させる必要がある。

うと，分析結果が別のシートに自動で表示される。多くの分析結果が表示されるが，分析結果の読取りで重要なのは，**Table 13-5** にある①補正 R^2，②係数，③ t，④ P- 値の 4 つである。

①補正 R^2 は，**自由度修正済み決定係数**である。この係数は，被説明変数のバラツキを説明変数でどの程度説明できるのかを示したものであり，そのバラツキを 100 ％説明ができれば値は 1 となる。0.73340 という数値は，分析に選んだ 6 つの説明変数が，被説明変数のバラツキの約 73.3 ％を説明していることを意味しており，残りの約 26.7 ％は分析に使用した説明変数以外の変数（要因）があることを示唆している。

②係数は，**偏回帰係数**である。Excel の回帰分析は，最小二乗法によって偏回帰係数を計算する。最小二乗法は，被説明変数の推計値と実績値の差を最小にするような偏回帰係数を計算する方法である。また，偏回帰係数は，他の説明変数を一定に保ったままで，ある説明変数だけが被説明変数に影響する度合いを表している。係数の符号がプラスであれば説明変数が 1 単位増えると偏回帰係数分だけ被説明変数の値は増え，マイナスであれば被説明変数の値は偏回帰係数分だけ減る。たとえば，「可住地面積当たりの施設数」が 1 単位増えると，コスト生産性は 0.0206358 だけ増加することを意味するのである。

Table 13-5 回帰分析の結果

概 要

回帰統計	
重相関 R	0.85760
重決定 R^2	0.73548
補正 R^2	0.73340
標準誤差	0.09604
観測数	771

①

分散分析表

	自 由 度	変 動	分 散	観測された分散比
回 帰	6	19.59178138	3.265296896	354.0381739
残 差	764	7.046378082	0.009223008	
合 計	770	26.63815946		

②　　　　　　　　　　　③　　　　④

	係 数	標 準 誤 差	t	P- 値
切 片	3.6107890	0.3445815	10.4787665	4.24804E-24
可住地面積当たりの施設数	0.0206358	0.0098723	2.0902737	0.036923237
指定管理者導入割合	0.0226990	0.0129452	1.7534683	0.079922650
ln アウトプット量	−0.6608874	0.0608635	−10.8585091	1.21258E-25
ln アウトプット量の 2 乗	0.0311270	0.0026885	11.5777331	1.12744E-28
人口当たりの施設数	−0.0257745	0.0095971	-2.6856619	0.007395727
イベントダミー	0.6029981	0.0224873	26.8150528	3.7786E-112

> Excel での回帰分析の結果は，分析データのシートとは別のシートに表示される。表示された結果の数値を読み取ることにより，説明変数が被説明変数に影響しているのかどうかを判断する。

　③ t で表示されているのは，検定統計量の t 値であり，t 検定と呼ばれる統計的検定に使用する。回帰分析の t 検定は，偏回帰係数が 0 であるとは言いきれないこと，すなわち，説明変数が被説明変数に影響しているかどうかを確かめるものである。具体的には，あらかじめ分析者がある確率水準を有意水準として設定し，その有意水準よりも偏回帰係数が 0 になる確率が低ければ，「そのような低い確率では，偏回帰係数は 0 でとは言いきれず，説明変数は被説明変数に影響する」と判断する。t 値は 10 %，5 %などの確率の水準に対応した値を t 分布表から求めることができ，データ数にもよるが，確率の水準が，10 %，9 %と低くなるにつれて t 値が大きくなるように計算される。そのため，偏回帰係数の t 値の絶対値（偏回帰係数の符号に t 値の符号は従うから）が，設定した有意水準の t 値よりも大きければ，説明変数は被説明変数に影響し，偏回帰係数は確率的に意味があると判断する。

　なお，t 検定では，有意水準を 5 %とすることが多い。5 %水準の t 値は，お

およそ2であることから，偏回帰係数のt値が絶対値で2よりも大きければ，確率的に意味があると判断する。このことを「5％の水準で有意である」と表現する。ただし，分析者が有意水準を1％あるいは10％に設定することもある。

　④P-値は，t値と同じように説明変数が被説明変数に影響するかどうかを判断する統計的検定に使用する。P-値はt値と違い，偏回帰係数が0になる確率そのものを示す。「可住地面積当たりの施設数」の偏回帰係数が0になる確率は，P-値が示す3.69％（0.036923237）である。有意水準を5％に設定した場合，3.69％は5％よりも低いため，「可住地面積当たりの施設数は，コスト生産性に影響しないとはいえない（影響する）」と判断する。なお，「イベントダミー」のP-値はEを使って表示されているが，Excelでは数値の桁が大きい場合，Eを使って表示することがある。たとえば，「15E+3」は，$15 \times 10^3 = 15000$であり，「1.2E－6」は$1.2 \times 10^{-6} = 0.0000012$である。

分析結果の解釈　回帰分析の結果を式の形にまとめた。結果を検証して，コスト生産性を高める方策を考えてみよう。

コスト生産性
$$= 3.611 + 0.021 \times (可住地面積当たりの施設数) + 0.023 \times (指定管理者$$
$$\underset{(10.48)^{**}}{} \quad \underset{(2.09)^{**}}{} \qquad\qquad\qquad\qquad\qquad \underset{(1.75)^{*}}{} \qquad 導入割合)$$
$$- 0.611 \times (\ln アウトプット量) + 0.031 \times (\ln アウトプット量)^2$$
$$\underset{(-10.86)^{**}}{} \qquad\qquad\qquad \underset{(11.58)^{**}}{}$$
$$- 0.026 \times (人口当たりの施設数) + 0.603 \times (イベントダミー)$$
$$\underset{(-2.69)^{**}}{} \qquad\qquad\qquad \underset{(28.82)^{**}}{}$$

自由度修正済み決定係数＝0.733
（　）内はt値，**は5％で有意，*は10％で有意である。
偏回帰係数は小数第4位を四捨五入している。

　「可住地面積当たりの施設数」の偏回帰係数の符号は正であり，5％で有意であった。施設へのアクセスがよくなると，社会教育プログラムに参加しやすくなるので，コスト生産性を高めることになる。

　「指定管理者導入割合」の偏回帰係数の符号は正であるが，5％では有意でなかったが，10％で有意であった。指定管理者制度の導入割合が高くなるほど，コスト生産性を高めることになり，民間活力の活用が社会教育事業の効率性を高めるといえよう。

　規模の経済性を表す「lnアウトプット量の2乗」の偏回帰係数の符号は正であり，5％で有意であった。このことから，社会教育費に規模の経済が働い

ていることが確かめられた。

施設の利用効率を表す「人口当たりの施設数」の偏回帰係数の符号は負であり，5％で有意であった。結果から，人口規模に対して施設数が増えるとコスト生産性は低くなる。この結果は，近年，多くの地方団体において人口減少や老朽化に伴い，施設の統廃合を検討する地方団体が少なからずあるということからも理解できる。

「イベントダミー」の偏回帰係数の符号は正であり，5％で有意であった。

以上の結果をもとに，地方団体が政策的に対応できる裁量的なものと，そうでない非裁量的なものに分けてみよう。裁量的なものは，まず，施設へのアクセスをよくすることである。ただし，新規整備の施設は立地を検討できるが，既存の施設は容易に移転させることは難しい。その場合，駐車場の整備やバスのルート見直しなどによりアクセスをよくすることが考えられる。次に，指定管理者制度の導入をさらに進めることである。そして，「人口当たりの施設数」から，施設の多機能集約化によって利用効率性を高めることである。一方，非裁量的なものは，規模の経済性であり，直ちにコスト生産性を高める方策として対応が難しいと考えられる。

■■ コスト生産性に影響する要因を考えてみよう ■■

本文を参考にして，皆さんの関心のある事業のコスト生産性を向上させる，あるいは影響を与える要因を考えてみよう。また，本文で説明したように，それら要因を表すデータを集め，回帰分析を用いた検証にもチャレンジしてみよう。

コスト生産性の決定要因分解と政策へのヒント

これらコスト生産性を高める裁量的な方策は，全国平均的な方向性を示すものであり，地方団体の状況によっては，団体別に異なった方策を検討しなければばらない。このことについて，人口が約20万人の団体である群馬県伊勢崎市（21万2965人），千葉県八千代市（19万7672人），神奈川県小田原市（19万2674人），静岡県沼津市（19万7349人），大阪府岸和田市（19万6871人）の5つの団体を例にして確かめてみる。団体の実績値と回帰分析の結果を使って，コスト生産性の全国平均との差を要因分解する方法

Fig. 13-4 コスト生産性の差の決定要因分解

実績値	説明変数						被説明変数
	施設数/km²	割合	人	人^2	施設数/千人	―	人/千円
	可住地面積当たりの施設数	指定管理者導入割合	ln アウトプット量	ln アウトプット量の2乗	人口当たりの施設数	イベントダミー	コスト生産性
伊勢崎市	0.381	0.156	12.343	152.344	0.249	0	0.192
八千代市	0.722	0.548	11.928	142.278	0.167	0	0.104
小田原市	0.126	0.265	11.683	136.497	0.047	0	0.116
沼津市	0.139	0.583	12.113	146.718	0.066	0	0.229
岸和田市	0.791	0.079	11.816	139.615	0.213	0	0.172
全国平均値	0.416	0.386	11.126	124.666	0.438	0.036	0.166

▽ 全国平均値との差を計算する。

全国平均値との差	可住地面積当たりの施設数	指定管理者導入割合	ln アウトプット量	ln アウトプット量の2乗	人口当たりの施設数	イベントダミー	コスト生産性
伊勢崎市	−0.035	−0.229	1.217	27.679	−0.190	−0.036	0.026
八千代市	0.306	0.163	0.802	17.612	−0.271	−0.036	−0.062
小田原市	−0.290	−0.121	0.558	11.831	−0.392	−0.036	−0.050
沼津市	−0.277	0.198	0.987	22.053	−0.373	−0.036	0.063
岸和田市	0.375	−0.306	0.690	14.949	−0.225	−0.036	0.005

▽ 全国平均値との差に回帰分析の偏回帰係数を乗ずる。その他要因は，差額で求める。

全国平均値との差	可住地面積当たりの施設数	指定管理者導入割合	ln アウトプット量	ln アウトプット量の2乗	人口当たりの施設数	イベントダミー	コスト生産性	コスト生産性の全国平均値との差
回帰分析の結果	0.021	0.023	−0.661	0.031	−0.026	0.603	―	―
伊勢崎市	−0.001	−0.005	−0.804	0.862	0.005	−0.022	−0.008	0.026
八千代市	0.006	0.004	−0.530	0.548	0.007	−0.022	−0.075	−0.062
小田原市	−0.006	−0.003	−0.368	0.368	0.010	−0.022	−0.029	−0.050
沼津市	−0.006	0.004	−0.652	0.686	0.010	−0.022	0.042	0.063
岸和田市	0.008	−0.007	−0.456	0.465	0.006	−0.022	0.011	0.005

▽ グラフにする（ln アウトプット量はまとめてアウトプット量として表示している）。

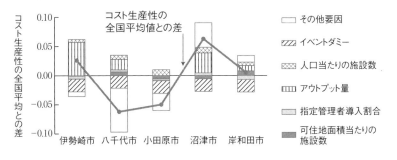

決定要因分解を行い，グラフに描くことで，被説明変数に対する要因（説明変数）の影響の程度を明らかにすることができる。

を **Fig. 13-4** に示した。なお，規模の経済性を表す「ln アウトプット量」と「ln アウトプット量の 2 乗」は，グラフにする段階でアウトプット量とまとめている。また，「その他要因」は，回帰分析に用いた 6 つの説明変数以外に考えられる要因である。

　5 つの団体のうち伊勢崎市，沼津市，岸和田市のコスト生産性は全国平均値よりも高い。しかし，伊勢崎市と岸和田市の指定管理者導入割合は全国平均値よりも低く，それが両市のコスト生産性を低めている要因になっている。このことから，両市は施設への指定管理者の導入をさらに推進していくことで，コスト生産性を高めることができると考えられる。沼津市は，可住地面積当たりの施設数がコスト生産性を低める要因となっていることから，施設の統廃合や多機能集約化が課題と考えられる。

　一方，八千代市と小田原市のコスト生産性は全国平均値よりも低い。小田原市は，沼津市と同じく施設の統廃合や多機能集約化，そして指定管理者導入をさらに進めることが課題と考えられる。ただし，八千代市のコスト生産性を低めているのは，施設へのアクセス，指定管理者導入割合，人口当たりの施設数以外の要因であることがわかる。そのため，八千代市がコスト生産性を高めるための方策を検討する場合には，それら以外の要因を検討する必要があるといえよう。

　このように社会教育事業の生産の効率性を向上させる行政改革を行うためには，単純に経験に頼るのではなく，因果関係を科学的に明らかにし，数量的な分析によって要因を明らかにして，方策を検討することが必要である。本章での回帰分析の説明は簡単なものに留めている。詳しい説明は統計学や計量経済学などのテキストを参照してほしい。皆さんにも本章で説明した分析方法を参考にして，関心のある事業を分析することをお奨めする。

第 **14** 章

第 超高齢社会の医療・介護を考えてみよう

超高齢社会の医療・介護を考えてみよう
―需要予測にもとづく供給システムの検討―

第14章の概念図

> **トピック：超高齢社会と地方財政**
> 　超高齢化の進展にともなう医療費・介護費の増加や保険財政の地域間格差にどのように対応するか。

1. 病院の経営改革	2. 医療・介護の供給システム	3. 保険財政の財源調達
・経営の効率化 ・経営形態の見直し	・病院間の連携 ・医療，介護間の連携	・消費税 ・財政調整

> **本章の枠組み**
> 医療・介護福祉サービスの供給システムを考える。

イントロダクション

　超高齢社会は地方財政に大きな影響を与えるが，なかでも住民の生活を支える医療，介護に対する需要の拡大に地方団体がどう対応していくかが大きな課題となっている。医療・介護資源や超高齢化の進行速度には地域間の違いがあり，医療・介護の需要にも大きな差異が見られるであろうことから，これからの超高齢社会を支える土台として，需要に応じてバランスのよい医療・介護サービスの供給を行うためのシステム構築を率先して行っていかなければならない。本章の目的は第4章で学んだことを自分たちが住んでいる地域にあてはめ，どう対応すべきかを考え，自ら分析してみることである。医療・介護福祉の課題を検証しながら，サービスの供給システムのあり方について考えよう。

1 医療をどうする？

　地方圏において医師のいない市町村が全国にわずかとはいえ一定数存在し，医師がいる市町村であっても，人口当たりの医師数が不足している地域は多く存在する。民間の医療機関では患者がいない土地での医療提供は困難であるうえに，近年の地方財政の悪化による財政健全化の流れから，公立の医療機関も減少している。このように地方圏での医療施設や病床数が減少している状況において，超高齢社会に対応するために医療機関をどうすべきかを，**医療需要**と**医療供給**（医療資源）の両面から検討してみよう。

医療需要（入院患者数）の予測方法

　医療需要は，急性期，高度急性期，回復期，慢性期といった医療機能に分かれており，需要の変化は機能ごとに異なる。また，年齢構成に違いがあるため医療需要の変化は地域によって異なるだろう。予測を行うためには医療圏を設定する必要があるが，医療圏には大きく**一次医療圏**，**二次医療圏**，**三次医療圏**の3種類がある。

　一次医療圏は，日常生活に密着した保健医療を提供する区域で，おおむね市町村単位となっている。二次医療圏は，健康増進・疾病予防から入院治療まで一般的な保健医療を提供する区域で，一般に複数の市区町村で構成され，全国に344の二次医療圏が設定されている。三次医療圏は，先進的な技術を必要とする特殊な医療に対応する区域で，都道府県単位（北海道のみ，6つ）となっている。

　超高齢社会における医療提供体制を構築するため，「医療介護総合確保推進法」（2014年6月成立）によって，「地域医療構想」が制度化された。**地域医療構想**は，二次医療圏を基本に将来推計人口をもとに2025年以降に必要となる病床数（病床の必要量）を4つの医療機能ごとに推計したうえで，効率的な医療提供体制を実現する取組みであり，全都道府県で策定されている。構想はホームページで公開されているので，読者の皆さんも地元の医療構想を見てほしい。

　ここでは兵庫県を事例とし，**兵庫県地域医療構想**（2016年10月）に掲載され

ている数値を見ながら，将来の医療需要の変化を予測しよう。兵庫県地域医療構想においては，入院受療者数の推計が以下の計算によって行われている。2025 年の入院受療者数の計算方法はこうである。神戸，阪神南といった二次医療圏ごとに 2013 年度における性・年齢別の入院受療率をあらかじめ計算しておき，その入院受療率は将来にわたって変わらないという前提を置く。そして，2025 年における性・年齢別の将来推計人口に 2013 年度の入院受療率を乗じて 2025 年における性・年齢別の入院受療者数を計算し，それらを合算したうえで，圏域をまたいだ流出入患者数を加減することで入院受療者総数の推計が行われている。この入院受療者数は患者ベースの医療需要を推計したものといえる。状況は常に変化しているので，新しいデータを使って入院受療者数の将来予測を試みてほしい。

　この方法を覚えておくと，医療需要だけでなく，たとえば労働力人口等，高齢化による年齢構成の変化と関連する変数の将来予測ができるようになる。

性・年齢別に計算して合算

$$\text{入院受療者数}_{2025\,\text{年}} = \overbrace{[\text{入院受療率}_{2013\,\text{年}} \times \text{推計人口}_{2025\,\text{年}}]}$$
$$+ \text{流入患者数}_{2013\,\text{年}} - \text{流出患者数}_{2013\,\text{年}}$$

**需要予測を実際に
やってみよう**

ここでは，上で解説した入院受療者数の計算方法に基づき，神戸市入院受療者数の予測方法を **Fig. 14-1** によって解説しよう。まず，入院受療率は性・年齢別に入院患者数／人口で計算されているため，神戸市のそれぞれのデータを入手する必要がある。入院患者数は第 13 章でも登場した，政府統計の総合窓口サイトである e-Stat に掲載されている『患者調査』，人口は神戸市の HP（https://www.city.kobe.lg.jp）から入手することができるが，『患者調査』は 2017 年が最新データとなっているため（2021 年 5 月現在），人口データも 2017 年のものが必要となる。この際，神戸市のデータは 5 歳刻みになっているのに対し，患者調査は 10 歳刻みになっているため，『患者調査』に合わせ，神戸市の人口を 10 歳刻みに修正する必要がある。

　性・年齢別の入院受療率の計算を終えたら，神戸市の将来推計人口（性・年齢別）を乗じて合算することで神戸市民の将来の入院受療者総数が推計できる。神戸市の将来推計人口は国立社会保障・人口問題研究所の HP（http://www.ipss.

Fig. 14-1　神戸市の入院受療者数の推計

	2017年人口				2017年人口		2017年入院受療者数		2017年入院受療率	
単位：人	男性	女性			男性	女性	男性	女性	男性	女性
0~4歳	30,685	29,161		0~4歳	30,685	29,161	100	100	=I5/G5	0.0034
5~9歳	33,254	31,625		5~14歳	=C6+C7	64,002	100	0	0.0015	0.0000
10~14歳	34,132	32,377		15~24歳	75,635	74,200	100	100	0.0013	0.0013
15~19歳	36,691	35,118		25~34歳	80,903	83,948	100	200	0.0012	0.0024
20~24歳	38,944	39,082		35~44歳	102,416	109,086	300	200	0.0029	0.0018
25~29歳	38,489	39,924		45~54歳	107,206	112,973	600	400	0.0056	0.0035
30~34歳	42,414	44,024		55~64歳	88,598	95,713	900	500	0.0102	0.0052
35~39歳	45,779	48,921		65~74歳	100,336	112,843	1,900	1,500	0.0189	0.0133
40~44歳	56,637	60,165		75~84歳	60,704	85,105	2,100	2,500	0.0346	0.0294
45~49歳	58,249	60,764		85歳以上	18,867	43,264	1,200	2,500	0.0636	0.0578
50~54歳	48,957	52,209			5歳刻みを10歳刻みに修正			入院受療者数を人口で割る		
55~59歳	44,942	48,476								
60~64歳	43,656	47,237								
65~69歳	56,398	61,833								
70~74歳	43,938	51,010								
75~79歳	35,616	46,294								
80~84歳	25,088	38,811								
85~89歳	13,412	26,171								
90~94歳	4,617	12,547								
95~99歳	755	3,882								
100歳以上	83	664								

	2017年入院受療率		2030年人口		流出入患者数を除く 2030年入院受療者数	
	男性	女性	男性	女性	男性	女性
0~4歳	0.0033	0.0034	23,827	22,648	=P5*R5	78
5~14歳	0.0015	0.0000	53,073	50,695	79	0
15~24歳	0.0013	0.0013	65,447	66,089	87	89
25~34歳	0.0012	0.0024	68,530	71,833	85	171
35~44歳	0.0029	0.0018	72,631	74,439	213	136
45~54歳	0.0056	0.0035	90,154	95,900	505	340
55~64歳	0.0102	0.0052	109,421	116,642	1,112	609
65~74歳	0.0189	0.0133	82,595	95,783	1,564	1,273
75~84歳	0.0346	0.0294	80,659	103,757	2,790	3,048
85歳以上	0.0636	0.0578	38,444	76,359	2,445	4,412
					入院受療率に将来人口を乗じる	

2030年 入院受療者総数	2017年 流入患者数	2017年 流出患者数	患者流出入を考慮した 2030年入院受療者総数
=SUM(T5:U14)	2,900	2,800	=X5+Y5-Z5
↓			↓
19,113			19,213
性・年齢別の入院受療者数を合計			流入を加算し、流出を減算

神戸市の人口データと『患者調査』にある入院受療者数データを使って入院受療率を計算し，神戸市の将来推計人口に乗じることで，神戸市の将来の入院受療者数を推計することができる。

go.jp/index.asp）から取得することができるが，このデータも5歳刻みであるため10歳刻みに修正して使用する必要がある。こうして求めた数値を，神戸市外の医療機関に入院する者と他市からの入院患者数を調整する必要がある。圏

域外からの**流入患者数**，圏域外への**流出患者数**はともに先の『患者調査』から取得でき，ここまでの手順で推計した入院受療者数に流入患者数を加算し，流出患者数を減算することで，圏域間の移動を考慮した入院受療者数の推計を行うことができる。本来であれば，流出入患者数については将来の数値を使用することが望ましいが，データが存在しないため，残念ながら2017年の実績値を使うしか方法がない。

▌▌ 入院受療者数を推計してみよう ▌▌

　読者の皆さんが住んでいる地域や気になる地域を取り上げ，入院受療者数の将来予測を行ってみよう。【データ】e-Stat➡分野➡社会保障・衛生➡患者調査➡ファイル➡下巻（都道府県・二次医療圏）➡「病院の推計入院患者数（患者住所地），二次医療圏×性・年齢階級別」。

　同上➡「病院の推計入院患者数（患者住所地），二次医療圏内－二次医療圏外（県内－県外）×二次医療圏別」　※二次医療圏外データが流出患者数に相当。

　同上➡「病院の推計入院患者数（施設所在地），病床の種類・二次医療圏内－二次医療圏外（県内－県外）×二次医療圏別」　※二次医療圏外データが流入患者数に相当。

　各自治体HP➡人口統計➡「性別・年齢別人口」。

　国立社会保障・人口問題研究所HP➡将来推計人口・世帯数➡日本の地域別将来推計人口（都道府県・市区町村）➡「男女・年齢（5歳）階級別の推計結果一覧」。

必要病床数の予測　　計算で得られた将来の入院受療者数を**病床稼働率**（入院受療者数/病床数）で除すことによって，必要病床数を求めることができる。入院受療者数が患者ベースの医療需要であるのに対し，必要病床数は病床ベースの医療需要である。病床稼働率は各自治体のHPから**在院患者延数**と**病床数**のデータを入手し，在院患者延数/（病床数×365日）により算出できる。

　ここで注意しなければならない点は，病床の稼働率によって必要病床数が変化することである。空き病床を減らし稼働率を引き上げることができれば，必

Table 14-1　圏域別および医療機能別の必要病床

圏域別　　　　　　　　　　　　　　　　　　　　（単位：床）

	2025 年	2030 年	2035 年	2040 年
神　戸	15,647	16,483	16,589	16,431
阪神南	9,270	9,691	9,693	9,645
阪神北	6,570	7,010	7,091	7,074
東播磨	6,454	6,778	6,718	6,531
北播磨	3,368	3,511	3,473	3,354
中播磨	5,270	5,422	5,342	5,211
西播磨	2,221	2,296	2,249	2,132
但　馬	1,400	1,398	1,361	1,302
丹　波	831	874	867	832
淡　路	1,424	1,484	1,458	1,364
全　県	52,455	54,947	54,841	53,876

医療機能別（全県）　　　　　　　　　　　　　　（単位：床）

	2025 年	2030 年	2035 年	2040 年
高度急性期	5,901	5,962	5,900	5,804
急　性　期	18,257	18,977	18,919	18,622
回　復　期	16,532	17,371	17,355	17,061
慢　性　期	11,765	12,637	12,667	12,389
合　計	52,455	54,947	54,841	53,876

注）　それぞれピークとなる年にアミをかけている。
資料）　兵庫県『兵庫県地域医療構想』2016 年。

> 地域別，医療機能によって必要病床数のピークは異なっていることから，医療供給システムは必要病床数の将来変化を踏まえて構築される必要がある。

要病床数は減少する。空き病床が存在する理由はさまざまであり，ここでは現在の稼働率を用いて予測している。

　Table 14-1 は兵庫県地域医療構想に掲載されている圏域ごとの必要病床数を示したものである。兵庫県全体で見るとそのピークは 2030 年となっているが，圏域別に見ると但馬圏域では 2025 年，東播磨，北播磨，中播磨，西播磨，丹波，淡路圏域では 2030 年，神戸，阪神南，阪神北圏域では 2035 年に必要病床数のピークが訪れる。このように圏域間でピークのタイミングには大きなずれが発生しており，高齢化の進行速度の地域間差異により，必要病床という医療需要のピークに地域間で違いが生じていることがわかる。

　次に，兵庫県全体で見た医療機能別の必要病床数を見てみよう。医療機能は高度急性期，急性期，回復期，慢性期の４つに分類される。高度急性期機能とは，急性期の患者に対し，状態の早期安定化に向けて集中治療など診療密度がとく

に高い医療を提供する機能のことであり，急性期機能とは急性期の患者に対し，状態の早期安定に向けて医療を提供する機能のことである。次に回復期機能とは，急性期を経過した患者への在宅復帰に向けたリハビリテーションを提供する機能のことである。最後に慢性期機能とは，長期にわたり療養が必要な患者を入院させる機能のことである。

Table 14-1 に示したとおり，高度急性期，急性期，回復期機能は 2030 年にピークが訪れるが，慢性期機能は 2035 年にピークが訪れるといったように，医療機能によってピークは異なっている。以上のことから，医療供給システムは地域別，医療機能別に異なる必要病床数の将来変化を踏まえたうえで構築されなければならないといえよう。

医療の過不足

将来予測により，兵庫県において医療需要がどのように増加するかを把握することはできたが，その需要を受け止めるだけの医療資源は存在するのだろうか。増加する需要に応じられるだけの医療資源があってはじめて，サービスを持続的に供給することが可能となる。

医療資源を確認するため，2025 年において必要とされる病床数に対して 14 年における実際の稼働病床を圏域別で見てみよう。**Table 14-2** を見ると，神戸，阪神南，東播磨といった地域で病床は不足するが，その他の地域においては病床に余裕があり，兵庫県全体でとらえると医療需要を受け止められるだけの病床が存在していることがわかる。

医療機関の連携と適正配置

このことは，たとえば余っている北播磨の病床で東播磨の不足を補うことができれば，医療資源不足が解消されることを示している。しかし，数字のうえでは可能であっても，実際に地域間で連携を図ることはそれほど簡単ではない。

また，Table 14-2 に示した医療機能別の病床過不足を見ると，高度急性期，回復期機能では病床が不足するのに対し，急性期，慢性期機能について病床は余っている。これも先ほどと同様に急性期，慢性期から高度急性期，回復期への医療機能の転換を行うことが可能であれば，医療資源不足を解消することができる。

しかし，医療サービスにおいて重要なことは，外来，入院，救急といったものはすべて，病院という施設へのアクセスによって規定されるのである。この

Table 14-2 兵庫県における医療資源の過不足

圏域別 （単位：床）

	2014 年度の 稼働病床	2025 年の 必要病床	病床過不足
神　戸	15,031	15,647	− 616
阪神南	8,880	9,270	− 390
阪神北	6,692	6,570	122
東播磨	6,329	6,454	− 125
北播磨	3,560	3,368	192
中播磨	5,564	5,270	294
西播磨	2,650	2,221	429
但　馬	1,474	1,400	74
丹　波	1,128	831	297
淡　路	1,809	1,424	385
全　県	53,117	52,455	662

医療機能別（全県） （単位：床）

	2014 年度の 稼働病床	2025 年の 必要病床	病床過不足
高度急性期	5,053	5,901	− 848
急性期	28,747	18,257	10,490
回復期	4,506	16,532	− 12,026
慢性期	14,811	11,765	3,046
合　計	53,117	52,455	662

資料）　兵庫県『兵庫県地域医療構想』2016 年。

2014 年の実際の稼働病床と 2025 年に必要とされる病床を兵庫県の圏域別に比較したところ，神戸など 3 地域で必要病床が上回って病床は不足する。しかし兵庫県全体では医療需要を受け止められる病床は存在していることがわかる。

　表は二次医療圏ごとの病床数を集計し，その過不足を計算したものであり，医療施設の空間的配置については考慮していない。病院間の機能分化やネットワーク化にとって重要な地理的情報は，最近の GIS の進歩によって入手できるようになっている。

　国土数値情報ダウンロード・サービス（https://nlftp.mlit.go.jp/ksj/）から，警察署，郵便局，医療機関，学校などの GIS で用いるシェープ・ファイルを都道府県別にダウンロードすることができる。シェープ・ファイルを使った地理情報を表示するためには GIS 専用ソフトを用いる必要があるが，MANDARA（https://ktgis.net/mandara/）という無料でダウンロードできるソフトウェアを使えば，容易に操作を行うことができる。MANDARA を開き，国土数値情報ダウンロ

Fig. 14-2 GIS ソフトを使った医療機関の地理的分布の表示

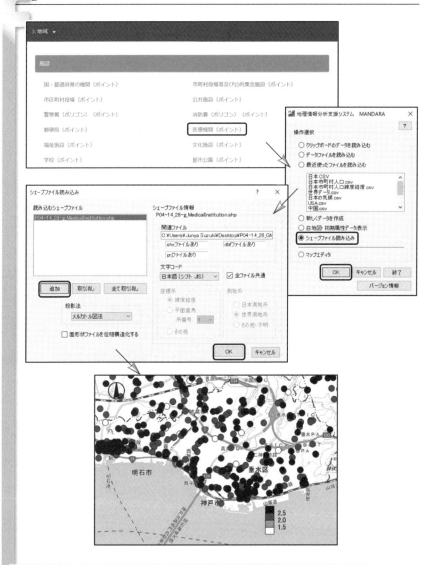

医療資源不足を解消するには地域間で連携することが求められる。その連携のあり方を検討するには医療機関の空間的な配置を把握する必要があるが，無料の GIS ソフトウェアである MANDARA を利用すればその把握は可能である。

Table 14-3 在宅医療需要の将来変化

圏域別　　　　　　　　　　　　　　　　　　　　　　　　　　（単位：人／日）

		2013 年	2025 年
神　戸	在宅医療等	16,764.8	26,547.0
	うち訪問診療分	11,365.5	16,980.5
阪神南	在宅医療等	10,721.6	17,836.2
	うち訪問診療分	7,708.3	12,160.1
阪神北	在宅医療等	5,831.6	11,553.7
	うち訪問診療分	3,428.9	6,691.0
東播磨	在宅医療等	4,509.3	7,843.8
	うち訪問診療分	2,268.1	4,001.9
北播磨	在宅医療等	2,307.5	3,057.2
	うち訪問診療分	1,160.2	1,255.4
中播磨	在宅医療等	4,139.8	6,030.6
	うち訪問診療分	2,136.2	3,053.8
西播磨	在宅医療等	2,311.9	2,939.0
	うち訪問診療分	1,102.8	1,248.8
但　馬	在宅医療等	1,916.7	2,167.0
	うち訪問診療分	942.9	1,074.0
丹　波	在宅医療等	1,063.3	1,402.0
	うち訪問診療分	504.1	657.3
淡　路	在宅医療等	1,473.7	1,880.9
	うち訪問診療分	681.3	712.5
合　計	在宅医療等	51,040.4	81,257.2
	うち訪問診療分	31,298.4	47,835.3

資料）　兵庫県『兵庫県地域医療構想』2016 年。

> 訪問診療を含めた在宅医療需要も増加していくことが予想されるため，必要病床の確保とともに，在宅で医療が受けられる供給体制を構築することも重要な課題といえる。

ード・サービスからダウンロードしたシェープ・ファイルを読み込ませたうえで，「描画開始」をクリックすれば，医療機関の分布を表示させることができる。ただし，分布を表示させた後に，「表示」タブから「背景画像設定」をクリックしなければ，地図は表示されないため注意が必要である。

　このような手順により，**Fig. 14-2** に示したように医療機関の**地理的分布**を表示させることで，はじめて空間的な配置を把握することが可能となる。

　　　　　■■GIS ソフトを使って医療機関の分布を把握してみよう ■■

　読者の皆さんが住んでいる地域や気になる地域を取り上げ，医療機関の分布を地図上に表示させてみよう。【データ】国土数値情報ダウンロード

サービスHP ➡地域➡施設➡医療機関（ポイント）➡ダウンロードしたい
県

在宅医療　これまで医療の需要・供給およびそのギャップについて見てきたが、これとは別に地域医療構想では在宅医療の需要推計が行われている。在宅医療の需要には病院での一般病床および療養病床の一定の入院患者数が含まれ、それとは別に自宅で医療行為を受ける患者数や**介護老人保健施設**のサービス受給が見込まれる患者数が含まれている。そのため、在宅医療需要のうち**病院外診療**がどれだけ行われているかを示す訪問診療分もあわせて計算されている。

　Table 14-3 は圏域別に見た兵庫県の在宅医療需要を示したものである。兵庫県全体で 2013 年においてその数は 5 万 1040 人となっている在宅医療需要等は、2025 年には 8 万 257 人となっており、10 年ほどで 59％増加している。訪問診療だけで見ても 3 万 298 人から 4 万 7835 人へと 53％の増加となっていることから、著しい勢いで今後増えていくことがわかる。病床を供給するとともに、在宅で医療を受けられる体制の構築もまた重要な課題なのである。

2　介護をどうする？

介護需要の将来予測　地域医療構想には、**団塊の世代**が 75 歳以上となる 2025 年を目途に、高齢者が住み慣れた地域で自分らしい暮らしを続けられる**地域包括ケアシステム**の構築を実現する必要があると明記されている。そのため、医療需要とあわせて**介護需要**の把握が不可欠となる。第 4 章で見たように、国全体の介護需要は今後増大するが、医療需要と同様に、その増加スピードは地域によって異なると考えられる。国民生活の最大の不安要因の 1 つといえる介護問題について自分たちの住んでいる地域の状況を把握し、要介護というリスクに備えることが必要である。

　ここでも兵庫県を事例に見ていこう。兵庫県における 2015 年の寝たきり高齢者、認知症高齢者、虚弱高齢者など、介護、支援を必要とする高齢者の数（要支援、要介護認定者数）は 28 万 8760 人であり、40 歳以上人口の 8.6％とな

Table 14-4　兵庫県における介護需要の推計

（単位：人，%）

	実績（2015 年）			要介護者・要支援認定者数の推計			
	人　口	要介護者・要支援認定者数	認定者率(%)	2025 年	2030 年	2035 年	2040 年
40〜64 歳	1,869,625	5,998	0.3	5,807	5,525	5,088	4,542
65〜69 歳	439,983	13,667	3.1	9,665	10,403	11,444	12,850
70〜74 歳	357,407	23,173	6.5	21,926	19,251	20,780	22,921
75〜79 歳	278,792	41,522	14.9	57,414	46,496	41,012	44,453
80〜84 歳	219,203	70,430	32.1	90,706	108,174	87,810	78,095
85〜89 歳	133,464	73,380	55.0	100,019	120,201	146,153	119,079
90 歳以上	73,649	60,590	82.3	110,713	131,496	159,897	201,683
合　　計	3,372,123	288,760	8.6	396,250	441,547	472,185	483,624

資料）　要介護・要支援認定者は厚生労働省『介護保険事業状況報告』，人口は国立社会保障・人口問題研究所の実績および推計値。

> 兵庫県では高齢化の進展により，2025〜2040 年にかけて要介護者・要支援認定者数が増加し，医療需要とともに介護需要の増加も予想される。

っている。ところが，認定者を年齢別に見ると，65〜69 歳で 3.1 ％であるのに対し，90 歳以上では 82.3 ％と，年齢が高くなるにつれて認定者率が急激に高くなっていることがわかる。

　ここで，2015 年における年齢構成別人口に占める要介護・要支援認定者の比率は将来にわたって変わらないという前提を置いたうえで，2025 年，30 年，35 年，40 年の年齢別推計人口に認定者率を適用し，要介護・要支援認定者の将来推計を行ったものが **Table 14-4** である。この推計方法は先の医療需要と同じものであり，読者の皆さんも容易に計算することができる。認定者は 39万 6250 人，44 万 1547 人，47 万 2185 人，48 万 3264 人と増加し続け，40 歳以上人口の 11.5 ％，13.1 ％，14.4 ％，15.2 ％に達する見込みである。このように，人口の高齢化により介護需要は大きく膨らむことになる。本章では兵庫県全体の数値を使って認定者の推計を行っているが，実際には医療需要と同様に介護需要の増加スピードも圏域によって大きく異なると考えられる。

要介護者・要支援認定者数を推計してみよう

　読者の皆さんが住んでいる地域や気になる地域を取り上げ，要介護者・

要支援認定者数の将来予測を行ってみよう。【データ】e-Stat ➡分野➡社会保障・衛星➡介護保険事業状況報告➡ファイル➡「〈都道府県別〉要介護（要支援）認定者数　男―総数―」。

同上➡「〈都道府県別〉要介護（要支援）認定者数　女―総数―」。

国立社会保障・人口問題研究所HP ➡将来推計人口・世帯数➡日本の地域別将来推計人口（都道府県・市区町村）➡「男女・年齢（5歳）階級別の推計結果一覧」。

介護資源　　　　　　続いて，**介護資源**について見てみよう。**Fig. 14-3** は介護福祉施設，介護老人保健施設，介護療養型医療施設の定員数を合計したものを介護資源と考え，**第1号被保険者**の65歳以上人口に対してどれだけ収容のキャパシティがあるかを見たものである。全国平均（27人）と比べて，兵庫県の介護資源は不足していることがわかる。

以上のことから，医療・介護ともに兵庫県下の圏域が単独で需要に応えることには限界があり，圏域間の連携が重要であることがわかる。また，それに加えて，医療・介護間で需要の増加スピードに違いが存在するであろうことを考え合わせると，圏域によって介護資源は乏しいが医療資源に余裕があるといった状況が考えられ，反対に医療資源は不足しているが介護資源には余裕があるといった状況も考えられる。このように，サービスごとに資源の過不足状況が異なることが想定される。

▮▮ 介護資源を把握しよう ▮▮

読者の皆さんが住んでいる地域や気になる地域を取り上げ，介護資源を他の地域や全国平均と比較してみよう。【データ】e-Stat ➡地域➡都道府県データ➡分野A人口・世帯「65歳以上人口」。

同上➡分野I健康・医療「介護老人保健施設定員数」「介護療養型医療施設定員数」。

同上➡分野J福祉・社会保障「介護老人福祉施設定員数」。

Fig. 14-3 兵庫県と全国の介護資源（2018 年）

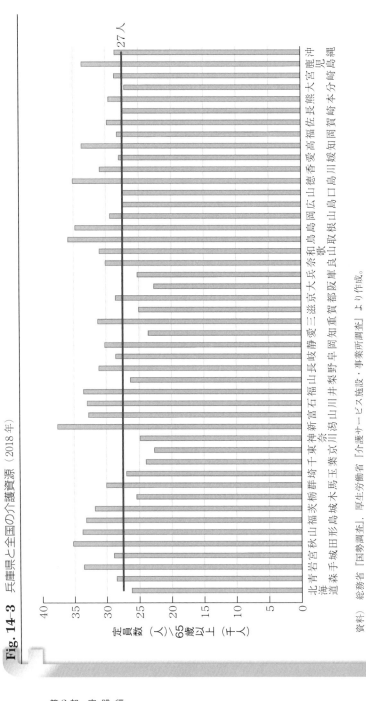

資料）　総務省『国勢調査』，厚生労働省『介護サービス施設・事業所調査』より作成。

第 1 号被保険者の 65 歳以上人口に対して介護関連の施設の定員数の合計値がどれくらいの割合を占めるかという視点から、介護資源の過不足を確認したところ、地域差があることがわかる。兵庫県は全国平均（27 人）と比べて介護資源は不足している。

3 供給バランスの調整

　医療需要や介護需要の推計を行い，地域やサービスごとの医療・介護資源の過不足状況を確認することは非常に大切であるものの，確認にとどまってしまっていては十分とはいえない。不足する資源を余裕のあるところでどのようにフォローするかという，**供給バランスの調整**こそが超高齢社会における医療・介護サービスの課題を解決するための重要なテーマである。圏域を越えて病院間のネットワークを構築し，医療・介護間の連携を図っていく必要性は明らかであり，それぞれの連携について検討していかなければならない。

　兵庫県では全体で見ると医療需要は 2030 年にピークを迎え，その後減少するが，圏域や医療機能によって医療資源に過不足が発生しているため，県下の自治体が増加する医療需要に単独で対応することは難しいと考えられる。第 7 章で述べた広域連携のための**自治体間パートナーシップ**を築くために兵庫県全体で医療ビジョンを共有し，ネットワーク医療システムの構築といった地域連携を強化することが必要である。

　実際に，兵庫県の事例として播磨圏域連携中枢都市圏が形成されている。姫路市を中心市とし，周辺の 7 市 8 町との間で連携中枢都市圏を形成し，県と協力しながら二次および三次救急医療体制を整備するとともに，医療従事者の確保に取り組むというものである。三次救急医療は姫路市の病院，二次救急医療は姫路市と移送先の周辺市の病院が連携しながら救急患者を受け入れるなど，中播磨圏と西播磨圏との間で圏域を越えた連携体制が構築されている。このような圏域を越えた連携による医療サービスの提供が今後は求められるのである。医療資源が不足する神戸，阪神南，東播磨圏における医療サービスの供給を他の圏域で支えていくためには，県や中心市がリーダーシップを発揮し，かつ信頼関係を築きながらネットワークを構築していくことが必要であろう。また，圏域単位で医療資源に余裕があったとしても，医療施設の空間的配置によっては医療需要を十分に受け止めきれないことも考えられるため，GIS を使った詳細なネットワークの構築について検討することも忘れてはならない。

　今後は在宅医療需要が著しい勢いで増加していく。自宅で医療行為を受ける

訪問診療の場合，医師や看護師は必要になるものの，病床が少なくて済むという意味で医療資源に余裕は生まれやすい。ただし，自宅だけでなく介護施設への訪問診療も行われていることから，その場合は結局のところ介護資源が必要になることに注意が必要である。在宅医療需要を受け止めるためには，病院や介護施設との協力関係が不可欠であり，加えてかかりつけ医となる民間診療所や家庭との連携も欠かせないであろう。

　兵庫県の介護需要は2040年まで増加し続けるため，少なくとも今後20年は介護資源不足が深刻さを増していくことになる。一方，兵庫県全体で見た医療資源には少し余裕があったことから，在宅医療も含めた医療と介護の連携によって介護資源不足を解消するという方法を模索していく必要がある。医療施設から医療とともに介護サービスを提供する併用施設への転換も対策の1つであるし，在宅介護サービス事業者との連携といった対策もあるだろう。さまざまな工夫により増加する介護需要を受け止めなければならない。医療と介護を別個ではなく包括的にとらえて需要に応じるために，圏域にとらわれない病院間，医療・介護間の相互補完的なシステム構築が必要なのである。

　本章では兵庫県を取り上げたが，読者の皆さんの住んでいる地域や関心のある地域を対象に，医療・介護サービスの供給バランスを調整するためにどのような対策を講じる必要があるか。医療・介護需要の将来予測を行い，資源の過不足状況を踏まえたうえで，検討していただきたい。

第**15**章

地域経済の活性化について
考えてみよう
—地域経済の理論と実際—

第15章の概念図

トピック：地域住民の厚生水準と地方財政
　　地域住民の厚生水準を最大限に引き上げるためには，地方財政はどのような視点を持たなければならないか。

1. 生産の効率性の向上	2. 配分の効率性の向上	3. 地域に存在する資源の増加（地域経済の活性化）
・与えられた資源を用いてアウトプットの量を最大にする。 ・アウトプットを生み出すのに必要な費用を最少にする。	・生産の効率性を満たしたうえで，住民の厚生を最も高くする公共サービスの組合せ（予算配分）を決定する。	・地域に存在する資源を増やすことで，公共サービスの供給量自体を増加させる。

本章の枠組み

地域経済がかかえる課題を紹介するとともに，地域経済の現状と将来の把握方法，地域経済成長の理論を解説し，地域経済の活性化策を考える機会を提供する。

イントロダクション

　資源を最大限有効に活用して住民の満足を最大にするには，第5章で解説した生産の効率性と配分の効率性を満たすことが重要である。それと同時に，地域に存在する資源を増やすことができれば，公共サービスの供給量を増加させることにより住民の満足を大きくすることができる。本章では，地方団体の重要な政策課題である「地域経済の活性化」に焦点をあて，地域経済が抱える課題を紹介するとともに，地域経済成長の理論を解説する。

1 地方財政の課題

経済成長と地域資源の拡大

地方団体が公共サービスの供給のために利用できる資源には限りがある。したがって，資源を最大限有効に活用して住民の満足を最大にするには，第5章で解説した生産の効率性と配分の効率性を満たすことが地方団体の課題である。しかし，地域に存在する資源を増やすことにより公共サービスの供給量を増加させることによっても，住民の満足を大きくすることが可能である。

Fig. 15-1の2つの効率性は，すでに第5章で説明したものである。現在の生産可能性フロンティアをFFだとすると，地域経済の成長によりFFをFF'へと右上に移動させることができれば，生産の効率性と配分の効率性が満たされている場合，地域住民の満足度（地域厚生）をWWから$W'W'$に引き上げることができる。

しかし，経済が縮小していく時代にあっては，生産可能性フロンティアは原点に近づいていく可能性がある。人口減少や企業の転出による地域経済の縮小は，地方税収を減少させるからである。さらに，地方の公共サービスは，施設やマンパワーといった固定費をともなってはじめて機能するものが多いため，受益者（人口）の減少に比例して財政支出を削減することは困難である。つまり，人口減少にともなって人口1人当たり経費は割高になる。その結果，人口減少が顕著な地方の財政力は低下し，逆に人口が増加する自治体は税収の増加と，行政における規模の経済性の存在によって財政力が強化される。

人口減少，経済の衰退，財政力の低下と行政水準の引下げは，相互に影響を及ぼしながら地域を連鎖的に衰退させていく。こうしたなか，地方団体は第13章で提案した行政改革を進めると同時に，地域経済の活性化を進めていくことが求められている。

財政に依存する地域経済

しかし，日本の多くの地域が財政に依存した経済構造になっている。地域の経済の需要と供給の関係を事後的に観察すると，

$$域内総生産＝民間消費＋民間投資＋財政支出＋移輸出－移輸入 \tag{1}$$

Fig. 15–1 地方財政の課題としての地域経済成長

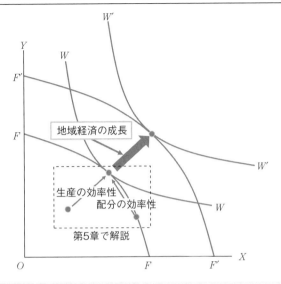

生産の効率性と配分の効率性を満たすことで住民の満足度を引き上げるとともに，地域に存在する資源を増やすことによって公共サービスの供給量を増加させることで，住民の満足度を引き上げることも重要である。

となる。移輸出とは財・サービスが国外市場や国内他地域の市場に売られる輸出・移出を意味し，移輸入とは国外市場や国内他地域の市場から調達する輸入・移入を意味する。

一方，地域にとって処分可能な所得からは税金が支払われ，残りは消費または貯蓄される。つまり，

> 域内総生産＝税金＋民間消費＋民間貯蓄　　　　　　　　　　　(2)

と表すこともできる。そして(1)式と(2)式から，

> (民間投資－民間貯蓄)＋(財政支出－税金)＋(移輸出－移輸入)＝0　(3)

が導かれる。経済力の弱い地方では，財・サービスの移出・輸出収支（移輸出－移輸入）が不均衡（マイナス）となっている。また，地域の貯蓄は東京などの大都市で使われ，金融収支（民間投資－民間貯蓄）も不均衡（マイナス）である。したがって，地域の経済はこうした民間経済活動における域際収支の不均衡を，地域内で負担する税を地域内で行われる財政支出が上回るという，財政収支（財政支出－税金）のプラスでかろうじて維持されてきたといえる。

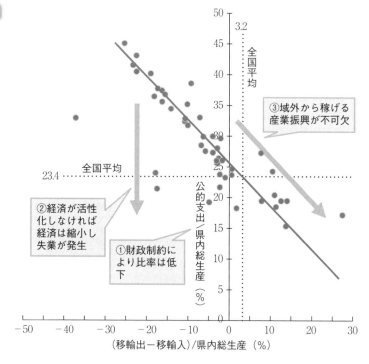

Fig. 15-2 移輸出入バランスと公的支出依存度の関係（2017年度）

資料）内閣府『県民経済計算』より作成。

移輸出入バランスの対県内総生産比率が小さくなるほど，また移入超過の比率が大きくなるほど，政府最終消費支出と公的資本形成からなる公的支出の対県内総生産比率は大きくなっており，地方圏経済の財政依存傾向が明確である。

　Fig. 15-2 は，移輸出入バランスの対域内総生産比率と公的支出（政府最終消費支出＋政府総固定資本形成）の対域内総生産比率との関係を府県別のデータを用いて示したものである。移輸出入バランスの比率が小さくなるほど，そしてマイナスの値が大きくなるほど，公的支出の比率が大きくなっている。現在の地方財政構造を見ると，財政支出のかなりの部分が国庫支出金や地方交付税といった国の財政トランスファーで賄われていることから，このことは，地方経済が国家財政の動向に大きく左右されることを意味している。

　今後，公的支出が削減されると，図左上に位置する地方団体グループは民間経済の活性化によって移出・輸出収支をプラスに（あるいはマイナスを改善）で

きなければ，地域経済は縮小し，失業が発生する。公的支出の削減をカバーし，地域経済を維持するためには，域外から稼げる移出・輸出型産業の活性化が必要なのである。

2 地域経済と地方財政

地域経済と地方税　地方団体は地方税に地方交付税，地方譲与税という一般財源と，国庫支出金，地方債という特定財源を加えて財政支出を行っている。地方財政収入の中心である地方税は，第8章，第9章で見たとおり個人所得，法人所得，消費といった経済変数を課税ベースとしていることから，経済活動の大きさを表す域内総生産によって大きさが決まる。そして，地方税が多いほど地方財政に余裕が生まれ，行政水準を高めることができる。このように，地域経済の活性化は地方財政力を強化するためにも，地方団体にとって重要な政策課題となる。

　将来，どれくらいの地方税収入が見込めるかは，地方団体が財政計画を立てるうえで重要である。地方税には，個人住民税，法人住民税，法人事業税，地方消費税等多くの税目があり，それぞれが異なった課税対象を持っている。したがって，データさえ手に入れば税目ごとに**税収関数**（課税ベースが決まれば，それに対応して税収が決まるという関係性）を導き出し，それを用いて将来予測を行うことが可能になる。しかし，税目ごとの税収関数を導き出すのは困難であることから，本章では税を細分化せず地方税収入全体の税収関数を導き出すことにする。

　Fig. 15-3 は，秋田県と兵庫県の1975年度から2016年度の県内総生産と地方税（県税）収入額との関係を示したものである。経済と財政規模が秋田県と兵庫県では大きく異なっているため，横軸と縦軸は対数に変換した値を使っている。制度改正があるため，若干の変動はあるが，県内総生産が大きいほど地方税収は多い。図を見るかぎり，秋田県と兵庫県とは，経済規模が異なっているものの，ほぼ一直線上に位置しているように見える。このことは，日本の地方税が地方税法という国の法律によってほぼ画一的な制度で課税されており，課税ベースの大きさだけで税収の大きさがほぼ決定されることを表している。

Fig. 15-3 県内総生産と地方税収の関係

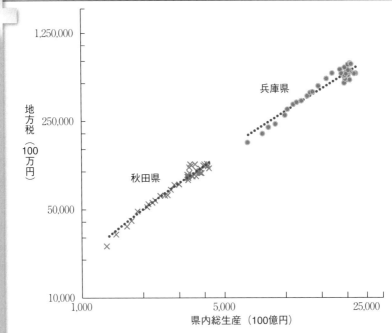

地方税（100万円）

1,250,000

250,000

兵庫県

50,000

秋田県

10,000

1,000　　　　　　　5,000　　　　　　　25,000

県内総生産（100億円）

資料）　内閣府『県民経済計算』，総務省『地方財政統計年報』より作成。

秋田県と兵庫県とでは経済規模が異なるものの，ほぼ一直線上に位置しているように見える。日本の地方税が地方税法という国の法律によってほぼ画一的な制度で課税されており，課税ベースの大きさだけで税収の大きさがほぼ決定されることがわかる。

　しかし，税制が同じだとしても，県内総生産の内訳が異なると課税ベースの大きさも違ってくるため，同額の県内総生産額でも地方税収に差が生じたり，伸び率が異なったりする可能性がある。たとえば，地方消費税は消費支出には課税されるが設備投資には課税されないため，税収は異なった額になる。また，経済成長率が同じであっても，法人課税のウェイトが大きい地域は地方消費税のウェイトが大きい地域よりも，税収の伸びは大きくなる。したがって，予測の精度を上げるためには地域ごとに税収関数を導き出すほうがいい。

　税収関数を導き出す際，回帰分析という手法を用いることになる。第13章で述べたように，回帰分析とは，経済事象を表す被説明変数に対して，経済事象に影響を与える要因である説明変数がどの程度影響しているのかをデータに

よって明らかにする手法である。本章では過去の地方税収（被説明変数）と県内総生産（説明変数）のデータを用い，回帰分析によって税収関数を導き出すが，回帰分析を用いる際はできるかぎり過去にさかのぼって多くのデータを集めることが望ましい。しかし，長期に及ぶ過去のデータを用いると，期間中に制度改正が行われ，その影響が税収に及んでいる可能性が出てくる。Fig. 15-3で用いた1975年度から2016年度の期間には，国から地方への税源移譲，地方消費税率の引上げといった制度改正が行われている。税収関数を導き出す際には，必要に応じて制度改正の影響を調整しなければならない。その際に力を発揮するのが，第13章でも述べたダミー変数である。ダミー変数については，実際に税収関数を導出する作業のなかで説明しよう。

　県内総生産以外の要因によっても税収は変動する。したがって，県内総生産だけで地方税収を完全に予測することはできないとしても，税収関数が導出できれば，税制が現行のままで維持されると仮定したうえで，将来の県内総生産を予測することで地方税収も予測できる。

| 地方税収関数の推計 |

兵庫県の地方税について，回帰分析を用いて税収関数を導出してみよう。回帰分析を行う前に，説明変数（県内総生産）を横軸に，被説明変数（地方税収）を縦軸にとった散布図を描いて，関係性を確認してみるとよい。**Fig. 15-4**のように散布図を描くことによって，横軸と縦軸の関係が判明し，税収関数を導出する際の手がかりを得ることができる。もし散布図が散らばっていて，説明変数と被説明変数との間に明確な関係を見いだせない場合には，県内総生産以外の説明変数を探す必要が出てくる。Fig. 15-4はFig. 15-3から兵庫県のデータを取り出し，各データに年度を記したものである。ここでは，横軸と縦軸は対数変換しない実際の値をとっている。

　Fig. 15-4を見ると，1980年代までは県内総生産と地方税との関係はほぼ直線上に右上がりに並んでいる。ところが，1990年代に入ると，県内総生産と地方税の関係は複雑になった。その背後には，バブル経済の崩壊後における長期の経済停滞に加えて，国税所得税から地方の個人住民税への税源移譲，地方消費税率の引上げといった地方税制度の改正といった要因がある。また，1989年度から91年度にかけてデータが近似線から上に外れているが，これはバブル経済によって地方法人課税が大きく増加したことに原因があると考えら

Fig. 15-4 兵庫県における県内総生産と地方税収の関係

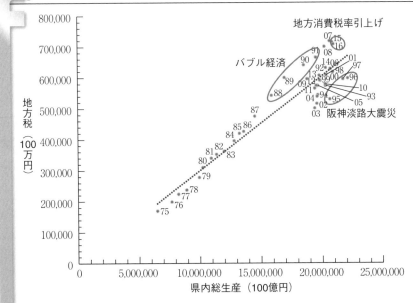

資料） 内閣府『県民経済計算』，総務省『地方財政統計年報』より作成。

1980 年代までは，県内総生産と地方税との関係はほぼ直線上に右上がりに並んでいる。しかし 1990 年代に入ると，地方税制度の改正やバブル経済，阪神大震災の影響により構造的な変化が生じている。

れる。さらに，1995 年 1 月 17 日に発生した阪神淡路大震災も税収に影響していることを，図から読み取ることができる。税収関数を導出するには，県内総生産と地方税の関係に影響を与えるこれらの要因を調整しなければならない。そこで利用するのが，上述したダミー変数である。ダミー変数を用いることで，被説明変数と説明変数の関係に構造的な変化をもたらすこれらの要因の影響を調整することが可能になる。

■■ 散布図を描いてみよう ■■

　読者の皆さんが住んでいる地域や気になる地域を取り上げ，横軸に県内総生産，縦軸に地方税収をとった散布図を描くことで，県内総生産と地方税収の関係について確認してみよう。【データ】e-Stat ➡地域➡都道府県データ➡データ表示➡地域選択➡表示項目選択：分野 C 経済基盤「県内

Fig. 15-5　地方税収関数推計用のデータ（兵庫県）

	A	B 被説明変数	C	D 説明変数	E	F	G
1							
2		被説明変数		説明変数			
3		地方税	県内総生産	バブル ダミー	大震災 ダミー	税源移譲 ダミー	地方消費税 引上げ ダミー
4	1975	169,619	6,494,341	0	0	0	0
5	76	199,008	7,685,665	0	0	0	0
6	77	223,636	8,234,994	0	0	0	0
15	・	・	・	・	・	・	・
16	・	・	・	・	・	・	・
17	88	542,625	15,867,541	1	0	0	0
18	89	599,838	16,921,668	1	0	0	0
19	90	640,416	18,501,260	1	0	0	0
20	91	665,042	19,495,930	1	0	0	0
22				・	・		
23				・	・		
24	95	530,268	20,649,096	0	1	0	0
25	96	597,948	22,125,426	0	1	0	0
26	97	595,264	21,732,653	0	1	0	0
38	・	・	・	・	・	・	・
39	・	・	・	・	・	・	・
40	2011	565,021	19,410,166	0	0	1	0
41	12	574,192	19,529,340	0	0	1	0
42	13	591,530	19,804,763	0	0	1	0
43	14	631,351	20,303,990	0	0	1	0
44	15	714,337	20,829,387	0	0	1	1
45	16	707,741	20,937,780	0	0	1	1

被説明変数に地方税，説明変数に県内総生産のデータを用いて回帰分析を行うことにより地方税収関数を導出することができる。その際，ダミー変数を説明変数に加えることで，被説明変数と説明変数との間の構造的な関係の変化を調整することが可能になる。

総生産」，分野 D 行政基盤「地方税」

Fig. 15-5 は兵庫県の地方税収関数を導出するためのデータである。ダミー変数は，構造的な変化がもたらされた時期を 1，それ以外の時期を 0 というように数量化する。バブルダミーは 1988 年度から 91 年度を 1，その他の年度を 0，阪神淡路大震災ダミーは 1995 年度から 97 年度を 1，その他を 0，税源移譲ダミーは 2007 年度以降を 1，2007 年度より前を 0，地方消費税引上げダミーは 14 年度までは 0，15 年度以降を 1 としている。県内総生産にこれらのダミー変数を加えることで税収関数を適切に推計できるかどうかは，回帰分析を

行って確認することになる。

　回帰分析の結果は次のようになった。なお，比較対象として秋田県について
も回帰分析を行った。

【兵庫県】

$$地方税収入（100万円）= 2840.595 + 0.029 \times（県内総生産（100万円））$$
$$\underset{(0.14)}{} \quad \underset{(22.44)^{**}}{}$$

$$+ 96751.287 \times（バブル経済ダミー）- 50928.351 \times（阪神淡路大震災ダミー）$$
$$\underset{(5.50)^{**}}{} \quad \underset{(-2.40)^{**}}{}$$

$$+ 42904.738 \times（税源移譲ダミー）+ 60628.881 \times（地方消費税引上げダミー）$$
$$\underset{(2.99)^{**}}{} \quad \underset{(2.38)^{*}}{}$$

自由度修正済み決定係数 = 0.953　　(4)

（　）内は t 値，** は 5 ％で有意，* は 10 ％で有意である。

偏回帰係数は小数第 4 位を四捨五入している。

【秋田県】

$$地方税収入（100万円）= -10170.301 + 0.030 \times（県内総生産（100万円））$$
$$\underset{(-3.68)^{**}}{} \quad \underset{(33.97)^{**}}{}$$

$$+ 8117.072 \times（税源移譲ダミー）+ 13835.797 \times（地方消費税率引上げダミー）$$
$$\underset{(4.64)^{**}}{} \quad \underset{(4.00)^{**}}{}$$

自由度修正済み決定係数 = 0.970　　(5)

（　）内は t 値，** は 5 ％で有意，* は 10 ％で有意である。

偏回帰係数は小数第 4 位を四捨五入している。

　第 13 章で述べたように，回帰分析結果に示されている t 値が絶対値で 2 よ
り大きければ，（多くの場合において）説明変数と被説明変数との関係を統計的
に認めることができる。また，自由度修正済み決定係数は被説明変数のバラツ
キを説明変数でどの程度説明できるのかを示す指標であり，1 に近いほど説明
できていることを示している。(4) 式と (5) 式の結果から，地方税収は県内総生
産によって大部分が決定されること，同じ地方税制度が適用されても兵庫県と
秋田県では税収関数は異なったものとなることがわかる。

　ここでは事例として兵庫県と秋田県を取り上げたが，他の都道府県も同様に
散布図を描き，税収関数の導出に適している変数を選択したうえでデータセッ
トを作成し回帰分析を行えばよい。この式に，将来の県内総生産を代入すると，
地方税の将来予測値が計算できる。その際，税制改正の影響は今後も続くので，
税制改正関係のダミー変数については将来予測においても 1 ということになる。

　Excel のメニュー・バーから「データ」タブを選択後，「データ分析」を選択する。データ分析画面から「回帰分析」を選択し（①），「OK」をクリックすると（②），回帰分析の操作画面が出てくる。もし「データ分析」が見当たらない場合は，メニュー・バーの「ファイル」タブから「オプション」「アドイン」をクリックし，「設定」から「分析ツール」にチェックを入れると表示される。

　まず，入力Y範囲に被説明変数のデータ（Fig.15-5 の \$B\$3\$B\$45）を入力する（③）。続いて，入力X範囲に説明変数のデータ（Fig.15-5 の \$C\$3\$G\$45）を入力する（④）。データセットの先頭行はラベルであるため，「ラベル」にチェックを入れる（⑤）。結果の出力先を指定する場合は「一覧の出力先」を選択し，表示したい位置を選択する（⑥）。結果の出力先が決まり，「OK」をクリックすれば（⑦），回帰分析の結果が表示される。

　回帰分析の目的は，変数間の関係を統計的に解析することである。回帰分析の結果は決定要因分析や将来予測等，政策形成に必要なさまざまな情報を与えてくれることから，ぜひとも回帰分析の方法を知っておこう。

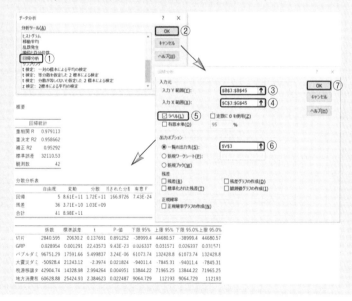

■■ 税収関数を導出してみよう ■■

　読者の皆さんが住んでいる地域や気になる地域を取り上げ，地方税収を被説明変数，県内総生産を説明変数とした回帰分析を行うことで，税収関

数を導出してみよう。その際,「散布図を描いてみよう」で描いた散布図
をもとに,ダミー変数にもチャレンジしてみよう。

地域経済を発展させるために——地域データ分析の重要性

地域経済成長の大きさの検証

地域経済の発展を実現するための第1のステップは,経済の過去から現在までの変化を把握することである。地域は常に変化している。そのため,政策を立案するときには,地域の状況がどのように変化したのかについて適切な指標で把握することが必要になる。地域変化の分析は,同一地域の他の時点と比較してどのような差異があるのかを明らかにすることであり,地域経済も同様である。

『国勢調査』や『経済センサス』など統計データによっては,毎年ではなく5年ごとに整備されているものもある。このようなデータの場合,期間の平均変化率をとることでデータを把握しやすくできる。また,変化率を異なる地域間で比較する場合,同じ期間で比較しなければならないにもかかわらず,同じ期間の統計データが得られない場合もある。このような場合も平均変化率で比較すればよい。以上のことから,平均変化率という方法を学んでおくことで,データ加工の幅を広げることができる。

ここで,都道府県別に経済活動の「規模」がどのように変化してきたかを県内総生産の**年平均成長率**で見てみよう。**県内総生産**は国のGDP(国内総生産)にあたるもので,県内の生産活動によって新たに付加された価値(これを「付加価値」という)の総額である。そして,付加価値は産出額(出荷額や売上高など)から中間投入額(原材料費や光熱水費など)を差し引いて求める。

Fig. 15-6は,兵庫県を例に2011年度から17年度の6年間の年平均成長率の計算方法を示したものである。他の都道府県も同様に内閣府『県民経済計算』のデータを使えば計算ができる。また,この例では6年間を対象としているが,2001年度から17年度であれば,各年度の県内総生産の数値を代入し,「××/6」となっているところを「××/16」に変えればよい。

Fig. 15-6 年平均成長率の算出方法

	A	B	C	D	E	F	G	H	I	J
1					計算方法				結果	
2		県内総生産（兵庫県）			ln(県内総生産)			ln(県内総生産)		
3		2011年度	2017年度		2011年度	2017年度		2011年度	2017年度	
4		19,398,678	20,739,565		=ln(B4)	=ln(C4)		16.78072	16.84755	
5										
6					ln(県内総生産$_{2017}$) − ln(県内総生産$_{2011}$)			ln(県内総生産$_{2017}$) − ln(県内総生産$_{2011}$)		
7					=F4-E4			0.066838		
8										
9					{ln(県内総生産$_{2017}$) − ln(県内総生産$_{2011}$)}/6			{ln(県内総生産$_{2017}$) − ln(県内総生産$_{2011}$)}/6		
10					=E7/6	=ln(1+平均変化率)		0.01114		
11										
12					1+平均変化率			1+平均変化率		
13					=exp(E10)			1.011202		
14										
15					平均変化率			平均変化率		
16					=E13-1			0.011202	(1.12%)	

年平均変化率の算出方法を学んでおくことで，隔年で整備されている統計データの読取りが容易になったり，異なる期間の統計データしか得られない地域同士の比較が可能になったりするなど，データ加工の幅を広げることができる

　この方法を用いて，47 都道府県の 2011 年度から 17 年度の年平均成長率を比較したものが **Fig. 15-7** である。同期間中の全国の値は 0.93 ％であったが，都道府県間で成長率には大きな差が存在する。

> ■■ 年平均成長率を計算してみよう ■■
>
> 　読者の皆さんが住んでいる地域や気になる地域を取り上げ，年平均成長率を計算してみよう。【データ】内閣府『県民経済計算』➡統計データ一覧➡統計表：平成 18 年度 − 平成 29 年度➡総括表：県内総生産（生産側，実質：連鎖方式）

　経済発展を考えるためには「規模」だけでなく，たとえば産業構造のような経済活動の「内容」を知る必要がある。ただ，産業構造がグローバル化の流れに乗り遅れているといった経済活動の内容は，どちらかというと規模やその変化を決定づける要因と考えられる。したがって，地域経済を検証するコツは，規模と内容を同時に分析するのではなく，①経済の規模と成長（衰退）の検証，②地域経済成長（衰退）のメカニズム（理論）を知る，③理論をベースに内容を分析する，というステップを踏むことである。地域間の成長率格差は何によってもたらされたのか。この要因を探ることにとって，地域経済活性化の手が

Fig. 15-7 年平均経済成長率（2011～17年度）の比較

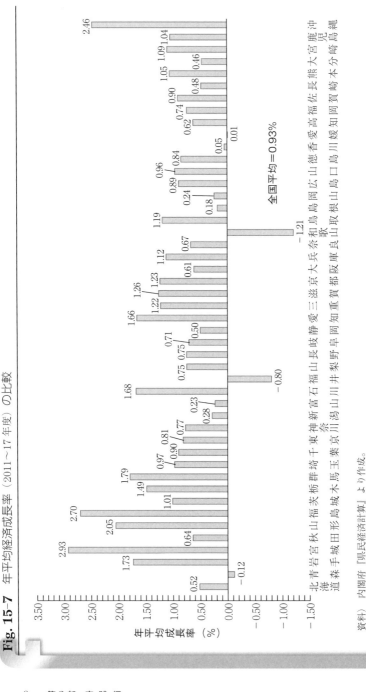

（資料）内閣府「県民経済計算」より作成。

年平均経済成長率を算出することにより、地域間で成長率に格差が生じていることがわかる。成長率格差の背後にあるメカニズムや要因を明らかにすることが、地域経済活性化の手がかりとなる。

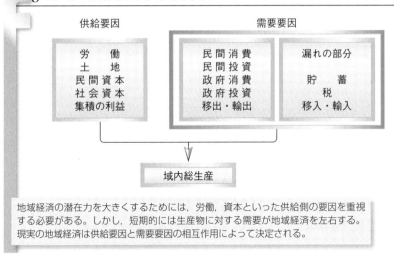

Fig. 15-8 地域経済活動の決定要因

供給要因	需要要因	
労　　働	民 間 消 費	漏れの部分
土　　地	民 間 投 資	
民 間 資 本	政 府 消 費	貯　　蓄
社 会 資 本	政 府 投 資	税
集積の利益	移出・輸出	移入・輸入

域内総生産

地域経済の潜在力を大きくするためには，労働，資本といった供給側の要因を重視する必要がある。しかし，短期的には生産物に対する需要が地域経済を左右する。現実の地域経済は供給要因と需要要因の相互作用によって決定される。

かりを得ることができる。

地域経済活動を決定づけるもの

地域の経済活動水準は何によって決まるのだろうか。**Fig. 15-8** は，地域経済活動の決定要因を供給サイドと需要サイドに分けて示したものである。生産には労働，土地，資本といった資源が必要である。地域経済規模の大きい地域には，こうした資源が備わっているはずであり，これらは生産活動を決定する供給要因である。

財やサービスは，その地域内に住む人びとの消費，域内企業の設備投資，公共事業（政府投資）向けに売られるが，そのほかにも，日本国内の他地域に売られたり（移出という），海外にも輸出されたりする。これとは逆に，地域内の人びとの消費や企業の設備投資に必要な財・サービスが，すべて自地域内で調達できるとはかぎらない。国内の他地域や国外から調達すれば，移入・輸入として需要は漏れてしまう。さらに，域内の人びとが稼いだ所得はすべてが使われるわけではなく，貯蓄や税金として需要から漏れる部分がある。地域経済にとっては，域内産業に対する需要が大きいほど，また，域外への需要の漏れが小さいほど望ましいことになる。上述したように，地方の経済は民間部門における大きな需要の漏れを，公共部門における政府支出という需要で補っているのが実情である。

実際には地域経済の変動要因を需要サイドと供給サイドとに明確に区分することは不可能であり，両者が相互に影響しあいながら地域は成長し衰退する。地域内に豊富な資源が存在するからといって，経済活動が活発になるわけではない。地域で生産された財やサービスが売れなくては意味がないからだ。逆に，需要が大きくても，十分な生産能力が備わっていなくては需要に応えることはできない。

　地域経済の成長に関しては，これまで需要重視，供給重視の立場から多くの理論が提示されてきた。ここで代表的なものを取り上げよう。現実には需給両サイドからの接近が必要なのだが，いずれの理論も地域経済の課題を浮かび上がらせてくれる。

需要重視の地域経済成長の考え方

地域で生産された財・サービスの一部はその地域内にある企業や住民によって使われるが，一部は国外（輸出）や国内の他地域（移出）の市場で売られる。**経済基盤説**（economic base theory）は地域の成長要因を，生産された財・サービスに対する域外からの需要に求める，需要重視の理論である。産業を移輸出需要に対応する**基盤産業**（basic industry）と，地域内のローカルな市場を対象とする**非基盤産業**（non-basic industry）とに分類し，前者こそが地域経済全体の成長を可能にし，持続させる，というのが経済基盤説のエッセンスである。

　いま何らかの理由で基盤産業に対する需要が減少し，その雇用量が減少したとすると，それはさらに非基盤産業に対する需要を減少させ，雇用量の第1次的減少が生じる。たとえば基盤産業である大規模工場が閉鎖されると，それまで工場の従業員を相手に商売を行っていた周辺の飲食店（非基盤産業）の営業が成り立たなくなることを想像すればよい。このような第1次的なインパクトは第2次，第3次の雇用量の減少を派生させ，均衡状態が回復するまで地域経済の衰退は続く。こうして，基盤産業に対する需要の変化によって最初に生じた雇用者数の変化の何倍かの雇用量の変化が，地域に生じるのである。

　そして，非基盤産業の雇用者の全雇用者に占める比率が高い地域ほど，雇用全体に及ぼす影響は大きくなる。この点は，次のように理論的に考えればよい。E_n を非基盤産業雇用量，E_b を基盤産業雇用量，E を総雇用量とすると，

$$E = E_n + E_b \tag{6}$$

となる。ここで，非基盤産業の雇用量は総雇用量の一定割合 a であるとすると，

$$E_n = aE \quad (0 < a < 1)$$

$$E = aE + E_b$$

$$E = \frac{1}{(1-a)} \times E_b \qquad\qquad\qquad (7)$$

となる。$1/(1-a)$ が乗数であり，基盤産業の雇用者数の変化を $\varDelta E_b$ とすると，$\frac{1}{1-a} \times \varDelta E_b$ が総雇用量の変化となる。a が 0.8，基盤産業の雇用者が 1 万人減少したとすると，この地域の総雇用者は 5 万人減少することになる。このように基盤産業の衰退は地域の雇用を大きく減少させるが，逆にいえば基盤産業が育てば，地域の雇用が大きく増えるのである。経済活性化のポイントは移出・輸出が期待できる産業を育てるとともに，移入・輸入に依存している経済構造を転換することである。

産業構造と特化係数

「グローバル化や IT 化の進行といった社会のトレンドに合わない古い産業構造を転換することで，経済活力を強めるべきである」という指摘がなされる。衰退産業への依存が大きい地域は経済活力が減退するからである。地域の産業構造は特化係数で確認することができる。**特化係数**とは，全国の産業分野別構成比に対する各地域の構成比の比率である。たとえば，全国での全産業に占める製造業の割合が 40％，A 地域での全産業に占める製造業の割合が 50％とすると，A 地域の製造業の特化係数は 1.25（＝50÷40）となる。一般的に，特化係数は地域の産業構造の特徴を全国と比較する形で表すものとして利用される。特化係数が 1 を超える産業は，当該地域において相対的に重要な役割を果たしていることになる。その産業が衰退分野であれば，地域の産業構造が時代に合わなくなっていると評価されるわけである。

　Table 15-1 は，2017 年度の産業別県内総生産を用いて秋田県，東京都，兵庫県の特化係数を示したものである。あわせて，2007 年度から 17 年度の 10 年間の産業別成長率を掲載している。全国全産業は同期間中に 2.9％（年率換算で 0.285％）の増加であった。秋田県で特化係数が 1 を上回っている産業は農林水産業，鉱業，宿泊・飲食サービス業といった成長率が低い産業か，教育，保健衛生・社会事業といった域内需要に対応する非基盤産業である。これに対して東京都は，情報通信業，金融・保険業，専門・科学技術，業務支援サービス業といった成長性の高い産業の特化係数が 1 を上回っている。兵庫県は製造

Table 15-1　特化係数（2017年度）

	県内総生産成長率（%） （2017／2007）全国	秋田県	東京都	兵庫県
農林水産業	− 20.5	**3.11**	0.04	0.46
鉱　　業	− 52.5	**3.47**	0.90	0.26
製　造　業	**5.3**	0.84	0.40	**1.06**
電気・ガス・水道・廃棄 　物処理業	− 16.6	**1.47**	0.60	**1.69**
建　設　業	**11.5**	**1.14**	**1.03**	0.75
卸　売　業	− 7.9	0.51	**2.10**	0.63
小　売　業	1.1	**1.34**	0.78	**1.24**
運輸・郵便業	− 11.8	0.78	0.89	**1.08**
宿泊・飲食サービス業	− 12.5	**1.18**	0.88	**1.16**
情報通信業	**8.5**	0.55	**2.12**	0.59
金融・保険業	**3.6**	0.80	**1.85**	0.74
不　動　産　業	**15.6**	**1.09**	0.97	**1.28**
専門・科学技術，業務支 　援サービス業	**8.5**	0.83	**1.47**	0.88
公　　務	− 3.5	**1.41**	0.85	0.69
教　　育	**7.4**	**1.30**	0.76	**1.23**
保健衛生・社会事業	**18.2**	**1.52**	0.59	**1.10**
その他のサービス	− 10.4	**1.10**	0.95	**1.13**
全　産　業	2.9			

注）　太字は全国・全産業の成長率を上回る産業である。
資料）　内閣府『県民経済計算』より作成。

> 東京都は成長性の高い産業の特化係数が1を上回っているのに対して，秋田県や兵庫県は成長性が低い産業や域内需要に対応する非基盤産業に特化した産業構造を有している。特化係数と成長率を確認することで，産業構造が有する特徴を明らかにできる。

業の特化係数が1を上回るなど，秋田県とは異なった産業構造となっているものの，高い成長率をもつ産業は全体に弱く，教育，保健衛生・社会事業といった域内需要に対応する産業の特化係数が高いという点では秋田県と同様である。

▮▮ 特化係数を計算してみよう ▮▮

　読者の皆さんが住んでいる地域や気になる地域を取り上げ，特化係数を計算してみよう。そして，地域が有する産業構造の特徴を読み取ってみよう。【データ】内閣府『県民経済計算』➡統計データ一覧➡統計表：平成

供給重視の地域経済成長の考え方

地域経済成長の原動力を供給面に求め，労働や資本といった生産要素の増加こそが地域の成長を可能にする。これは新古典派経済成長理論として展開されてきた基本的な考え方である。地域の産出量は，その地域における資本と労働の投入量によって決定される。東京をはじめとした大都市圏で生産額が大きくなっているのは，資本や労働といった生産要素が多いからであり，地域の経済成長率に差が生まれるのは，労働や資本の増加率に差が存在するからである。また，技術力や事業所が集まっていることで企業活動が有利になるといった集積の経済も，地域経済の成長に影響する。この点をもう少し詳しく検討してみよう。

地域の産出量 Y を，資本ストックを K，労働 L を，技術（他の要因もあるが，ここでは技術としておく）を A とし，生産関数は

$$Y = AF(K, L) \tag{8}$$

と表されるとする。この式は，産出量 Y は資本ストック K と労働 L によって決まる（これを $F(K, L)$ と表し，「Y は K と L の関数である」という）が，同時に技術水準である A に影響されることを意味している。資本が多いほど，労働が多いほど，技術水準が高いほど大きな産出量を実現することができる。ただし，ここでの産出量は地域の潜在的経済力を表しており，その能力に比べて需要が小さければ現実の産出量は最大量に達せず，失業や資本設備の遊休化が生じる。

ここで，「生産は規模に関して収穫一定（資本ストック K と労働 L を同じ比率だけ増加させると，産出量 Y もそれと同じ比率で増加するという意味）」を仮定すると，経済成長率（$\Delta Y/Y$）と労働の増加率（$\Delta L/L$），資本の増加率（$\Delta K/K$），技術進歩率（$\Delta A/A$）の間には，次の関係があることが知られている。

$$\frac{\Delta Y}{Y} = \frac{\Delta A}{A} + a\frac{\Delta K}{K} + (1-a)\frac{\Delta L}{L} \tag{9}$$

a と $1-a$ は，資本と労働の投入量それぞれの，産出量に対する寄与度である。生産は資本と労働の両方を使って行われるため，資本ストックが1％増加

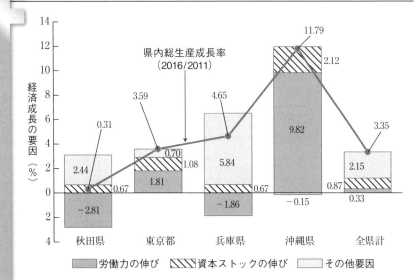

Fig. 15-9 地域経済の成長とその要因（2011年度から16年度の期間）

資料）内閣府『都道府県別経済財政モデル・データベース』，内閣府『県民経済計算』より作成。

経済成長率を労働の増加率，資本の増加率，技術進歩率に分解することで，成長率格差の背後にある要因を供給面から明らかにできる。

したからといって，産出量が1％増加するわけではない。資本と労働の増加率をそれぞれ x，y とすると，経済成長率に与える影響は，資本は xa ％，労働は $y(1-a)$ ％ということになる。また，資本と労働の伸びが0であっても，技術進歩は同率だけ経済を成長させる。資本と労働の報酬が生産への貢献度に応じて分配されるとすれば，産出量に対する貢献度とは資本と労働の分配率となる。

(9)式は，成長率の地域間格差を発生させる3つの理由を提示している。①技術進歩（その他要因を含む）が地域間で異なること，②労働力の増加が地域間で異なること，③資本の増加が地域間で異なること，である。

ここで，秋田県，東京都，兵庫県，沖縄県の2011年度から16年度の経済成長率（5年間）格差とその要因を検証しよう。結果は **Fig. 15-9** に示されている。全地域で経済成長率はプラスになっているが，成長率には地域間に差が存在する。秋田県と兵庫県は労働力の減少が成長率を引き下げる要因となって

おり，資本の増加とその他要因とによって成長が支えられている。東京都は，労働，資本，その他要因がともに成長率を押し上げている。沖縄県は労働，資本が成長にプラスに寄与しているものの，その他要因がマイナスになっている。その他要因については，技術進歩や集積の経済等が考えられるが，地域経済学を学ぶことによってさらに深く分析してほしい。

▨▨ 経済成長率を分解してみよう ▨▨

　読者の皆さんが住んでいる地域や気になる地域を取り上げ，経済成長率を労働の増加率，資本の増加率，その他要因（技術進歩率）に分解してみよう。

【データ】

　県内総生産・県内就業者数：内閣府『都道府県別経済財政モデル・データベース』➡データ推計結果（県民経済計算）

　民間資本ストック：『都道府県別経済財政モデル・データベース』➡データ推計結果（民間企業資本ストック（純））

　資本と労働の貢献度：内閣府『県民経済計算』➡統計データ一覧➡統計表：平成18年度−平成29年度➡主要系列表：県民所得に掲載されている，雇用者報酬と企業所得のデータを入手し，それぞれ2011年度から16年度までの合計値を算出したうえで，雇用者報酬と企業所得の比率を地域ごとに算出。

地域経済の将来を予想してみよう

　出生率の低下と超高齢化は，労働力の減少によって地域経済の供給面に影響する可能性がある。Fig. 15-9 の算出プロセスに将来の就業人口をあてはめることによって，将来の地域経済の概略を知ることができる。少子高齢化は生産年齢人口の減少を引き起こすだけでなく，**Fig. 15-10** に示されているように高齢者の就業率が低いことから，高齢者の割合を上昇させることで就業者数を大きく減少させると考えられる。そこで，地域経済の将来予測は次の方法で行うこととする。

STEP1：総務省『労働力調査』の年齢階級（5歳階級）別・男女別就業率（全国値）を国立社会保障・人口問題研究所『日本の地域別将来推計人口（都

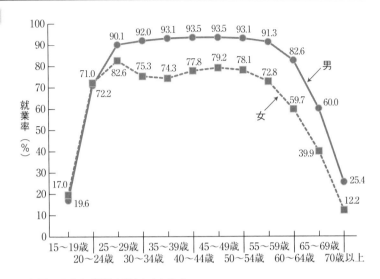

Fig. 15-10 男女別・年齢階級別就業率（2020 年）

資料）総務省『労働力調査』より作成。

高齢者の就業率は男女ともに低い値となっている。少子高齢化の進行は，高齢者の割合を上昇させることを通じて，就業者数を大きく減少させると考えられる。女性や高齢者のさらなる就業参加が進むとしても，労働力が減少することが予測される。

　道府県・市区町村）』に掲載されている各地域の男女・年齢（5 歳）階級別将来人口（男女別）に乗じることによって就業者数の将来の推計値を求める。その際，2016 年に最も近い 15 年にも同じ方法を適用して就業者を推計する。

STEP2：STEP1 で求めた 2015 年の就業者数の推計値を 1 とし，将来の推計値を，たとえば 0.9 のように指数化し，15 年度の就業者数の実際の値に適用することで将来予測値を算出する。たとえば，兵庫県の 2015 年の推計値は 295 万 1725 人，25 年は 274 万 4690 人，35 年は 249 万 9127 人，45 年は 218 万 716 人と計算された。2015 年を 1 とすると，25 年は 0.930，35 年は 0.847，45 年は 0.739 である。2015 年の実際の就業者数は 244 万 3786 人であったことから，25 年には 243 万 3786 人×0.930，35 年は 243 万 3786 人×0.847，45 年は 243 万 3786 人×0.739 として算出する。

この方法を用いて，北海道等の就業者数の推移を示したものが **Fig. 15-11**

Fig. 15-11 各地の就業者数の予測

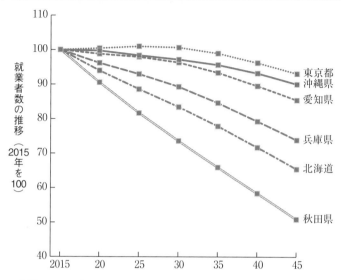

資料) 国立社会保障・人口問題研究所『日本の地域別将来推計人口』，総務省『労働力調査』より作成。

秋田県や北海道はもちろん，東京都も将来的には地方からの若者の転入が頭打ちになることから，就業者数の減少が予測されている。

である。2045年には，15年に比べて秋田県は49.1％減，北海道は34.5％減と就業者数は大きく減少する。東京都も将来的には地方からの若者の転入が頭打ちになることから，2045年には6.8％減と予測される。女性や高齢者のさらなる就業参加が進むとしても，日本の各地域で労働力が減少することは避けられない。

就業者数の増減が経済成長率に及ぼす影響は(9)式より $(1-a)\Delta L/L$ であることから，産出量に対する労働の貢献度（労働分配率）$1-a$ が2011年から16年までのデータを用いて算出したものと同じ状態が続くと仮定した場合，少子高齢化によって2015年から45年の間に秋田県の経済成長率は32.1％，北海道は25.4％，東京都は3.9％低下することがわかる。

■■ 地域経済の将来を予測してみよう ■■

読者の皆さんが住んでいる地域や気になる地域を取り上げ，本文に記述

されている手順を踏まえ，少子高齢化による地域経済への影響を予測して
みよう。

**労働生産性を高める
ことの重要性**

日本各地で今後，労働力が減少していく。地域経済
を活性化し，地域の持続可能性を高めるためには，
労働者1人当たり県内総生産，すなわち**労働生産性**

を高めることが不可欠である。それでは，労働生産性を高めるためにはどうす
ればいいのかを考えよう。上で取り上げた生産関数にここでもう一度登場して
もらおう。

$$Y=AF\left(K, L\right) \tag{10}$$

「生産は規模に関して収穫一定」を想定する。この想定のもとでは，資本と
労働をともに 1/L 倍した場合，生産量も 1/L 倍になることから，生産関数は次
のような形になり，労働者1人当たりの生産関数

$$\frac{Y}{L}=AF\left(\frac{K}{L}, 1\right) \tag{11}$$

が得られる。(11)式の右辺の関数のなかの「1」は定数であるため，「労働者1
人当たりの産出量（Y/L）」つまり労働生産性は，「労働者1人当たり資本量（K/L）」によって決まることを意味する。「労働者1人当たり資本量（K/L）」のこ
とを**資本装備率**とも呼ぶことから，ここからは資本装備率という呼び名を使う
ことにする。

資本の増加率が労働の増加率よりも大きいと資本装備率が上昇するが，これ
を**資本の深化**（deepening of capital）と呼ぶ。資本の深化が進むと，労働生産性
は高まることになる。**Fig. 15-12** は，1975 年度から 2016 年度の資本装備率と
就業者1人当たり県内総生産（労働生産性）の関係を秋田県，東京都，兵庫県
について見たものである。どの地域も資本装備率は高まっており，景気状況に
よって変動はあるが，労働生産性は上昇している。しかし，労働生産性の地域
間格差は大きく，2016 年度時点では東京都が 1038 万円であるのに対し，秋田
県は 675 万円と約3分の2倍になっている。

**地域間格差は収束す
るのか**

供給面を重視する新古典派経済成長理論では，資本
装備率の違いによって地域間で労働生産性格差が生
じていたとしても，将来的には資本装備率が地域間

Fig. 15-12 資本装備率と労働生産性

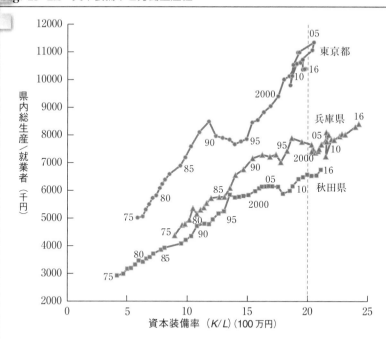

資料）内閣府『県民経済計算』，同『国民経済計算』より作成。

資本の深化が進むにつれて労働生産性が上昇する傾向が確認できる。しかし，同じ資本装備率であったとしても労働生産性には地域間格差が存在しており（たとえば，資本装備率が同じでも東京都の県内総生産/就業者は高く，秋田県は低い），資本装備率以外の要因が労働生産性に影響していることを示している。

で等しくなり，労働生産性格差はなくなると考える。そのエッセンスは次のとおりである。①労働生産性が低い地域は資本装備率が低い。②資本装備率が低い地域では，労働に比べて相対的に資本が少ないために投資のリターン（収益）が大きい。③企業はリターンの大きい地域に投資を行う。④労働生産性が高い地域では労働に対する報酬である賃金が高く，生産性の低い地域では賃金が低い。⑤労働者は賃金の高い地域に移動する。⑥資本は資本装備率の低い地域に，労働は資本装備率が高い地域に移動することによって地域間の資本装備率は縮小していき，労働生産性の地域間格差は縮小していく。

　しかし，図を見るかぎり，秋田県と東京都の間には資本装備率に差があるわけではない。兵庫県はむしろ，東京都よりも高い資本装備率になっている。つ

まり，資本装備率が仮に同じ水準であったとしても，労働生産性には格差が存在するのである。資本の深化は労働生産性を高めるため，リターンの大きい投資機会を生み出し，企業の投資を呼び込むことが地域政策として重要である。しかし，地域政策はこれだけでは十分ではない。最後に，地域間格差を縮小するためにはどのような政策が必要なのかを考えてみよう。

地域経済の活性化のために

第1は技術進歩である。新古典派は，同一国家内では技術は短時間で全地域に伝播すると考える。しかし，技術の習得が早い若年層の東京一極集中が起こっていることを考えると，地域によっては新技術を生み出したり，他地域で生まれた技術を使いこなしたりする人材が不足するために，国内においてですら技術進歩の普及に差が生じる可能性が出てきている。デジタル化の進展に対応できる人材のリクルートや育成が急務である。

第2は集積の経済の存在である。集積の経済は，通常，**地域特化の経済**（localization economies）と**都市化の経済**（urbanization economies）の2つに区分して考えられている。地域特化の経済は，特定の地域に同じ種類の産業に属する多くの企業が互いに近接して立地することから得られる経済的利益のことである。同一産業内での専門特化による生産費の節減や，労働，原材料，部品の調達が容易になり，生産性が向上する。アメリカのシリコン・バレーや愛知県豊田市における自動車関連産業の集積がその例である。

都市化の経済とは，ある特定の都市地域に業種の異なる多くの企業が集中して立地することによって得られる経済的利益である。たとえば人口の多い都市では安定した労働力が確保できるし，港湾や空港をはじめとした大規模な社会資本の建設を可能にするような需要も十分に確保される。多数の企業が近接して立地することによって質の高い対面的（face to face）情報も手に入る。また，多くの企業や産業が立地したところでは文化施設やレクリエーション施設が建設され，このことが労働者の気持ちをリフレッシュさせることによって働く意欲を増大させたり，地方から労働者を集めたりする要素にもなる。そして多くの企業が集中して立地することによって，企業間の製品やサービスの取引費用が抑えられる。

こうした集積の経済は上で示した生産関数において，A に技術進歩とともに入り込んでいると考えることもできる。集積の経済と技術進歩はいったん確立

されると，それらがさらに新たな企業の集積や技術進歩を生むという連鎖的なメカニズムを働かせ，地域間格差を拡大させる可能性がある。

　地域政策の多くは地方が国からの支援を受けながら，しかも各地方団体が単独で実施することがほとんどである。しかし，集積の経済や技術進歩を実現したり，域外から稼げる産業構造を実現したりするためには，これまでのように各地方団体が単独で，しかも類似の政策を近隣の地方団体と競合するように実行するのでは限界がある。

　クリティカル・マスという用語がある。商品やサービスの普及率が一気に跳ね上がるための分岐点となっている普及率のことである。地域経済にあてはめるなら，各地方団体はすべての産業をフルセットで発展させようとするのではなく，強みを発揮できる産業に重点的に資源を投入することによってクリティカル・マスを実現する必要がある。そして，複数の地方団体との役割分担を通じて，圏域全体で発展する道を目指すべきである。そのためには，第7章で示したように，公共サービスの効率的供給という視点での広域連携に加えて，地域経済の活性化を目的とした広域連携が必要である。

　財政と経済は相互に関連を持っている。読者の皆さんには地元や関心のある地域を取り上げ，経済の活性化を実現するにはどのような課題をいかに解決すべきかについて，地域の現状と将来を見据え，課題発生のメカニズムを踏まえ，科学的根拠に基づいたうえで，地域活性化政策を立案していただきたい。

参 考 資 料

地方財政の分析に利用できるデータ等の情報はウェブサイトで公開され，収集することができる。

■地方財政全般

総務省「地方財政状況調査関係資料」(https://www.soumu.go.jp/iken/jokyo_chousa_shiryo.html)

・地方財政白書

各年度の地方財政の概況説明やデータを掲載している。図表をふんだんに用いた地方財政白書ビジュアル版や，その英訳版の White Paper on Local Public Finance -Illustrated- もある。

・普通会計決算の概要

各年度の都道府県分，市町村分の普通会計決算の概要が掲載されている。

・地方財政統計年報

主な地方財政に関する統計データを都道府県，市町村，政令指定都市，特別区，中核市等別にまとめている。

・決算カード

各都道府県，市町村の人口，面積，歳入，歳出，各種財政指標等をコンパクトにまとめている。

・都道府県決算状況調，市町村別決算状況調

各都道府県，市町村別の普通会計の決算データを掲載している。

・公共施設状況調経年比較表

各都道府県，市町村別に公共施設等の施設数や面積等を掲載している。

■地方税

総務省「地方税に関する統計等」(https://www.soumu.go.jp/main_sosiki/jichi_zeisei/czaisei/czaisei_seido/czei_shiryo_ichiran.html)

道府県税や市町村税の課税状況等の統計データを入手できる。

■地域の社会・経済

地方団体のウェブサイト

予算，決算の詳細なデータ，総合計画等の各種計画，社会福祉や地域医療等に関わる行財政の情報を入手できる。

総務省統計局「e-Stat」(https://www.e-stat.go.jp/)

各府省が公表する統計データを集約しており，各都道府県，市町村の社会・経済の統計データを入手することができる。

内閣府「県民経済」(https://www.esri.cao.go.jp/jp/sna/sonota/kenmin/kenmin_top.html)

都道府県別の県内総生産，都道府県別民間資本ストック等の統計データを入手できる。

索　引

▶編者紹介

林　宜嗣（はやし　よしつぐ）
1951 年　大阪市に生まれる
1973 年　関西学院大学経済学部卒業
1978 年　関西学院大学大学院経済学研究科博士課程修了
現　職　前・関西学院大学経済学部教授，EBPM 研究所代表，
　　経済学博士

［主要著書］
『現代財政の再分配構造』（有斐閣，1987 年），『都市問題の経済学』（日本経済新聞社，1993 年），『財政危機の経済学』（日本評論社，1997 年），『新・地方分権の経済学』（日本評論社，2006 年），『分権型地域再生のすすめ』（有斐閣，2009 年），『基礎コース 財政学［第 3 版］』（新世社，2011 年），『地方財政論』（共著，新世社，1991 年），『基本財政学［第 4 版］』（共著，有斐閣，2002 年），『地方創生 20 の提言』（共著，関西学院大学出版会，2018 年），『地域政策の経済学』（共著，日本評論社，2018 年），『地方新時代を創る税・財政システム』（編著，ぎょうせい，1997 年）。

新・地方財政
Local Government Finance　　　　　〈有斐閣ブックス〉

2021 年 11 月 10 日　初版第 1 刷発行

編　者　林　　宜　　嗣
発行者　江　草　貞　治
発行所　株式会社　有　斐　閣

　　　　郵便番号 101-0051
　　　　東京都千代田区神田神保町 2-17
　　　　http://www.yuhikaku.co.jp/

組　版　有限会社ティオ
印　刷　大日本法令印刷株式会社
製　本　大口製本印刷株式会社

©2021, Yoshitsugu HAYASHI. Printed in Japan
落丁・乱丁本はお取替えいたします

★定価はカバーに表示してあります

ISBN 978-4-641-18456-5

JCOPY　本書の無断複写（コピー）は，著作権法上での例外を除き，禁じられています。複写される場合は，そのつど事前に（一社）出版者著作権管理機構（電話03-5244-5088，FAX03-5244-5089，e-mail:info@jcopy.or.jp）の許諾を得てください。